副总主编　王道伟　郭松岩
　　　　　于玲玲　路志强

国家出版基金项目
NATIONAL PUBLICATION FOUNDATION

青少年讲武堂

军事文化解读

领悟文韬武略的 历史积淀

王道伟　朱锦芳　曾祥旭　编著

文心出版社
郑州

图书在版编目（CIP）数据

军事文化解读：领悟文韬武略的历史积淀 / 王道伟，朱锦芳，曾祥旭编著. — 郑州 ：文心出版社，2016. 12
（2019. 5 重印）
（青少年讲武堂 / 崔常发，马保民，荆博，曾祥旭总主编）
ISBN 978 - 7 - 5510 - 0783 - 2

Ⅰ. ①军… Ⅱ. ①王… ②朱… ③曾… Ⅲ. ①军事 - 文化 Ⅳ. ①E0 - 055

中国版本图书馆 CIP 数据核字（2016）第 176774 号

出版社：文心出版社
（地址：郑州市郑东新区祥盛街 27 号   邮政编码：450016）
发行单位：河南省新华书店
承印单位：三河市金轩印务有限公司
开本：710 毫米 × 1010 毫米   1 / 16
印张：13. 25
字数：291 千字
版次：2016 年 12 月第 1 版   印次：2019 年 5 月第 4 次印刷

书号：ISBN 978 - 7 - 5510 - 0783 - 2   定价：33. 00 元

与趣味性有机统一的基础上，编纂了《青少年讲武堂》这套丛书。

该套丛书共分 22 册，分别为《经典兵书导读 走出战争迷宫的理性指南》《著名将帅传略 展现军事翘楚的戎马生涯》《战争战役回眸 追寻战争历史的闪亮足迹》《指挥艺术品鉴 开启军事创新的思维天窗》《军事谋略精要 掀开以一敌万的神秘面纱》《军事科技纵横 领略军事变革的先锋潮流》《武器装备大观 把握军事世界的核心元素》《军事后勤评说 探究战争胜败的强力后盾》《国防建设考量 通晓国强家稳的安全屏障》《军事演习巡礼 体验军力提升的重要环节》《兵要地志寻踪 走近军事活动的天然平台》《军事制度一瞥 透视强军之基的内在支撑》《军事约章评介 揭示军势嬗变的影响因素》《军事文化解读 领悟文韬武略的历史积淀》《军事檄文赏析 解读壮气励士的激扬文字》《军事心理探幽 透析军人情志的心路历程》《军队管理漫话 掌握军事行为的调控方略》《军事情报管窥 练就审敌虚实的玄妙功夫》《军事危机处置 感悟化危为机的高超艺术》《军事代号揭秘 知谙诡秘数码的背后深意》《作战方式扫描 解析军事对抗的表现形态》《世界军力速写 通览当今世界的武装力量》。

本丛书在编纂过程中，参考借鉴了一些相关著作和资料，在此对相关人士一并表示衷心的感谢。同时，也真诚地期望广大读者朋友对丛书提出宝贵的意见，以使其更加完善，更好地服务于青少年国防教育，更好地服务于加快推进国防和军队现代化进程，更好地服务于全面建成小康社会。

丛书全体编者
2015 年 5 月

200 多年前，全世界公认的军事理论权威——若米尼在他的著作中深刻地指出：一个国家即便拥有极好的军事组织，倘若不培养人民的爱国热忱和尚武精神，那么这个国家还是不会强盛的。人类 5000 年血与火的历史表明，若米尼的这番话可谓至理名言。

中华民族是一个既崇尚与热爱和平又富有爱国传统与尚武精神的民族，自古就有"国家兴亡，匹夫有责""位卑未敢忘忧国"之说，"投笔从戎""马革裹尸"等英雄壮歌更是响彻神州大地。

新中国成立之后，党和国家领导人一直高度重视全民国防教育，尤其重视对青少年进行国防教育。毛泽东同志亲自批准在高等院校学生中开展军事训练，为部队培养预备役军官。邓小平同志多次强调，国防教育要从娃娃抓起，要加强对公民特别是青少年的国防教育。江泽民、胡锦涛同志对青少年的国防教育工作作过一系列重要指示，要求国防教育应当成为对公民进行以爱国主义为主要内容的全社会性的教育活动。习近平同志强调指出，要加强国防教育，增强全民国防观念，使关心国防、热爱国防、建设国防、保卫国防成为全社会的思想共识和自觉行动。

全民国防教育是一项极其重要的战略工程，能够激发人们对国家安全的责任感和使命感，激励人们的爱国之心和报国之志，强化人们的忧患意识和国防观念，增强实现中华民族伟大复兴的凝聚力和向心力。而青少年是国家民族的未来，青少年时期是人们世界观、人生观、价值观形成的关键阶段，对青少年进行国防教育是全民国防教育的基础，是一项利在当代、功在千秋的工作。

为适应国内外发展变化了的新形势和国防教育的新要求，我们组织和邀请了中国人民解放军军事科学院、国防大学、空军指挥学院、南京政治学院、海军大连舰艇学院、总参工程兵学院等单位的一些专家、学者、博士、硕士，针对青少年学习军事知识的需求和特点，在注重科学性与通俗性、知识性与可读性、学术性

目　录

第一章　激发无畏精神的战斗文化

第二章　体现军事特色的军营文化

第六章 决定军事政策的战略文化

第七章 记录军事历史的文化遗产

第一章
激发无畏精神的战斗文化

光荣传统激励：战斗精神之源

每一支军队从诞生到成长都有一段奋战的历程，这其中可能蕴含着这支军队成长过程中的挫折与失败，也蕴涵着其骄人的战绩和辉煌的战果，这一历程所形成的经久不衰的精神或者叫文化，就是这个军队的传统，也称历史荣誉。而这个传统正是这支军队的战斗精神之源。

历史荣誉是部队建设的结晶，更是具有深刻影响力的精神力量，虽然是由前辈创造，但一旦以某种特别的形式传承下来，就会对后辈形成激励，使其产生强烈的自信心和自豪感。美国、俄罗斯都有对海军舰艇以个人名字命名的惯例。驱逐舰的命名多是战功显赫的海军将领，但也有以普通士兵的名字命名的。可以说，每名士兵的背后都有一段在作战和平时训练中牺牲奉献的感人故事。电视剧《士兵突击》中，在钢七连光荣连史的激励下，许三多坚持做下了300多个单杠空翻，伍六一不顾伤病挑战生理极限参加军事比武，拼死捍卫钢七连的荣誉。

我军在成长的过程中，很多支部队都有着光荣的历史，如红军师、红军团、抗洪抢险模范团、硬骨头六连、坚守英雄连、攻坚英雄连、尖刀七连、临汾旅、朱德警卫团、百将团、尊干爱兵模范连、王杰班、群众工作模范团、洛阳英雄连、夜袭长胜连、勇猛顽强英雄连、尖刀英雄连、老山英雄团、平型关大战突击连、杨根思连及塔山守备英雄团、塔山英雄团……可以说数不胜数！我军这些有着光荣历史和优良传统的部队，在培育官兵战斗精神过程中，都注重用历史荣誉进行熏陶、滋养、引导与激励。这种传承特点，反映出一支部队光荣历史和精神的延续，激励一代代官兵不断去传承并发扬和光大。实践证明，历史荣誉多的连队，往往作风建设水平较高，官兵精神风貌较好，战斗力较强。如被称为"铁军"的某红军师、"老山英雄团"等，在

2008 年的汶川抗震救灾中,这些英雄团队的官兵们,以团结协作、连续作战、不怕牺牲、英勇顽强的精神和作风,赢得了灾区群众的高度评价,彰显了历史荣誉对培养官兵战斗精神的重要作用。

历史荣誉能够激励官兵斗志。一支部队富有特色的历史荣誉也是数代军人继承、发扬和捍卫的价值集成,是珍贵的精神品质载体。官兵在有历史荣誉的部队中战斗和生活,环境的熏陶会使他们自发产生维护荣誉的使命感,进而勇挑重担、不辱使命。例如,"塔山守备英雄团"是一支具有光荣历史的英雄部队,解放战争时期三保本溪、四保临江,辽沈战役塔山阻击战中,全团官兵浴血奋战 6 昼夜,创造了"模范的英雄顽强的防御战"范例,铸造了"服从大局、严守纪律、勇于牺牲、敢打必胜"的"塔山精神";1998 年抗洪救灾,该团官兵突破体能极限完成了许多急难险重任务,涌现出李向群这样的英模人物;在 2008 年年初抗击冰雪灾害任务中,该团官兵再次展现出过硬的战斗精神,出色完成了任务,这正是官兵对"塔山精神"的认可和捍卫。

历史荣誉是集体荣誉的体现,是保证单兵价值认同一致、奋斗目标一致的纽带。在一个有历史荣誉的部队,新兵一入伍就会将个人的作为与部队的英雄业绩联系起来,迅速融入积极上进的团队氛围,尽力为集体增光添彩。1964 年,一个普通的连队因"战备思想硬、战斗作风硬、军事技术硬、军政纪律硬",被国防部命名为"硬骨头六连"。1984 年在边境自卫反击作战中,"硬骨头六连"英勇顽强,一往无前,再立新功,被中央军委授予"英雄硬六连"荣誉称号;2008 年年初抗击雪灾,"硬骨头精神"再次显示出巨大的凝聚力和战斗力,在执行罗霄山脉抢修江西电网任务中,短短 3 天攻坚克难又创奇迹。

美、俄、英等西方国家军队,为培养本国军人所需要的价值观念和作战品质,在军校中普遍建有荣誉博物馆和战争纪念馆,军史战史课、现代人文课在军事教学中也占有很大比重。美国西点军校的校训为"荣誉、责任、国家",校园里的建筑多以著名将领的名字来命名,如华盛顿大楼、塞耶大楼等,英雄的塑像和纪念碑也随处可见,在这些地方学员被绝对禁止打闹或是吹口哨。

我军每支军队都有着光荣的历史荣誉,是绝好的教育资源,应当通过建立军史馆、荣誉室,挂英模画像等方式,大力营造军营浓厚的历史荣誉氛围,加强宣导性的历史荣誉展示;还可构筑象征性的精神传承载体,如旗帜、徽章、战歌、语训等;也应抓好经常性的光荣传统教育,要结合新形势发展和各项任务及时开展,增强针对性、时效性和承接性,使官兵生活在荣誉中并自觉维护历史荣誉。当前,我军的军营荣誉氛围营造已经初见成效,如南京军区某摩步旅是著名的"王克勤运动"和"郭兴福教学法"的发源地,英模荣誉与先进典型个人、群体比较多。近年来,他们不断整合传统教育资源,坚持把建设荣誉军营纳入部队科学发展的轨道,如把营造军营荣誉氛围和营院基本设施建设统筹规划,建设了劲旅园、士兵休闲广场和室外军史广场,为28个有集体记功历史的营连设计制作了标示记功次数的荣誉牌,为6个荣誉连队制作了荣誉雕塑,征集设计了充分体现单位传统特色和历史荣誉的"营魂""连魂"格言等,营造浓厚荣誉军营氛围,感染和激励官兵,有效地增强了部队的凝聚力和战斗力。

英模人物感召:榜样的力量是无穷的

"榜样的力量是无穷的。"战争中涌现的战斗英雄模范具有很强的感召力与震撼力,他们的英勇事迹对培育官兵战斗精神发挥着特殊的激励作用,是士兵战胜一切困难、争取更大胜利的宝贵精神财富和力量源泉。

从古至今,世界上没有哪个国家的军队不重视英雄模范的激励作用。古罗马人认为,在战场上表现出胆怯带来的耻辱比死亡可怕百倍,骑士爱惜自己的名誉胜过生命。如今法国的军营文化仍旧崇尚尚武自豪、捐躯光荣的思想,军人把为国家服役、为国捐躯看作一种崇高的荣誉。美国到处都建有历史荣誉博物馆,军校、部队等都有自己的荣誉展示方式,连五角大楼的走廊里都布满了美军历史上著名战役的陈列橱窗。俄罗斯有用英雄人物名字命名建筑物、街道、学校等名称的传统。此外,有一些国家还通过多种途径宣传英模人物来进行珍爱荣誉、"尚勇治气"的战斗精神教育。

美军还非常注重用战争中"英雄人物"的事迹对部队进行道德节操与荣誉教育。越南战争结束后,美军报刊特别注意宣传战争中的"英雄人物",刊登长篇文章介绍他们的事迹。一些归俘纷纷撰文吹嘘被俘期间是《军人行为守则》帮助自己度过了艰难时期,"祖国荣誉、军队荣誉高于一切是我们被俘期间的基本信念"。海湾战争结束后,当20名美军战俘回到华盛顿安德鲁斯机场时,受到国防部长切尼、参联会主席鲍威尔等军政要员的热烈欢迎。美陆军条令规定:独立步兵、炮兵连等都应建立本连的历史档案记录,每年要加以补充,并设有一名历史记录官负责此项工作。美军还非常重视做好牺牲军人的善后工作。做好阵亡军人善后和遗属安抚工作是美军社会服务保障工作的重要环节,它不仅可以减轻军人遗属失去亲人的痛苦,还可对其他官兵产生心理安抚效果。自海湾战争开始后,美军就从国内招募志愿者,包括殡仪工作人员,组建"阵亡官兵善后护理队",专门负责处理阵亡官兵的遗体、遗物。阵亡将士遗体在战场上被收集后,先运回基地做防腐处理,而后用密封铝盒空运回国。在伊拉克战争中阵亡的美军士兵遗体,全部被空运到美国东部特拉华多佛空

战斗英雄董存瑞

军基地,进行尸体解剖和 DNA 身份验证,并进行整容和穿戴戎装后才移交给家属,使阵亡官兵保持了应有的尊严,同时也对遗属产生了抚慰作用。

用马列主义、毛泽东思想武装的中国共产党领导的人民军队,在辉煌的战斗及支援社会主义建设事业的伟大历程中,涌现出了无数可歌可泣,为世人敬仰的战斗英雄。从"百团大战"为国捐躯的抗日英烈,到痛歼敌寇壮烈牺牲的狼牙山五壮士;从舍身炸碉堡的"全国战斗英雄"董存瑞,到用身躯堵住敌人枪眼的"特级英雄"黄继光;从胜利完成潜伏任务被烈火烧身的"一级战斗英雄"邱少云,到荣立特等功的"一级战斗英雄"王海;从奋不顾身救火车的英雄欧阳海,到新时期的抗洪英雄李向群、抗击"非典"英雄李晓红、航天英雄杨利伟;等等,这些战斗英雄表明,我军是一个不畏强敌、顽强拼搏、勇往直前的战斗英雄群体。正是在无数战斗英雄的感召下,我军官兵发扬大无畏革命英雄主义精神,不屈不挠,英勇战斗,开拓进取,克服重重困难,取得了抗日战争、解放战争、抗美援朝、抗洪抢险、战胜"非典"等一个又一个伟大胜利。实践证明,我军成长壮大的历史,就是一部战斗英雄的史诗,其中蕴藏着非常丰富的精神内涵,富有深刻的教育意义,对培养官兵勇猛顽强、敢打必胜的战斗精神起着非常重要的作用。

失败鞭笞推动:知耻而后勇

"知耻而后勇"源于"知耻近乎勇",后者语出《中庸》。儒家所说的"知耻近乎勇"的勇是勇于改过。这里把羞耻和勇敢等同起来,意思是要人知道羞耻并勇于改过是一种值得推崇、夸耀的品质,是对知耻改过的人的这种行为的赞赏。孟子云:知耻而后勇。这指的是一种在遭受磨难与打击后,在困境面前,毫不气馁、决不后退、决不自暴自弃,而是奋发进取、迎难而上的精神状态。耻辱具有两重性,它既是一个挑战,又是一个机遇;既是一种障碍,又是一种锻炼。人只有在知耻后,才可能有卧薪尝胆的决心和勇气,否则就不能正确认识自己的不足,故步自封,只能是愈发失败。

古今中外著名的军事家及统帅无不认识到了知耻对激发战斗精神的重要作

用。先秦兵家以"养勇用战"为最高价值目标,那时,要求军队"明耻"的教育已经初步形成了较为完整的体系。《左传·僖公二十二年》有"明耻教战,求杀敌也"的论述。《吴子·图国第一》中有"凡制国治军,必教之以礼,励之以义,使有耻也,夫人有耻,在大足以战,在小足以守矣"的见解,意思是知道了耻辱所在,军队打仗时就会群情激愤,士气高昂,战就不会退缩,守就不会逃跑了。我国古代在知耻后而成就一番事业的例子也很多,如秦穆公曾三败于晋,誓不服输,养精蓄锐,发愤图强,终杀败晋军,威震诸侯;越王勾践不忘亡国之耻,用"卧薪尝胆"来警醒自己奋发图强,终以"三千越甲可吞吴"。南宋时期抗金英雄岳飞写在《满江红》中的"靖康耻,犹未雪,臣子恨,何时灭"更是成为古往今来中国军人战斗精神的不竭源泉,也是牢记耻辱、奋发图强的名言佳句。

抗美援朝战争时期,志愿军在官兵中广泛开展针对美帝国主义的"仇视、鄙视、蔑视"教育,通过揭露美帝国主义在中国历史上所犯下的累累罪行,重温中国近现代史上屡遭帝国主义入侵的巨大国耻,激发起官兵对敌人的刻骨仇恨。在战争中,广大官兵无不舍生忘死,奋勇杀敌,以洗雪国耻。抗美援朝战争第一次战役中,在国内战场屡建奇功的三十八军由于与美国第一骑兵师步兵第五团遭遇时,动作迟缓,贻误了战机,未完成截断敌人的预定任务,受到志愿军司令员彭德怀的严厉批评,军长梁兴初被彭德怀在志愿军高级作战会议上责骂。在后来的第二次战役中,三十八军从军首长到战士心里都憋着一股劲儿,决心为荣誉打一场翻身仗。三十八军在梁兴初军长指挥下,担负关键的穿插重任。第一一三师大胆冒充李伪军溃退部队,14小时急行军70余公里,赶在了全机械化装备的美军前,成功穿插三所里与龙源里。三三七团三连以果敢动作抢占松骨峰,一举切断了美第八集团军南撤退路,与美军激战两昼夜,不顾敌疯狂突围,死守阵地,打退美军多次进攻,使敌南北两部相距不到1公里却始终无法会师,迫使其大部转道新义州才避免了全军覆灭的下场。这次战役三十八军共歼敌1.1万余人,缴获坦克14辆,大炮200余门,汽车300余辆,一举扭转了整个朝鲜战局。第二次战役是三十八军的第三次成名战,也是使该军名扬天下的战役。志愿军司令彭德怀在嘉奖电的最后亲笔写下"第三十八军万岁",从此"万岁军"名扬四海。

在国外战争史中,利用"耻感"的鞭笞来激励战斗精神的战例也很多。1094年,土耳其人大举进攻拜占庭帝国的首都君士坦丁堡。当拜占庭帝国向罗马教皇求救后,教皇乌尔班二世在动员集会上手举《圣经》说道:"上帝的孩子们,我们东方的圣地——耶路撒冷被一群叫作'穆斯林'的异教徒占领了,他们正在迫害我们的兄弟姊妹,这是何等的耻辱!"教皇的演说一夜之间传遍了欧洲大陆,广大教徒群情激昂,纷纷加入十字军进行东征。著名军事统帅拿破仑就特别重视运用军人的"耻感"心理激发战斗精神,在战前以适当的方式去羞辱那些应该受到羞辱的军人,以刺激他们焕发斗志。在拿破仑发动曼图亚战役初期,敌人获得了重大胜利,法军严重受挫,被迫停止攻势。这时,有两个法国军团的军人对继续进行战斗产生了动摇情绪,并表现出严重的畏敌心理,有些军人还在惊慌中放弃了阵地。拿破仑得知这一情况,来到这两个团的驻地,当着众人的面,以悲愤的声调对官兵们训话。他斥责那些畏敌如虎的军人,批评他们不该丢掉自己的阵地。最后,他命令参谋长立即在这两个团的团旗上写上:"你们不再属于意大利方面军(当时拿破仑统领的法军叫意大利方面军)了。"这两个团的官兵立刻觉得羞愧难当,哭着恳求拿破仑对他们的勇气再考验一下,而不要马上让他们蒙受这一终生耻辱。拿破仑已料到他的这一举措对法国官兵的自尊心将带来很大的刺激,会唤起他们的战斗激情,于是就答应了他们的要求。果然,在后面的战斗中,这两个军团的法军官兵勇敢异常,他们用自己的壮举雪洗羞辱,为整个战斗的胜利做出了重要贡献。

通过明耻、知耻激发军人的战斗精神的事例很多,因不知耻而失败的教训也很深刻。100多年前的甲午战争,中国军队近两倍于日军的投入却惨败,一个重要的原因是清朝军队上下荣辱颠倒,精神涣散。北洋舰队访日,官兵上岸在妓馆闹事引起事端,李鸿章反说"武人好淫,自古而然";济远舰管带方伯谦金屋藏娇,生活糜烂;来远舰管带邱宝仁、威远舰管带林颖启在战事吃紧之时在岸上嫖妓未回。与这种慵懒、颓废形成鲜明对比的致远舰管带邓世昌、经远舰管带林永升却因"不饮赌、不观剧、非时未尝登岸",而不为他们所容。

当今世界,很多国家都将知耻教育作为军人的必修课,主要做法是利用国耻遗址和国耻纪念馆进行教育。利用国耻遗址开展教育的做法在国外比较普遍。例如,以色列政府及地方各部门每年多次组织军人到著名的耶路撒冷圣庙"哭墙"前,回顾千百年整个犹太民族的悲惨命运。另外,许多国家还专门在原有国耻遗址的基础上建立纪念馆。例如,以色列人为了展现希特勒屠杀犹太人的罪证,建立了第二次世界大战纪念馆,帮助国民反思犹太人经历的那场空前劫难;美国为了牢记珍珠港事件的历史教训,1962年在福特岛东南角建立了以这一事件中死亡人数最多的战舰"亚利桑那号"命名的纪念馆。历史是最好的教材,许多国家注重通过回顾历史来进行国耻教育。例如,芬兰历史上被强国侵略殖民长达700多年,他们充分利用回顾这段特殊的历史开展教育。每年12月6日国家独立日、6月4日军旗日等重大纪念日,国家都组织开展丰富多彩、形式多样的纪念活动,引导军队和国民不忘历史,强化忧患意识和国家利益至上观念。科索沃战争中,南联盟电视台每天播放爱国歌曲,播放第二次世界大战反侵略战争故事片,极大地鼓舞了军民士气,激发了民众参战的积极性。许多民众自发地组织人体盾牌、战地马拉松运动会等活动,表达保卫祖国的高昂斗志。

荣誉崇尚牵引:只要给我足够的勋章,我就能征服世界

拿破仑曾说过:"只要给我足够的勋章,我就能征服世界。"勋章是荣誉的标志。荣誉是军人的生命,是战斗精神的最核心要素,是战斗精神的灵魂,是战斗力不竭的源泉。荣誉感能使军人产生向往荣光的价值追求,激发军人爱军习武的热忱、克难攻坚的意志与顽强战斗的精神。朱德总司令也曾说:"部队中人人精神振奋,你也想立功,我也想立功,这样就会打胜仗。"世界各国军队无不重视以荣誉激励战斗精神。

荣誉是一个人对自身价值的评估,同时也是他卓越的行为得到社会承认和认可的象征。这一观念被14世纪著名的《法国骑士》的作者若费雷·德沙格尼概括为:"获得荣誉越多就越有价值。"所以,从人的本性来说,追求荣誉是一种原动力。而且,从某一种意义上说,人有本能的耻辱观,这也就是荣誉观的雏形。远古人类就知道"以叶遮丑",古谚语也说"窃贼亦有廉耻之心",这就是最好的明证。所以说,荣誉观就像灯塔一样,它能指引我们回到职业军人的道路上来。追求荣誉是人类的本能,这是自我与社会进步的动力。无荣誉感的军人是不可想象的,是不可能打胜仗的。

纵观古今中外,把荣誉作为军队战斗精神的核心和支柱的并不鲜见。如中世纪骑士精神内涵是荣誉、效忠、美德、风度,其中对荣誉的崇拜则是骑士精神的灵魂。这也恰如赫伊津哈说的,骑士精神来源于追求美的自豪感,这种自豪感又促生了荣誉感,荣誉感是贵族生活的支柱。我国古代对荣誉的这种作用,虽然没有明确提出,但在古代圣贤的诸多论述中无不体现基于"爱国、爱民、爱卒"之上而产生的荣誉观。孙子在其兵法的首篇就明确提出:"将者,智、信、仁、勇、严也。"先贤孔子也提出"智、仁、勇""三德",后来的孟子又提出"仁、义、礼、智""四德"。其中,"仁"就是一种安国定邦、爱国爱人的荣誉观。直至近代,资产阶级革命家孙中山仍一直把"仁"作为军人的精神要素之一而提出。如他在《在桂林对滇赣粤军的演说》中指出,革命需有精神,此精神即为现在军人之精神。但所谓精神,非泛泛言之,智、仁、勇三者,即为军人精神之要素。能发扬这三种精神,始可以救民,始可以救国。孙中山所提倡的这种"仁"也是一种荣誉观。由此看来,荣誉是各时期军队精神的核心要素之一。

荣誉可以凝聚军心,可以培养精神。无论是英勇、忠诚,还是慷慨、无畏,最终

都是为了荣誉。曼彻斯特说过,一个人不会把生命出卖给你,但却会为了一条彩色绶带把生命奉献给你。具体说,荣誉的作用表现在四个方面。一是荣誉产生爱国情结。列宁指出,爱国主义是千百年来巩固起来的对自己的民族的一种最深厚的情感。爱国主义说到底也是一种情结。瑞士心理学家和精神病学家荣格关于情结是这样说的:情结由一个居中的或核心的心理要素所组成,围绕着这一心理要素而聚集着一大批次要的联想。这个居中的或核心的心理要素就是荣誉。没有什么比这种荣誉会制造出更加惊人的举动了。乾隆三十六年,万里返回祖国的蒙古土尔扈特部,为了得到回归祖国的荣誉,不惜承受巨大牺牲,行程万余里,回到了祖国。19世纪的一位外国学者惊叹道:"从有最早历史记录以来,没有一桩伟大的事业能像上个世纪后半期一个主要鞑靼民族跨越亚洲无垠的草原向东迁逃那样轰动于世和那样激动人心的了。"二是荣誉坚定理想信念。荣誉最能使人坚定自己的信仰,并为之而奋斗,为之而坚持。官兵坚定正确的思想政治信念的形成,需要在进行理论教育、心理诱导、意志磨炼和个性心理品质锻造的同时,更加注重荣誉情感的培养。而且,对理想信念的荣誉感一旦确立,它就如种子一样,雷击不动,风袭不摇,火熔不化。三是荣誉激发战斗激情。在《兄弟连》中有这样一段描述:弟兄们开始害怕重返前线。然而,他们一回到战场,那些疑虑和紧张全都不见了。冷漠、无情和镇定又重新回到他们身上。……过去的自信重现了,战斗的兴奋感回来了,渴望优秀和胜利的欲望又会再次占上风。为什么会有这种战斗激情?这也正如他们所说的:就是在自己最热爱和最尊敬的人面前不能表现成一个懦夫。荣誉在战时军人中所激发的感情,是一种无私而尊贵的自我牺牲。巴顿在谈到这一点时也说,我遗憾地注意到,人们一旦荣获这两种勋章中的一种,往往会因奋勇作战而牺牲。为了一个通常不是出于自己选择的国家而死,这些都是因为人们感到那是某种本质上非常纯粹的事物——荣誉。而且,荣誉能使战争变得"温情",在残酷的你死我活的生死决斗中,荣誉观的作用能软化战争的野蛮与暴烈,使士兵忘却恐惧和对生死的考虑,奋勇杀敌,勇往直前。四是荣誉造就高尚人格。一个人如果没有荣辱观,那他就无法成为真正意义上的人。一个有强烈荣誉感的人,他的行为举止永远都是高尚的;而且有荣誉感的人,也是有责任感的人。追寻崇高的荣誉,就能造就出高尚的人格。所以,把荣誉当作战斗精神的核心要素是不为过的。

在战争实践中,以荣誉感激励士兵对士兵的战斗精神起着巨大的提振作用。如古波斯帝国国王居鲁士(约公元前600年~公元前529年)就很善于用奖励手段激励士气。他认为,将领当想"表扬"什么人的时候,须喊出其名字才对,尤其是高级将领更应该做到这一点。若能如此,那些受到表扬且知道上级晓得自己姓名的部属，会感到自己在上级的心目中占有"一席之地"，会更热望做一些豪迈的有益于荣誉的事情。在伯罗奔尼撒战争中，伟大的雅典军事家伯里克利向他的同胞们说道：最大的荣誉来自最大的危险。这句话对国家和个人都适用。这一至理名言号召人民用战争捍卫雅典。公元前325年，马其顿国王亚历山大面对军队内部的突发事变，对即将哗变的士兵们说："你们当中有谁会真正感觉到它为我受的苦和累比我为它受的还多呢？我的全身，至少是前面，没有一个地方没有伤疤。这一切都是为了你们，为了你们的荣誉，为了你们的财富。"荣誉和财富，挽狂澜于即倒，感化了军队。普鲁士腓特烈大帝1740年出征西里西亚前的动员中，通篇都在激发士兵们去为荣誉而战。法国杰出的资产阶级政治家和军事战略家拿破仑更是千方百计地激发官兵的荣誉感。他曾吹嘘自己不是用皮鞭而是用荣誉来进行管理。他认为一个在伙伴面前受了体罚的人，是不可能对荣誉有所感受的；他还认为一个人如果重视自己的生命甚于国家的荣誉，那他根本就不应当是法兰西陆军中的一员。拿破仑把军人的荣誉感提到很高的地位。他培养和激发军人的荣誉感，不只是进行思想教育，而且采取了具体的鼓励办法。例如，对于立了战功的官兵，不惜授以高官厚禄，大量颁发勋章，广泛地进行通报表扬，以此激发官兵去争得荣誉，发扬勇敢战斗的精神。应该指出，拿破仑大奖军功的做法，是收到了较好效果的，并且也为他本人赢得了威信，博得了官兵的赞颂和爱戴。1805年12月1日，在著名的奥斯特利茨战役的前一天，拿破仑向全军作了简短有力、震撼人心的战前动员。他鼓动官兵们发扬法兰西民族精神，为祖国的荣誉而战。他以洪钟般的声音对参战的部队官兵讲："军人们，你们面前的俄奥联军是已被法军打败过多次的敌军，现在法军所占据的阵地是极为坚固的，预料结果一定能够取得胜利，并且必将赢得和平。你们将无愧于人民，无愧于我！"将士们听了这些激奋人心的动员话语备受鼓舞。晚上9点钟，当拿破仑到前线视察大战前的部队时，每到一处，官兵们都会把他围在中央欢呼、跳跃，并高喊："拿破仑万岁！""大军万岁！""帝国万岁！"无数的火把照亮了夜空，激昂的欢呼声响彻大地，将士们热血沸腾。正是这种旺盛的战斗热情，使法军一举夺得了奥斯特利茨战役的胜利。

　　第二次世界大战中，盟军准备在诺曼底登陆。为打好关系到欧洲战场反法西斯战争生死存亡的这一仗，盟军总司令蒙哥马利元帅通过广播进行政治动员以激励官兵士气。他是这样动员的："你们在干一件无与伦比的伟大事业。世界将通过你们完全变一番模样，历史将为你们树立一座丰碑，写上：你们是迄今最优秀的军人！这是世界上从未有过的'拔河比赛'，那些即将开辟第二战场的军人们所负的责任，是成功地执行自己的任务并最后作为一个自豪的人，回到家里同亲人团聚。"蒙哥马利元帅将获得战争的胜利同国家荣誉相比,激发了官兵的斗志。士兵听了广播,士气高涨,斗志旺盛,军官们更是主动请缨,在随后的残酷战斗中舍生忘死,一往无前。

无产阶级军事家也注重通过荣誉的激励来调动军人勇猛参战的热情,燃烧其旺盛的斗志。1941年11月,德国法西斯的军队逼近莫斯科,苏联红军最高统帅斯大林亲自部署并指挥莫斯科保卫战。狭路相逢勇者胜。为了鼓励苏军的战斗意志,斯大林于11月7日在红场举行了盛大的阅兵式,并在阅兵后作了慷慨激昂的演讲。他对参战的将士们说:"全世界都注视着你们,把你们看作是能够消灭德国侵略匪军的力量。处在德国侵略者压迫下的被奴役的欧洲各国人民都注视着你们,把你们看作是他们的解放者。伟大的解放使命已经落在你们的肩上,你们不要辜负这个使命。你们进行的战争是解放战争、正义战争……"斯大林演讲一结束,全体受阅官兵振臂齐呼:"乌拉!"全副武装的苏联红军,迈着雄健的步伐从红场列宁墓前走过,开赴前线。斗志高昂的苏联红军,以钢铁般的意志和勇敢的战斗精神,顽强顶住了德军的进攻,并迅速转入反击,使莫斯科转危为安,并由此扭转了苏联红军在卫国战争初期的被动局面。

为增进军人的荣誉感,各国军队都设立了军功章制度以专门奖励在军队作战、训练、执勤、科研等军队建设中做出突出成绩的立功人员,使军人的荣誉时时得以展现。美军现行的统一勋章有17种,纪念章有20多种,其中包括"荣誉勋章"(国家最高英勇勋章)、"服役优异十字勋章"(二等荣誉奖章)等奖章。第二次世界大战期间,美军有464位军人获得"荣誉勋章",8716位军人获得"服役优异十字勋章"。拿破仑也非常重视奖章的激励作用。1804年,拿破仑建立了法兰西第一帝国,自任为法国皇帝,并在7月11日为其荣誉军团设立了属于自己的特定标志——荣誉军团勋章。经过发展和完善,荣誉军团勋章总计包括了5个级别,分别对应荣誉军团成员的5种荣誉官阶,从低至高分别是骑士、军官、司令官、高级军官、大十字骑士。其中,骑士级成员在左胸佩戴银质荣誉军团勋章;军官级成员在左胸佩戴金质荣誉军团勋章,但勋章缓带上带有蔷薇花饰;司令官级成员在颈部佩戴项链式金质荣誉军团勋章;高级军官除了要在左胸佩戴缓带上有蔷薇花饰的金质荣誉军团勋章外,还要在右胸佩戴银质大十字勋章(即大绶章);最高级的大十字骑士成员还要在右肩披绶带,并在左大腿上方的绶带上缀金质荣誉军团勋章,左胸佩戴镀金大十字勋章。荣誉军团勋章在法国军队和百姓中享有极高的声誉。即便是在拿破仑政权消亡后,复辟的波旁王朝统治者路易十八也没有废除这种勋章,只是对其造型进行了调整。

2007年1月,在布什政府增兵伊拉克的特殊时刻,美军也搞了一次隆重的授勋仪式,以激发军人的战斗精神。这次授勋仪式参加人员除了阵亡士兵邓纳姆的家人,还包括政府内阁成员、国防部和海军陆战队高官、国会议员、曾经的"荣誉勋章"获得者以及邓纳姆生前的战友。布什在讲话中说道:邓纳姆下士秉承了海军陆战队员英勇无畏、视荣誉重于生命的优良传统,他是海军陆战队的模范标兵,是美国年轻一代的英雄楷模,值得我们每个人尊重。邓纳姆下士是为了挽救战友的生命而英勇牺牲的。战斗中,一名伊拉克武装分子向他们扔出了一枚手榴弹,邓纳姆命令同伴后退的同时,取下头盔罩在冒烟的手榴弹上,并用自己的身体紧紧护住。一声闷响之后,战友的生命保住了,邓纳姆却被送往医院,8 天后因伤势过重不幸身亡。时值驻伊美军士气低落之时,布什政府为军队鼓舞士气的意图十分明显。

中国人民解放军建军以来,始终重视开展立功授奖工作,以彰显军人的荣誉,并逐步建立和完善了立功授奖制度。我军在土地革命战争时期就已经有了军功章,这一时期的军功章在一定程度上反映了中国工农红军的成长历程及中华苏维埃的发展轨迹。军功章多为铝质和银质,制作简易,但不粗糙。抗日战争时期,八路军、新四军和地方各级抗日武装的抗日斗争异常艰苦,为了激励斗志,他们自行颁发了各式各样的军功章,质地也千差万别,除了有铜质、银质奖章之外,还有银片、铜片、铁片、胶片等。如胶东军区颁发的"胶东爆炸大王"奖章,上面那惟妙惟肖的地雷爆炸图案,就反映了我军民英勇抗日的胜利历程。解放战争时期,首次出现了以领袖人物或部分首长名字命名的军功章,如"毛泽东奖章""朱德神枪手奖章"等。当时,人民解放军由弱变强,迅速成长壮大,最后横扫千军如卷席,取得了全国解放战争的伟大胜利。为了激励将士们勇敢作战,上至野战军总部,下至纵队、军、师、旅、团,都为功臣们颁发军功章。因此,这一时期,军功章品种最为繁多。

1955 年 2 月 12 日,第一届全国人民代表大会常务委员会第七次会议通过《关于规定勋章、奖章授予中国人民解放军在中国人民革命战争时期有功人员的决议》,依据决议颁发了八一勋章(三等)和八一奖章、独立自由勋章(三等)和独立自由奖章、解放勋章(三等)和解放奖章,其中一等勋章均为金质。1979 年,中国人民解放军总政治部规定了一级英雄模范奖章、二级英雄模范奖章的颁发办法,同年制发了一、二、三等功奖章。1988 年,中央军委为部分军队离休干部分别授予一级红星功勋荣誉章、二级红星功勋荣誉章、独立功勋荣誉章、胜利功勋荣誉章。这是对新中国成立以前参加革命队伍的人民功臣的一次集中表彰。除了颁发各类勋章奖章以外,晋升军衔、为牺牲官兵举行隆重的追悼仪式、把有功官兵的名字刻在营房或武器装备上等做法也是各国军队激励官兵战斗精神广泛采用的手段。

行动示范引领:身先士卒

在中国古代,著名的军事家都强调将帅要身先士卒,做出表率,以激励士兵的战斗精神。如《曾胡治兵语录》中说:"做好人,做好官,做良将,俱要好师,好友,好榜样。"所以,历代名将为了培养自己的部属成为好人、好官、良将,大多强调"身正",即自身要为人师表,处处做好样子。也就是"其身正,不令而行,其身不正,虽令不从"。《尉缭子·战威》说:"故战者,必本乎率身以励众士,如心之使四肢也。"诸葛亮说,为将者"先之以身,后之以人",才能带出一支攻必克、战必胜的队伍。历来兵家都十分强调,作为将帅,必须做到"三忘",即"受命之日忘其家,张军宿野忘其亲,援枪而鼓忘其身"。

中国历史上赫赫有名的将领中,绝大部分都是以身励气的典范。宋朝大将韩世忠乃抗金名将,屡建奇功,宋高宗称赞他忠勇冠世,独当一面。他在大小战斗中总是一马当先,奋不顾身。他的属下受其鼓舞,也都士气振奋,勇敢杀敌,因而韩世忠的部队声名远播,威震敌军。元朝的燕铁木儿主张"战以身先之",以此来激励士卒奋战。他认为,打仗时将帅必须身先士卒,以行动来鼓舞军队士气。而另一位元朝将领余阙在战斗中,敌方"矢石乱下如雨",士兵纷纷用盾牌去遮护余阙,余阙却推开盾牌,率先冲向敌阵,士兵见状,精神大振,一鼓作气拿下了敌人。众所周知,在国内各家电视台曾经热播的电视连续剧《亮剑》,剧中主人公——令敌人胆战心惊的李云龙团长,在抗日战争和解放战争中表现出来的身先士卒和英勇顽强的战斗精神真是令人叹服,这也是他率领的部队克敌制胜的法宝之一。

一代著名统帅拿破仑深知统帅身先士卒对士气的意义,极为注重以身作则树立榜样,善于在关键时刻用个人的表率行为感召部众。1799年,法军远征中东,由于天气等方面的因素,屡遭挫折。先是军队染上鼠疫,每天都有30人死于此病,部队人心惶惶。为了向军队证明只有害怕鼠疫的人才会染上鼠疫,稳定军心士气,拿破仑特地走访设在清真寺内的疫病医院,并亲手帮助搬运死于鼠疫的尸体,这一行动顿时打消了广大将士的忧虑。后来,法军进攻叙利亚又告失利,在撤退的路上,面对茫茫沙海和众多的伤病员,军队士气十分低落。此时,拿破仑下令全军骑兵一律下马以运载伤病员。出发前,一名侍从官讨好地给总司令留下一匹乘骑,拿破仑闻讯勃然大怒,狠狠抽了此人一鞭子,咆哮道:"全体步行!我第一个先走。难道你不知道命令吗?滚蛋!"接着,他与广大将士一样,徒步跋涉在酷热的大沙漠中。拿破仑的言行很快传遍了全军,士气陡然高涨起来。当然,拿破仑并不主张统帅轻率地去作无谓牺牲,然而,一旦情势需要,在生死关头,他会毫不犹豫挺身而出,视死如归,为部属作出表率。拿破仑曾多次亲自高举军旗冲锋陷阵。1796 年 5 月在洛迪战役中,为了争夺一座桥梁,他就亲自率领一个掷弹营冒着奥地利军的炮火向前冲锋。尤为典型的是,在艾劳战役中,法俄两军殊死激战,拿破仑的前线指挥所遭到俄军的猛烈炮击,炮弹不断落在他的前后左右,炸断的树枝纷纷掉到头上,身旁的侍卫不断倒地殒命,死神笼罩着他。此时此刻,他断然拒绝一切劝阻,置生死于度外,以无畏的气概屹立在弹片纷飞的阵地指挥作战达数小时之久。法军在统帅的英勇行为影响下,沉着应战,以顽强的斗志终于使俄军败退而去。

名噪世界的美国著名将领巴顿也认为,指挥官亲临一线可大大激发士兵的士气和斗志,并能根据瞬息万变的战况,随时对行动方案进行修正和更改。巴顿将军在士兵中威望颇高,重要原因就是他能身先士卒,总是出现在战斗最激烈的场合。例如在第一次世界大战圣米纳尔战役中,巴顿带领坦克群,穿越可能埋有地雷的埃塞大桥,带头冲锋,坚忍不拔,激励官兵英勇战斗,最终取得了战役胜利。

战争实践表明,将帅的行动示范是影响军心的重要因素,是士气的重要"催化剂"。部属看到指挥员能够吃苦在前,享乐在后,冲锋在前,退却在后,就会受到极大的教育和激励,并主动地在行动上仿而效之。特别是在关键时刻,指挥员临危不惧,身先士卒,部队的士气常常会为之倍增。反之,战时指挥员如果稍有犹豫、动摇和惊慌,就会严重影响到部队的士气。公元 1644 年 3 月,李自成率起义军一举攻克北京,推翻明王朝。部队进城后,将帅迷恋珍宝美女,士兵人人有富足还乡之心,无勇往赴战之气。同年 4 月,李自成率军进攻明朝山海关总兵吴三桂,但他没能预见关外清军会与吴三桂联合。尤为糟糕的是,李自成军中早有清军满万不可敌的传闻,李自成没有做鼓舞士气、转变畏敌情绪的工作。所以,广大官兵便怀着畏敌如虎的心理去迎战清军。战斗中,清军骑兵突然从侧后杀出,李自成慌了手脚,调转马头就跑。部下将士纷纷四处逃命,溃不成军,兵败如山倒。李自成从此一蹶不振,撤出北京,辗转逃至湖北被地主武装杀害。因此,战时各级指挥员只有亲自深入前线,深入基层官兵,以自己的言行举止去感染和影响部队,才会从根本上激发出士气和战斗力。

信息化条件下的战争与冷兵器和机械化时期的战争相比,面对面的厮杀相对减少,更多了几分指挥上的对抗。在战争过程中,指挥员对官兵士气的影响,既有由其职务、地位所决定的权力性影响,也有由其知识、才能所决定的非权力性影响,两者都能够使部属产生服从感、敬畏感、信赖感和钦佩感。尤其是各级指挥员的作战指挥能力,对部队士气的影响更为突出。如果指挥员足智多谋,指挥有方,部属就会高度信任,充满信心;反之,如果指挥员才能平庸,指挥失误,就会丧失威信,动摇部队的士气。指挥员高超的指挥才能和非凡的战斗业绩，可以在部属心目中树立起很高的威望，而这种威望一旦形成，就会极大增强官兵的必胜信心，使官兵在战斗失利时不灰心丧气，在战斗胜利时斗志更旺。

物质利益刺激：重赏之下，必有勇夫

在影视作品中，我们经常可以看到国民党军队在临战前为"敢死队员"发放大把的银圆这样的场景。这是对国民党统治即将崩溃瓦解的暗示，但同时也从另一方面折射出了物质利益对于士兵战斗精神的影响作用。人多有物质利益取向，为了获取物质利益，有些人甚至愿意冒着生命的危险去拼搏。"重赏之下，必有勇夫"就是物质利益对战斗精神的刺激作用的深刻揭示。而古往今来的军事家也很重视利用人追求物质利益的本性来激发　往无前、奋勇杀敌的战斗精神。

重赏之下，必有勇夫。古人深谙这个道理。法家著作《商军书·赏刑》中写道："圣人之为国也，壹赏，壹刑，壹教。壹赏则兵无敌，壹刑则令行，壹教则下听上。夫明赏不费，明刑不戮，明教不便，而民知于民务，国无异俗。"《荀子·议兵》中说："赏重者强，赏轻者弱。刑威者强，刑侮者弱。"这都说明了奖赏制度对于治军、治气的重要作用。比如公元前493年，晋国士大夫赵鞅率领军队作战，在战前动员中，赵鞅宣布如果打了胜仗，上大夫可以获得一个县的赋税收入，下大夫可以获得一个郡（当时郡指边境地区的据点，小于县）的赋税收入，士可以获得土地，平民以及工商业者可以做官，奴隶可以获得自由。结果大获全胜。

在我国古代，将这一政策发挥到极致的是秦国的商鞅变法，其最典型的奖赏制度是"军功爵制"，这是一种因立军功而赐给爵位、田宅、食邑、封国的爵禄制度。当时，秦国为了在激烈、残酷的兼并战争中不断取胜，制定了以军功激励军队官兵为主要内容的改革措施，并推行多年。改革的倡导者商鞅认为：按照军功赏赐爵位，军队的战斗力就会强大；如果不执行军功授爵制，军队的战斗力就会削弱，甚至会关系到国家的安危存亡。商鞅在变法时，全面推行了军功授爵制，响亮地提出："有军功者，各以率受上爵……宗室非有军功论，不得为属籍。明尊卑爵秩等级，各以差次名田宅，臣妾衣服以家次。有功者显荣，无功者虽富无所芬华。"这就是说，凡是为国家建立军功的官兵，都将按照军功的大小，确定爵位和田宅。宗室贵戚，没有军功就不得列入宗室的属籍，不得享受宗室的特权。为了奖励军功，鼓舞士气，秦国制定了一系列政策。新法规定：士兵在战争中杀敌一人，可以免除其全家的徭役和赋税；斩首敌军官一名，授爵一级，赐田一顷，宅九亩，还赏给一个农奴。百人以下小分队作战，如果在战斗中杀敌33人以上，可以评为"满功"。据有关文献记载,秦国当时定有 20 级爵位。有第一至第四级爵位的人,在军队中的身份是"卒",即士兵;获得第五级以上爵位,才可以担任军官。在封建社会中,爵位是政治、经济、社会地位的重要标志。秦国推行军功授爵的改革,增强了军功的激励作用,军功不仅仅是荣誉,更是政治资本。以往,奴隶不能当兵,只能当徒役,一场战争的胜负对他们关系不大,奴隶当然不会拼死作战。秦国推行的军功制度,将每一场战争的胜负都与士兵的切身利益联系起来,士兵在战场上奋勇杀敌。有了军功,奴隶就可以改变经济地位、政治地位,或者免税、分田,或者被解放为平民,甚至还可以获得爵位,可以升入统治阶层。秦国在变法改革中,始终执行奖励军功的制度。即使商鞅被杀以后,秦国也继续执行这些改革措施。军功制度的贯彻,调动了军队的作战积极性,为秦国最终完成统一大业做出了不可磨灭的贡献。

国外一些国家也同样重视奖赏的激励作用。如古罗马军队统帅尤里乌斯·恺撒(公元前 100 年~公元前 44 年)特别重用赏赐的手段激励将士参战,他在每次率军作战出征前,都对将士许以大额的赏金,并且战后会根据将士的功绩,一一给予兑现。相传,有一次在出征西班牙时,由于当时军饷贮备不足,且筹款已来不及,他为了保证给将士发赏,竟先向有积蓄的将士们借贷资金做赏金用,其他将士知道这一情况后,士气大振,很快就胜利地完成了作战任务。

近代的拿破仑也非常重视物质对士兵战斗精神的激励作用。在战争实践中,他特别注意激励士气和维护军人的利益,并且解释说:士气是保持军队顽强战斗力的精神支柱,利益是保证军人英勇作战的物质基础,两者相辅相成,缺一不可。他慷慨大方地赐以士兵物质奖赏。拿破仑曾经说过一句很豪爽的话,叫金钱并不能够买勇敢。确实,在某些场合,他是完全利用法国大革命的时机,利用平民从封建桎梏下解放出来后给军队注入的那股热情,利用革命军队的士兵所具有的那种高度的自觉性和较好的纪律性,为他冲锋陷阵,夺得胜利。然而,拿破仑尽管说过"金钱并不能够买勇敢"的话,但为了保持部队的高昂士气,他还是不惜花费大量掠夺得来的金银财宝做奖赏。在征服普鲁士、打败俄罗斯以后,他对自己的文武官员曾经进行了十分慷慨的犒赏。他赏给达乌元帅 100 万金法郎,贝尔蒂埃元帅 50 万金法郎,内伊元帅 30 万金法郎。其他的元帅和许多的将军、军官,包括近卫军和野战部队中所有实际参加了战斗的军官都得到奖赏,负伤的比未负伤的多得两倍。另外,许多人还得到了优厚的年金。1798 年 5 月,在远征埃及的 3.7 万人做好最后准备的时刻,在部队上船的前夕,他曾发表了一篇很具煽动性的演说,其中有一条,就是许诺每一位凯旋的士兵,都可以买得起土地。

在现代,很多国家也非常重视用物质利益来激发军人的战斗精神。如以丰厚的物质待遇刺激战斗精神,可以说是美军培育战斗精神最基本的、最重要的手段。美军认为,单单用爱国心不足以引起以军人为职业的动力;只有官兵对生活质量满意,他们才愿意在军队服役;军人家庭决不能生活在贫困之中。美国兰德公司的一项调查表明,物质福利是保持部队士气的最有效措施。军人加薪10%,新兵入伍率一般可提高39%。美军研究发现,军人是否愿意服役主要取决于四个因素:第一是物质报酬多少,即工资、津贴、奖金和退伍待遇等;第二是对自己从事的专业是否满意,是否感兴趣,是否认为这是自己最好的归宿;第三是是否适应和喜欢军队组织氛围和军人生活;第四是家庭特别是妻子对军人服役的态度。因此,美军大多以立法形式明确规定军人的高工资、高补贴和高福利。美军薪金普遍高于地方同级人员15%。美军的工资还依据《联邦政府工资对比法案》每年得到调整,以强化物质激励作用。美国1970年《联邦政府工资对比法案》的条款规定,联邦政府工资雇员的标准与私营企业中从事同等工作人员的工资标准每年都要进行对比审查。总统每年9月1日之前将工资调整标准提交国会,国会批准后,10月1日开始生效。军人工资与联邦政府雇员工资同等增长。而事实上,军人有多种补贴,实际收入比一般政府雇员要高。随着军民技术通用性增强,为了防止地方企业挖人,美国政府就持续地为军人提高工资。遇到打仗或完成其他急难险重任务的时候,美军还运用高补助来刺激战斗精神,可以说是明码标价。

在海湾战争中,美军每人每月可获得110美元的危险地区服役津贴;参加"沙漠盾牌"军事行动的军人,在海湾服役期间可享受免税待遇,人身保险费从5万美元提高到10万美元;因公伤亡的军人,其遗属可终生享受抚恤金待遇,每月的补助金额依据军人的原军衔级别而定,军官最高的每月1061美元,最低的每月575美元,士兵最高的每月567美元,最低的每月415美元。在伊拉克战争中,美参战军人能得到各种各样的补贴,具体情况是根据他们的职务、军衔和家庭情况而定。例如,战区军人补贴每天为150~300美元,在战区执行任务满30天的增加到450~600美元。在战场上时间越长,补贴金额就越高。如果在危险的作战前沿超过30个昼夜,每月还可以多拿50到100美元。军人还享受免费医疗保险、免费药品和住房补贴等待遇。此外,美国政府还为每个参战士兵提供25万美元的人身保险。第二次车臣战争中,俄罗斯也大幅提高了参战军人待遇,作战部队军官的月薪金加各种作战补贴,平均达到900美元(俄军一名上校正常的月薪金不足1000美元),合同制军人的月总收入将近800美元。俄军规定,参战的合同制军人,其职务薪金和军衔薪金增加1.5倍。如果参战的合同制军人来自边远地区,在原服役地点享受的各种特殊补贴仍继续享受;参战的义务兵役制军人,其职务薪金按合同制士兵的正常职务薪金标准发放,每月的各种补助和补贴也执行合同制士兵的补助标准。此外,参战官兵每日的作战补助费增加到 10~90 美元。同时根据俄罗斯《军人地位法》等法律规定，在作战期间牺牲和失踪的军人，由军事保险公司发给其每位家庭成员(父母、配偶和未满 18 周岁的孩子)数额为 25 倍月薪金的人身保险赔偿金，同时军队还要再给每个家庭成员发放抚恤金，金额相当于军人 120 个月的薪金总和。伤残军人也能领到相当于月薪金数十倍的伤残补助费。俄军在车臣作战，打 1 个月的仗按服役 3 个月计算，并依此标准享受休假。军人在车臣作战时负伤，每月也能领取相当于月薪 5~10 倍的补助。

　　一直以来，有人认为资产阶级国家的军队都是"雇佣军"，政府给钱他们才打仗，并一直对资产阶级的军队"重赏之下，必有勇夫"的做法不齿。但事实上，无产阶级的军队同样也重视用物质利益来刺激军人的战斗精神。马克思说："人们奋斗所争取的一切，都同他们的利益有关。"邓小平同志也曾经说过，革命精神是非常宝贵的，没有革命精神就没有革命行动。但是，革命是在物质利益的基础上产生的，如果只讲牺牲精神，不讲物质利益，那就是唯心论。苏联军队在卫国战争期间的作战行动经验证明，除了精神激励以外，进行物质奖励对于激发官兵战斗精神、提高部队士气也是十分必要的。苏军对在战争期间荣获各类勋章和奖章的有功人员设立了不同的奖金标准和免费乘坐火车和轮船(每年一次)、免费使用城市交通的待遇，以及在所得税、居住面积及养老保障等方面的优惠办法。例如，对各类荣誉称号和勋章、奖章荣获者每月按以下标准发放奖金："苏联英雄"和"社会主义劳动英雄"称号获得者 50 卢布，"列宁勋章"获得者 25 卢布，"红旗勋章"获得者 20 卢布，"一级卫国战争勋章"获得者 20 卢布，"二级卫国战争勋章"获得者 15 卢布，"红星勋章"获得者 15 卢布，"三级光荣勋章"获得者 5 卢布，"二级光荣勋章"获得者 10 卢布，"一级光荣勋章"获得者 15 卢布，"勇敢奖章"获得者 10 卢布，"乌沙科夫奖章"获得者 10 卢布，"战功奖章"获得者 5 卢布，"纳希莫夫奖章"获得者 5 卢布。同时荣获两枚以上勋章和奖章者奖金累计。荣誉获得者凭勋章证书、奖章证书可在任何储蓄所领取奖金，奖金不缴所得税，不列入任何追偿范围，不列入税金、赡养费和房租等的计算范围。勋章获得者房租打折 10%~50%。一、二、三级"光荣勋章"的获得者还有以下权利：列兵、下士和中士晋升准尉军衔，准尉晋升中尉；丧失劳动能力时养老金比规定标准增加 50%；子女可免费享受中等和高等教育。卫国战争时期，苏军规定对击毁敌人兵器者给予重奖。例如，用燃烧瓶或榴弹击毁敌 1 辆坦克者奖励 1000 卢布；击毁敌 3 辆坦克者除发给奖金外，授予"红星勋章"；击毁敌 5 辆坦克者除发给奖金外，授予"红旗勋章"；击毁敌 5~10 辆坦克者除发给奖金外，授予"列宁勋章"；击毁敌 10 辆以上坦克者除发奖金外，授予"苏联英雄"称号；击毁敌 3 辆坦克的炮兵战斗编组、坦克乘员组、反坦克战斗编组授予"勇敢奖章",每人奖励 1000 卢布;击毁敌 5~10 辆坦克的战斗编组除发给奖金外,授予"红旗勋章";击毁敌 10 辆以上坦克的战斗编组除发给奖金外,每人都将获得"苏联英雄"称号。

我军的物质奖励工作诞生于硝烟战火之中,土地革命时期的"打土豪、分田地",抗日战争时期的减租减息和解放战争时期的土地改革,都是我军贯彻马克思主义物质利益原则激发官兵战斗精神的重要体现。为了确保物质利益的贯彻落实,我党制定了优抚条例,为物质利益原则的贯彻落实提供了制度化保障。1931 年 11 月,苏维埃第一次全国代表大会通过并颁布了《中国工农红军优待条例》,对红军战士及其家属进行优待,内容多达十多项。同一月,中央革命军事委员会抚恤委员会颁布了《红军抚恤条例》。为了保证优抚条例贯彻执行,党的各级委员会多次发出训令,指导条例的落实,强调指出,以后若再有忽视优待红军或对执行红军优待条例怠工,须当作反革命一样处罚。抗日战争和解放战争期间,我军的优待和抚恤制度得到进一步完善,先后颁布了《优待抗日军人家属暂行办法》《抗战伤亡军人暂行抚恤条例》等多部法规,对军人家属进行优待和对伤残军人进行抚恤。优待抚恤政策的贯彻执行,褒奖了指战员的英雄业绩,激发了他们的荣誉感,解除了前方将士的后顾之忧,极大地鼓舞了革命斗志。

1933 年 8 月 1 日,我军颁布第一部《中国工农红军纪律暂行条令》,后来分别在 1935 年 9 月、1939 年 5 月、1942 年 2 月和 1943 年 10 月进行了修订。其中 1935 年的《纪律条令》将奖励项目增至 6 项,即将"颁发奖品"单列为一项,增加"升级"一项。奖励权限涉及到团以上各级首长。首次出现了物质奖项——奖品。1939 年的《纪律条令》把奖励项目增至 8 项,即口头奖励、队前奖励、通令奖励、纪念会上奖励、物质奖励、部队中名誉记名、升级、奖章。从此,物质奖励开始正式成为一项重要奖励。再之后,历次修改《纪律条令》基本维持了这些奖项,但在内容上及具体奖励名称设置上却充实了很多。1990 年的《纪律条令》首次把"以精神奖励为主,物质奖励为辅"确定为奖励的原则,并把奖励条件由 13 条扩充为 20 条,同时规定了奖励的附加项目。2002 年的《纪律条令》修改不多,主要是通过调整和增加奖励的附加项目,适当增强物质奖励的力度。

2010 年新修订的《纪律条令》对奖励制度进行了重大修改,直接将荣誉激励与物质激励挂钩。其中规定,对获得三等功以上奖励的士兵,可以提前晋衔;对获得二等功以上奖励或者 3 次三等功奖励的士官,可以增加军衔级别工资档次;对获得二等功奖励或者 3 次三等功奖励的军官、文职干部,可以增加职务(专业技术等级)工资档次;对获得一等功以上奖励的军官,可以提前晋衔或者增加职务(专业技术等级)工资档次;对获得一等功以上奖励的文职干部,可以提前晋文职干部级别或者增加职务(专业技术等级)工资档次。

我军长期以来在条件十分艰苦、环境十分恶劣的情况下生存与发展,采用精神激励为主,物质激励为辅的方针,既是从现实出发,又完全符合我军的性质和宗旨,并逐步形成了我军的光荣传统。但随着市场经济的确立及社会利益关系的进一步调整,官兵面临的实际问题和困难日益突出,导致实际工作中在防止"谈利色变"的同时,又出现了"以物质激励为主"的倾向。这种"不及"与"过"的现象,对激发官兵战斗精神都是极为不利的,因此必须正确把握好物质激励与精神激励的度。正如马克思所说,人们为了能够创造历史,必须能够生活。为了生活,首先需要衣、食、住以及其他东西,因此第一个历史活动就是生产满足这些需要的资料,即生产物质生活本身。军人不仅是"政治人",也是"自然人",也有正当合理的物质需求,这正是军队运用物质利益原则的客观必要性,但并不是运用物质利益原则的出发点和落脚点。重视物质利益,决不意味着战时激发官兵的战斗精神就应像国民党临阵发放大把的银圆组织敢死队一样去做。一味地强调物质利益对战斗精神激发的重要性,最终将会导致军人荣誉感下降,甚至危及军队的基础、国家的安全。正如《关于改革开放和发展社会主义市场经济条件下军队思想政治建设若干问题的决定》所指出的:"军队贯彻物质利益原则,应当始终着眼于激发和调动官兵积极性,使他们更加自觉地为人民的利益而奋斗。"也就是说,尊重和关心官兵物质利益,在使官兵的物质利益得到认同和不同程度实现的前提下,弱化官兵的物质需要,使官兵的"兴趣"和"注意力"转移到精神追求上来,不断强化官兵的精神需要,变物质动力为精神动力,激发官兵高昂的战斗精神。

军事纪律约束:纪律中有无穷的战斗力

在我国,只要是有军队的地方,就都能听到一段优美的旋律:"军号嘹亮,步伐整齐,人民军队有铁的纪律,服从命令是天职,条令条例要牢记,令必行、禁必止,自觉凝聚成战斗集体……纪律中有无穷的战斗力……步调一致得胜利……"这就是军队广为传唱的《严守纪律歌》。

古今中外无论哪一支军队都讲求纪律,没有纪律,军队将是散沙一盘,毫无战斗力可言,而纪律中有无穷的战斗力。孙子就非常重视军队的"法令""曲制"对提高士气的保障作用。继承了他的思想的孙膑也强调,军队要成为士气旺盛的战斗集体,就必须有严格的法制和纪律的约束。《尉缭子·制谈》则阐述:"民非乐死而恶生也。号令明,法制审,故能使之前。"尉缭子还根据相关理论制定出许多具体而实用的制度和章法,如《重刑令》《伍制令》《分塞令》《束伍令》《勒卒令》《经卒令》等。明朝的著名抗倭将领戚继光不仅为部队明确制定了各种制度,而且还把各种制度编印成册下发官兵,令其背诵熟记,大大增强了军队的凝聚力和向心力,因此戚继光的部队能够做到平时保持士气,战时"兵虽百万,指呼如一人"。西方资产阶级军事家克劳塞维茨在其《战争论》中也指出,军人的勇敢必须摆脱个人勇敢所固有的那种不受控制和随心所欲地显示力量的倾向,他必须服从更高的要求:服从命令,遵守纪律,遵守规则和方法。

古人不仅认识到了纪律的重要性,在战争实践中也非常重视运用纪律激发士气,如秦始皇就提倡"以法为教"的军中法纪教育,军人接受教育后,能更好地认识自己的使命,履行军人的职责,激励起自己的士气和斗志,提高部队的战斗力。南宋的陈傅良在他的《历代兵制》中说:"自鞅始明以战悬为刑赏,以多杀为爵级,以怯斗为役隶,使斯民要利于上,非战无繇。"秦朝军队的尚武精神,勇敢不怕死的战斗精神,是与秦统治者坚持法纪教育分不开的。辽、金、元朝的军纪教育思想特点比较鲜明:教育将士善战而不妄杀,教育军官禁止奴役士兵,教育士兵禁止骚扰和掳掠百姓。这样做增进了团结,争得了民心,部队士气自然提高。而历史上声名赫赫的岳家军和戚家军之所以斗志昂扬,战无不胜,军纪教育发挥了重要的作用。

从战争中成长起来的我军的纪律是人民军队性质和宗旨的生动体现,与一切旧式军队和剥削阶级军队的纪律有着本质的区别。朱德同志1931年在《怎样创造铁的红军》一文中指出,红军的纪律是根据整个阶级的利益、革命利益和革命斗争的必需而制定的。红军指挥员与战斗员都是一样地遵守。与白军的纪律专为压迫士兵而设,绝不相同。朱德同志的话,是对我军纪律本质和纪律特点的高度概括。战争年代,我军能在异常艰苦的情况下克服千难万险,战胜强大的敌人,不断从胜利走向胜利,靠的就是建立在这种自觉基础上坚强的组织纪律性凝聚起来的高昂的战斗精神。

红军时期有一首歌谣唱道:"军令如山重,纪律似铁坚。"这是我军严明军事纪律的生动写照。建军以来,我军官兵无论在什么情况下,都坚决做到听从指挥不打折扣,不讲条件,执行命令完全彻底,不怕困难,不畏艰险,坚决完成战斗任务。在抗美援朝战争的第二次战役中,志愿军司令部命令驻德川我军某师向美军第八集团军的腹地三所里穿插,切断已被志愿军包围的10万余敌人的退路。这个师刚刚完成德川战役的迂回任务,已连续行军作战两昼夜,饥困交加,极度疲劳,加上从德川到三所里有70多公里路,靠战士们的两条腿翻山越岭在14个小时内赶到,确实困难重重。但部队接到命令后,立即坚决执行。他们冒着零下40摄氏度的严寒,在海拔1200米的山路上攀陡崖、越深涧,克服了常人无法想象的困难,终于完成穿插任务,按时到达指定位置,堵住了敌人,保证了二次战役的胜利。在抗美援朝作战中,敌人始终奇怪我军劣势的装备何以有那样大的战斗力。他们不明白,有高度政治觉悟和自觉纪律的战士所具有的战斗力是无穷的!

1947年夏,中央军委为配合刘邓大军南下,命令我西北野战军攻打榆林,调动国民党军胡宗南部北上。榆林城是国民党重点设防的重镇,三面环山,紧连沙漠,易守难攻。西北野战军兵力不足,能否攻下把握不大,因此,当时不少人对此想不通。但西北野战军坚决执行命令,按照中央军委的指示,克服重重困难北上榆林。围城10天,虽然未能攻克榆林城,但调动了胡宗南集团主力北上,完成了中央军委赋予的任务。正是这种严格的组织纪律形成的步调一致,使我军越战越强,逐一粉碎了敌人的进攻。虽然国民党军队在数量和武器装备上都占优势,但派系林立,无法做到统一纪律和行动一致,最终走向失败。我军的胜利再一次说明了"纪律中有无穷的战斗力"。

纪律是军队的生命,也是军人的生命。只有每一个军人都把纪律作为生命看待时,军队才能有战斗力,军队的生命才能延续和发展。军队的强弱成败,军人的生死存亡,有时就系于一人一事一时之纪律的严与废。抗美援朝战场上的邱少云同志,由于能在烈火焚身的危急情况下严守纪律,不仅赢得了战斗的胜利,而且赢得了更多战友的安全。1952年10月11日,邱少云和他的战友奉命到离敌人阵地很近的地方去潜伏,以便第二天傍晚发起战斗,突袭消灭敌人。天黑以后,战士们秘密地摸到了潜伏地。战士们三个一组、四个一组地分散开来,潜藏在茅草中。每个人从头到脚都插上了野草,伪装得像山坡上的草一样,凉风吹过,人身上的草和地上的草一同摆动,显不出一点儿痕迹。他们还可以清楚地看到从地堡枪眼里伸出来的敌人机枪筒和瞭望孔后缩头缩脑向外张望的面孔,有时,敌人讲话的声音也能清楚地听到。但到第二天11点钟的时候,敌人盲目发射的一颗燃烧弹突然落在邱少云身边,并且烧着了他身上的野草。这时,他要站起来是完全可以扑灭身上的火苗的。但是,邱少云深深地懂得,要是这样做,就会被山顶上的敌人发觉,潜伏在这里的几十位战友就有被消灭的危险,原定的战斗计划也就不能完成。邱少云忍受着难以想象的肉体痛苦,咬着牙,把两手深深地插入泥土,一直到牺牲时,也没动一下。

人文主义关怀:士为知己者死

《孙子兵法·地形》指出:"视卒如婴儿,故可与之赴深溪;视卒如爱子,故可与之俱死。"《尉缭子·战威》指出:"夫勤劳之师,将必先己,暑不张盖,寒不重衣,险必下步,军井成而后饮,军食熟而后饭,军垒成而后舍,劳佚必以身同之。"古人相当重视将帅的人格魅力对士卒战斗精神的巨大影响,在这方面,古今中外,历朝历代皆不乏名将楷模。

西汉名将"飞将军"李广堪称"爱兵如子"的典范。《史记·李将军列传》记载:"广廉,得赏赐辄分其麾下,饮食与士共之。""广之将兵,乏绝之处,见水,士卒不尽饮,广不近水;士卒不尽食,广不尝食。宽缓不苛,士以此爱乐为用。"李广如此爱兵,部队自然士气高昂。同时,古人也深知,光用爱去鼓舞士气是不够的,还要对士兵严格要求,恩威并重强调的就是两者在激励士气时的同等作用。《孙子兵法·地形》写道:"厚而不能使,爱而不能令,乱而不能治,譬若骄子,不可用也。"讲的就是将帅在关爱士兵的同时,又要严格要求士卒,不使其成为"骄子",只有这样才能更好地励卒之气。

欧洲著名统帅拿破仑也非常注意关怀士兵以提高士气。他经常深入部队巡视,喜欢身着朴素的灰大衣同士兵们在一起,亲切揪着他们的耳朵,耐心地听他们发牢骚,日久天长,能叫出许多士兵的名字,详细了解他们的性格、经历和家庭等。拿破仑这些行为,极大地消除了统帅与将士之间的隔阂,赢得了法国官兵的好感,他们把他看作是法国的第一名士兵,亲昵地称之为"小伍长"。拿破仑不仅平易近人,而且也关注将士们的实际利益,危难之际,总是以坚定可靠的保护者的角色出现在他们面前,全力以赴地为他们排忧解难。对于阵亡将士的遗孤,他视如己出,抚养成人。他提出疾病比敌人更危险,并作为自己的座右铭。1807年2月,法军与俄军在普鲁士艾劳地区进行了一场血战,双方损失惨重。战后,为了使损耗甚大的部队得到较好的休整,在普鲁士境内安全过冬,拿破仑走出温暖如春的华沙宫殿,连续几十天在冰天雪地里奔走,深入部队检查御寒情况,其间,他曾与士兵一样卧睡在冰冷的乡间谷仓,或住在破败的农家茅舍中。事后,在给兄弟约瑟夫的信中他说道:为了组织军队过冬,在15天中没有脱过一次鞋。拿破仑还经常这样说,法国士兵的生命如何宝贵,决不允许轻易遭到伤害。他的确说到做到。在埃及征战期间,一些外出骚扰掳掠的法军士兵偶尔被当地村民杀害,拿破仑闻讯后,竟然派出大批军队血洗这些村庄,不惜采取血腥的报复行动来维护法国士兵的生命安全。在征服意大利的一次战斗中,拿破仑夜间巡岗查哨,发现一名哨兵斜倚着树根睡着了。他没有喊醒哨兵,却拿起枪替他站岗约半小时,哨兵从沉睡中惊醒,认出了正在替他放哨的司令官,十分惶恐和绝望,跪倒在他面前。拿破仑却和蔼地说:"朋友,这是你的枪。你们艰苦作战,又走了那么长的路,你打瞌睡是可以谅解的。但是目前,一时的疏忽就可能断送全军。我正好不困倦,就替你站了一会儿,下次可要小心。"众所周知,哨兵在岗位上睡觉是要以军纪论处的，但拿破仑对长途跋涉、疲惫不堪偶尔失职的哨兵却没有那样做，而是从情感出发批评哨兵，这就使得官兵从内心拥护他、爱戴他，不折不扣地执行他的命令。

在现代条件下，世界各国也都非常重视通过人文关怀提高士气，如西方国家通过宗教帮助士兵解忧排难，神职人员有意识地用宗教本身的感召作用，用人性化的方式，通过富有情感的说服和劝导，一方面使士兵"忏悔"，谈心里话，另一面劝导军官"以慈悲为怀"，达到教育官兵、为军方政策服务的目的。美军随军牧师自称是"上帝的使者"，是需要关怀的人的"灵魂讲解者"，像父母对孩子一样关心每一个教徒。据美《随军牧师杂志》报道，士兵有想不通的事首先找牧师谈，征求牧师的意见。牧师也主动询问士兵个人的情况，通过个别谈话，家庭走访，慰问伤病员，了解士兵的真实思想。士兵找女朋友、结婚要征求牧师的意见，夫妻不和由牧师出面调解。对晋升或调动不满，发生违纪问题，官兵之间闹矛盾，各种纠纷、吸毒、酗酒、违纪等问题的处理，要有牧师协助。

牧师还享有一个特权，就是对于士兵所忏悔的内容有特许的保密权。这些方式很容易缩短教育者与教育对象的距离，加之牧师"中间人"的身份，使其说服教育具有了极强的感染力和说服力。

我军是由中国共产党缔造的人民军队，更是注重通过给予士兵人文关怀来激励士兵，振奋精神。如在红军长征时期，朱德总司令把伤兵扶上自己的坐骑，领导干部杀掉乘马为战士果腹充饥，这样的例子不胜枚举。红军的物质条件极为简陋，但官兵平等，上下一致，互帮互爱，同舟共济，表现出任何旧军队都无法相比的凝聚力，体现了红军战友对彼此价值和生命的尊重。长征中，总政治部明确要求，对各部队沿途寄留的伤病员，必须派人去慰问，并解决他们的困难；对于归队的应进行欢迎工作，鼓励战士替他们打草鞋、送衣被等，借此给红军战士以好的影响。过雪山时，大家以强帮弱，以大帮小，走不动的扶着走，不能扶的抬着走，让战友安全越过夹金山。正是这些关怀，使广大红军指战员最终突破了敌人的层层封锁，完成了胜利转移。在以后的抗日战争、解放战争、抗美援朝及边境自卫反击作战中，更是涌现了一批爱兵模范先进连和王克勤似的爱兵模范个人。在这样一种充满了人文关怀的环境下，战士们心甘情愿地去受苦、去受累、去奉献、去牺牲，我军广大士兵不畏牺牲，英勇作战，保证了我军取得战争战役的胜利。

新世纪新阶段，胡锦涛同志进一步提出了以人为本的治军理念，强调把爱护官兵生命与培育战斗精神统一起来，即为了祖国和人民的利益，需要培养广大官兵英勇顽强、前赴后继、视死如归、敢于胜利的战斗精神，但同时强调弘扬牺牲奉献精神，并不意味着无谓的牺牲，更需要爱护士兵生命，以最小的代价取得最大的胜利。十八大以后，中央军委主席习近平多次视察基层部队，问候最多的是基层官兵，关心最多的是基层建设。他多次强调从难从严从实战要求出发摔打部队，把战斗力标准作为军队建设唯一的根本标准，聚焦能打仗，打胜仗；他还强调，要大力加强基层风气建设，改善基层官兵的生活条件，恢复我军政治工作优良传统，培养有本事、有个性、有道德的新一代革命军队。习近平同志一系列治军理念极大激发了基层官兵投身强军实战的热情，必将有力推动党在新形势下强军目标的实现。

重大情感释放：诉苦运动

仇恨往往能激起人的斗志，在某种特定的条件下，以仇恨作为鼓动士气的手段非常奏效。诉苦运动最早是我军进行阶级教育的一种形式，全国解放战争时期曾广泛运用。诉苦即诉旧社会和反动派给予劳动人民之苦。通过诉苦提高了全体指战员为解放被剥削的劳动人民而英勇奋战的觉悟，同时加强了全体指战员在共产党领导下的坚强团结，使部队万众一心，不怕牺牲，群威群胆，英勇杀敌，保证了人民解放战争的胜利进行。

1947年东北人民解放军在秋季攻势和冬季攻势期间，在西满、南满新收复区开展了轰轰烈烈的土地改革运动。千千万万农民翻身做了主人，站在共产党一边。这就从根本上决定了战争的前途。

解放军指战员大部分来自农民，他们曾身受地主阶级的残酷剥削，每人都有一本苦情账。配合土改，进行诉苦，乃是提高指战员觉悟的有效形式。1947年，以诉苦为主要方式的阶级教育在第三纵队开展起来。罗荣桓发现这一经验后紧抓不放，立即组织机关干部下去了解这方面的经验。第三纵队的诉苦，最早是在第七师二十团九连搞起来的。他们结合土改教育，选择了苦大仇深的战士房天静、任纪贞和被俘后参军的"解放战士"罗玉祥，向大家诉说他们入伍前所受的苦难，启发大家回忆各自的苦，然后分班讨论，引导大家都来"倒苦水""挖苦根"。战士们一面诉苦，一面和蒋介石算老账。"解放战士"也迅速提高了阶级觉悟，纷纷检查自己在国民党军队当兵时不知本，忘了本，忘了祖宗父母所受的苦，忘了天下穷人的苦，表示一定要跟着共产党闹革命，在战场上杀敌立功。

同时，在诉苦过程中，九连还注意调查农村的阶级斗争情况，随时收集材料，充实部队阶级教育的内容。九连在驻地发现一位姓张的佃户有件穿了六七年的破棉袄，棉花没几团，补丁摞补丁。指导员带着破棉袄上了课堂，问大家："这是谁穿的？地主穿这个吗？"战士说："地主擦屁股也嫌脏，这是佃户穿的。"指导员又问："国民党能不能给穷人换这种破棉袄?"战士答:"不能,国民党是地主老财的党。"指导员再次问:"谁给换?"战士答:"只有咱们的队伍能给穷人换破棉袄!"接着,指导员讲了阶级压迫和剥削的道理,说明解放军是为穷人争翻身、争解放的队伍。这时,战士赵洪山说,他父亲也是穿这样一件破棉袄,还被警察打瞎了眼睛。想到父亲受气受穷,他伤心得落泪了。指导员叫他当众诉苦,战士们极受感动,一致表示决心革命到底,"为天下穷人换下破棉袄"。

罗荣桓听了详细汇报说,这在部队政治教育工作中是一个具有重大意义的创造,解决了当前教育的主要内容和方法问题,是部队政治教育的方向。罗荣桓让政治部起草了关于在部队政治教育中普遍开展诉苦运动的训令,还让《东北日报》于1947年8月26日发表社论《部队教育的方向》。社论指出:诉苦运动是部队教育工作一个具有极其重大意义的创造。这种群众性的诉苦证明,罪恶绝不是单个地或偶然地发生的。大家来自山南海北,都受到同样的痛苦,都同样受冻受饿受辱挨打,这证明普天之下都存在着两种人:一种是压迫人的人,一种是受人压迫的人。前一种人经过各种线索的追寻,都归到蒋介石那里,蒋介石就是他们的头子;后一种人经过各种事实证明,都归到共产党这里,共产党为人民办事,是被压迫的劳动人民的领袖。要报仇雪恨,只有和共产党一起,大家联合起来打倒蒋介石。经过推广和引导,诉苦运动在东北人民解放军各部队大规模地开展起来。1947年9月28日,毛泽东亲自修改并向全军批转了东北民主联军第三纵队进行诉苦运动的经验。随着广大指战员阶级觉悟的空前提高,各部队因势利导,开展群众性的练兵运动,号召大家"磨刀杀敌""复仇立功",学好五大技术和"一点两面""三三制"等战术,提高杀敌本领,准备随时投入战斗。诉苦和群众性大练兵极大地提高了广大指战员的战斗力,为即将到来的对国民党军的战略决战准备了一支精锐的大军。

在抗美援朝时期,对美帝国主义的仇视教育是诉苦运动的又一发展,通过仇视教育,揭露美帝国主义侵华之心不死,使官兵认识到,美国侵略朝鲜的同时,出动海军第七舰队侵占台湾和台湾海峡,极力把侵朝战火引向中国东北边境,扬言鸭绿江不是"两国的分界",旨在走日本老路,先侵略朝鲜、台湾,后侵略全中国;同时使官兵认识到历史上的美国就是帝国主义,自1844年强迫清政府签订《望厦条约》,开"治外法权"和"利益均沾"的侵略先例以来,一百多年间对中国从未停止直接侵略或间接侵略,仅在中国人民解放战争期间就给蒋家王朝60亿美元的军事援助。在这一过程中,通过仇视教育在中国民众面前勾勒了一个美国形象,如美国是中国人民的死敌,"是打劫起家的两头蛇","是中国人民的吸血鬼",美帝的侵略是"伪善"的、"杀人不见血的"侵略,因此,美国"是我们中国人民最危险的敌人,最凶恶的敌人"。"作为帝国主义侵略阵营的魁首",美国是"世界上最反动的!最野蛮的!最富于侵略性的帝国主义国家",是"屠杀人类的老窝",因此,它也是"全世界爱好和平民主人民的最凶恶的敌人",是"世界的反动中心",从而激起了志愿军战士对美帝国主义的无比仇恨和一往无前、勇于牺牲的战斗精神。

实际上,虽说诉苦运动起于1947年我人民解放军所进行的解放战争时期,但通过诉苦来激发战斗精神却是有着悠久历史的。同时,不仅在中国有通过诉苦激起官兵对压迫阶级的仇恨,增强凝聚力和战斗力,国外一些国家也非常重视仇恨对于战斗力的激发作用。1941年12月7日,日本偷袭"珍珠港"成功,使美军蒙受了巨大的损失。次日,美国总统罗斯福走上众议院的演讲台,发表了那篇著名的向日本宣战的演说。当时,在美国各地,几乎所有的人都聚集在收音机旁,倾听他的演讲,复仇之火在每个美国公民胸中越烧越旺。美国舆论界代表了当时的民意:这个仇必须报!然而,在1941年秋的民意测验中,竟有74%的美国人不愿卷入第二次世界大战,尤其是美国的母亲们不愿儿女把命丢在战场上。而正是"珍珠港事件"激发起美国民众的复仇之火,燃起了士兵们的战斗豪情与壮志。

古人认为:"士以义怒,可与百战","圣意坚决,则将士之意自倍"。《孙子兵法·作战》写道:"故杀敌者,怒也。"(张预注:"激吾士卒,使上下同怒,则敌可杀。")西方资产阶级军事家克劳塞维茨在《战争论》中也指出:再没有什么比复仇心更能激起军队的斗志了。

通过仇恨激发士兵战斗精神在中国古代不仅有精辟论述,而且也有广泛应用,成就了不少的辉煌战例。战国时期,秦赵邯郸之战前,赵国统治者利用秦军长平坑杀赵军降卒的惨祸激励臣民的同仇敌忾之气,造就了全国上下决心与秦国拼死作战的有利态势,为赵国取得作战的胜利打下了坚实的基础。再有,努尔哈赤在起兵攻打明朝前,曾以"七大恨"来煽动民族仇恨情绪作为战前鼓动手段,激励将士。所谓"七大恨"是:(1)明朝无故杀害努尔哈赤父、祖;(2)明朝偏袒叶赫、哈达,欺压建州;(3)明朝违反双方划定的范围,强令努尔哈赤抵偿所杀越境人命;(4)明朝派兵保卫叶赫,抗拒建州;(5)叶赫由于得到明朝的支持,背弃盟誓,将其"老女"转嫁蒙古;(6)明朝当局逼迫努尔哈赤退出已垦种之柴河、三岔、抚安之地,不许收获庄稼;(7)明朝辽东当局派遣守备尚伯芝赴建州,作威作福。"七大恨"反映了满族对明朝的愤恨,成为讨明檄文。努尔哈赤发布"七大恨",是利用女真人的民族情绪,把女真人的不满引向明朝,并借对明战争的掠夺,以缓和后金本身的社会矛盾。发布"七大恨"是后金汗努尔哈赤把战略目标由东向西转移的标志,也是他的兵锋由统一女真各部转移到指向明朝的标志。依靠这种报仇雪恨的情感再加上正确的指挥,努尔哈赤在萨尔浒一战中以弱胜强,打败明军,奠定了大清的根基。

战斗信心坚定：在战略上藐视敌人

伟大的革命家、军事家毛泽东曾说过，要在"战略上藐视敌人，战术上重视敌人"。在战略上藐视敌人，才能敢于和敌人做斗争；才能保持旺盛的斗志，百折不挠，一往无前；才能在暂时处于困难的条件下，不被敌人外强中干的现象所迷惑，不致过高估计敌人而悲观失望、停滞不前。也可以说，对敌人的藐视可以坚定必胜的信心，可以产生不竭的动力和顽强的战斗精神。

中国共产党人在与美帝国主义武装起来的国民党反动派斗争的过程中，始终是在战略上藐视敌人的，并提出了"一切反动派都是纸老虎"的著名论断。1946年6月，国民党进攻中原解放区，全面内战爆发。当时，国民党在军队数量、军事装备、后备资源及外来援助等方面，都明显超过中国共产党。国民党军队的总兵力约430万人，而且拥有装备较好的陆、海、空军；人民解放军的总兵力只有127万人，不仅没有海军和空军，而且陆军装备也很差。国民党政府统治着约占全国76%的陆地面积、3.39亿人口的地区，控制着几乎所有的大城市和绝大部分铁路交通线，拥有全国大部分近代工业和人力、物力资源；而解放区的土地面积只占全国的24%，人口约1.36亿，基本上依靠传统的农业经济。此外，国民党得到美国的经济和军事援助，中国共产党在国际上没有得到任何公开的支持。因此，对处于劣势的中国共产党及其领导的人民军队能否打败国民党的进攻，许多人存在怀疑和顾虑。在这种严峻的形势面前，针对一些人对国际形势产生悲观估计和不敢用革命的手段反击国内反动派进攻的倾向，毛泽东发表了"一切反动派都是纸老虎"的著名论断，这是他在与美国记者安娜·路易斯·斯特朗的谈话中提出的。毛泽东通过列举俄国沙皇、德国希特勒、意大利墨索里尼和日本帝国主义的例子，说明"一切反动派都是纸老虎"。他指出，看起来，反动派的样子是可怕的，但是实际上并没有什么了不起的力量。从长远的观点看问题，真正强大的力量不是属于反动派，而是属于人民。斯特朗问到如何看待美国使用原子弹时，毛泽东回答：原子弹是美国反动派用来吓人的一只纸老虎，看样子可怕，实际上并不可怕。当然，原子弹是一种大规模屠杀的武器，但是决定战争胜败的是人民，而不是一两件新式武器。最后谈到蒋介石发动的大规模内战的前景，毛泽东充满信心地说：拿中国的情形来说，我们所依靠的不过是小米加步枪，但历史最后将证明，这小米加步枪比蒋介石的飞机加坦克还要强些。虽然在中国人民面前还存在着许多困难，中国人民在美帝国主义和中国反动派的联合进攻之下，将要受到长时间的苦难，但是这些反动派总有一天要失败，我们总有一天要胜利。这原因不是别的，就在于反动派代表反动，而我们代表进步。毛泽东关于"一切反动派都是纸老虎"的论断一经提出，立刻传遍国内外，深入人心，产生了意想不到的巨大力量，极大地增强了人民解放军同帝国主义支持的国民党反动派做斗争的勇气和信心。

貌视敌人还表现为一种士气的对抗。1941年9月，德军统帅部集中了苏德战场上38%的步兵和64%的坦克，共53个步兵师、14个坦克师和8个摩托化师，180万人，1700辆坦克和强击火炮，1390架飞机，1.4万多门大炮和迫击炮，进攻莫斯科。苏军最高统帅部为保卫莫斯科，也进行了大规模的准备工作，组建了西方面军、预备队方面军和布良斯克方面军。三个方面军共有95个师，125万人，990辆坦克，677架飞机，7600门大炮和迫击炮。9月30日，希特勒亲自签订了进攻莫斯科的军事行动计划，代号"台风"。苏联政府的部分机构和外国使节逐渐撤退到距莫斯科800公里的古比雪夫，莫斯科主要的工厂在德军的狂轰滥炸之下，早已不能生产了。电、水，早已经中断了。食品供应线时断时续，只能实行按人头配给。苏联军民在德军的疯狂进攻下，看不到胜利的希望。而正是在如此危险的情况下，斯大林决定在德军的炮火声中举行传统的红场十月阅兵式，以激励苏联军民的士气。当天，莫斯科的红场上人群如潮，红旗如潮，胜利的呼声如潮。一队队年轻的战士挺胸阔步地走过阅兵台，一辆辆坦克昂首轰鸣着开过阅兵台。阅兵台上，一位头戴皮帽、身着厚厚的军大衣的人威武而庄严地走到了阅兵台的中央。等待许久的人群更加兴奋了起来，"看！斯大林同志！他来了！他没有走！""万岁！乌拉！"斯大林的出现，使莫斯科的军民亲眼看到了自己的统帅、自己敬爱的领袖依然战斗在莫斯科。望着自己眼前的统帅，人们的心情十分激动，战士们的斗志更足了。斯大林演说道：红军战士们，指挥员和工作人员们，所有劳动者们，虽然我们今天是在极其严峻的情况下庆祝十月革命24周年的，德国强盗背信弃义的进攻和强加于我们的战争，造成了对我国的威胁，不过，这并没有什么可怕的，我们的国家曾经经历过比现在的处境更加危急的日子。我们的国家，我们举国上下，已经组成了一个统一的战斗堡垒，同我们陆海军一起，共同粉碎德国侵略者。想想1918年的情形吧……比起那时，我们现在要好得多。因此，我们一定能够而且一定会战胜德军侵略者，这是不用怀疑的！

在敌人眼皮底下搞阅兵式，这不仅能充分显示出对法西斯的貌视，而且能对本国军民起到巨大的鼓舞作用，还能给全世界一切同情和支持苏联的人们一种莫大的宽慰，它甚至比在前线消灭法西斯几个集团军所引起的震动和反响还要大。在此精神激励下，同年12月5日和6日，苏军对德军发起了大反攻。红军以排山倒海之势向敌人全线压过去。本已精疲力竭的德军丢盔弃甲，狼狈溃逃。斯大林红场阅兵的非常之举对于巩固军队和振奋苏联人民的士气起到了巨大作用,并具有重大的国际意义。

藐视敌人还建立在对自己优势认识的基础之上。如在电视剧《我的兄弟叫顺溜》中,为了克服新入伍战士对日本军刀的恐惧,分区司令赵大雷在一次战斗中用中国的大刀斩杀了两个被包围而抗拒投降的日本兵,使新入伍的战士认识到中国大刀对日本军刀的优势,克服了恐惧情绪,激发了士兵的战斗精神。自此之后,官兵们普遍感到中国的大刀比日本的军刀厉害,胆怯恐惧之心自然消失,留存下来的仅有对敌人的蔑视和无畏的气概。1950年,抗美援朝战争爆发。当时美国是世界最发达的工业国,1950年的国民生产总值占资本主义国家国民生产总值的2/3,黄金储备占70%。工农业生产总值高达15078亿美元,钢产量为8770万吨,又有用先进军事技术装备的陆军、海军和空军,还有曾使日本广岛和长崎两市数十万无辜生命毁灭的原子弹及其通过传媒狂热鼓噪的核讹诈,使世界一度害起"恐美症"。这些不可避免地也影响到了部分参加抗美援朝的战士。志愿军部队针对这种情况,为激发战士的战斗精神,开展了以"仇视、鄙视、蔑视"为主题的"三视"教育,以克服士兵的恐美情绪。

中南空军领导请李先念同志给机关干部作了一次形势报告。李先念就从我军的优势上对美帝国主义和李伪军表达了藐视。他说:"我们中华民族不是好惹的。日本帝国主义要我们中国人当亡国奴,八年抗战,把它打败了。我们中国共产党更是天不怕地不怕,蒋介石有美帝国主义这个后台老板支持,有八百万军队,有那么多美式装备,又有飞机大炮,我们把蒋介石集团打得跑到台湾去了。美帝国主义不甘心在中国的失败,从后台跑到前台,要亲自出马和我们较量。它一面入侵朝鲜,一面把第七舰队开到台湾海峡耀武扬威,以为这样就可以把我们吓倒。中国人民是吓不倒的!你有你的航空母舰,我有我的大别山!你有航空母舰总不能开到岸上来,顶个屁用!你真的登陆进来,我们打起人民战争,从大别山,这个山、那个山冲下来,把你割开来,装进一个个口袋收拾你,把口袋扎紧,你跑都跑不掉!美帝国主义没有什么好怕的,同志们,你们说对不对?"大家齐声回答:"对!"会场上气氛顿时活跃起来了!李先念同志豪迈的气魄,坚定的信心,铿锵有力又通俗生动的语言,非常鼓舞人心。事后,李先念同志用湖北话说的"你有你的航空母舰,我有我的大别山",成了藐视敌人的一句流行语。

美军也曾使用藐视敌人的战略。伊拉克战争前夕,美国邀请了大量外国媒体的记者参与战事报道,宣传美英联军强大的作战力量。22.5万的精锐兵力,7个航空母舰战斗群的130多艘现代战舰及500多架舰载机,空军的1300多架战机,前看不到头、后看不到尾的装甲部队,在一个个国家的电视屏幕里亮相,在广播电台里轰轰震响,在报纸杂志上天天示威。这些宣传在给伊军造成了不小的心理压力的同时,也鼓舞了本国士兵的斗志。许多美军士兵甚至认为他们有绝对的优势,去伊拉克作战就是到伊拉克去"观光"。

宗教信仰助推:天赋使命

精神因素是衡量战斗力的一个重要因素,宗教信仰是构成精神因素的重要方面。虔诚的宗教信仰,能够帮助官兵消除作战恐惧心理,缓解紧张情绪。同时,建立在宗教信仰基础上的宗教情感,能以其特有的感召力和凝聚力直接影响到军心和战斗士气。

在有宗教信仰的国家,用宗教激发战斗精神是军队的一大特色和重要内容。如美军就建立了较完善的牧师制度,英国皇家陆军设有牧师部,法军团一级单位按信仰天主教或基督教人数多少配神父或牧师。这些神职人员将"爱国"和"爱教"等同起来,教育广大信教官兵为国奋战。巴基斯坦等一些信仰伊斯兰教的国家,也将军队中的爱国主义教育与宗教教育紧密结合起来,号召官兵要"为真主而战""为保卫伊斯兰圣教而战"。泰国军方于1986年年底专门做出了各单位设置佛像规格的决定。规定指出,佛像是军队举行宗教仪式和现役军人就寝前诵经拜佛的重要必需品,它使军人为个人、社会和国家民族的利益,在心中牢牢树立佛的形象,并把佛之教导作为自己的行动准则。战争中,利用官兵对宗教的虔诚,引导他们英勇奋战,为国捐躯。有些国家的军队利用宗教教义进行宣传教育,激发士兵的战斗精神,起到了意想不到的作用和效果。在两伊战争中,伊朗总统霍梅尼坦然承认,他们既无好的装备,又无训练有素的士兵,凭的只是对真主安拉的一腔热忱。在"为真主而战"的口号鼓动下,虔诚的穆斯林组成敢死队,向敌方发起了一轮轮自杀式的冲锋,甚至用血肉之身滚过雷区为后续部队开道。由此可见,宗教教育的宣传,对激励官兵的战斗精神,进而战胜对手起到了巨大的作用。

俄罗斯早在十月革命前军队的精神支柱就是东正教,彼得一世时将专职牧师列入军队编制,神职人员在军队中的法律地位、职责、活动均有明文规定。到第一次世界大战时,沙俄军队共拥有神职人员500人,团级教堂500多座,宗教法庭33个,从军级到营级,都有在编牧师,他们担任思想教育和政治指导工作。十月革命后,东正教在苏联失去了过去拥有的一切特权,受到国家军队的排斥和镇压。苏联解体后,东正教趁机重返军队。1993年,俄国防部与东正教达成协议,成立俄联邦武装力量与教会协调委员会,并在军队中开设军人神父学校,培养随军牧师。目前,俄军随军牧师已成为部队日常生活和战斗训练中不可缺少的组成部分。在军人宣誓、部队升旗、节日庆典、部队出征等活动中都有随军牧师参加,为军人祝福和洗礼,军人在精神生活方面出现问题也常请牧师为其释疑解惑,以使"灵魂得到净化"。据俄罗斯《红星报》报道,目前俄军官兵中信奉东正教的已达85%以上。第二次车臣战争中,俄军从地方征召了大量心理专家和宗教志愿者,在前线建立了4个常设心理帮助中心和7个野战教堂,成立了220多个心理恢复工作站和心理安慰小组,在备战阶段和作战过程中有针对性地开展心理咨询和精神治疗工作,帮助官兵消除作战恐惧心理,缓解紧张情绪,有效地保持和提高了部队战斗力。

美军内部90%以上的官兵信仰宗教,通过宗教活动坚定官兵的宗教信仰,以达到调解官兵心理、情绪,从思想上、精神上控制军队的目的,是美军激发战斗精神的一个特色。早在美国建国前,牧师就开始在军中活动,提供宗教服务。1775年的大陆会议通过决议,确立了教士在军中作为牧师活动的地位。自此以后,随军牧师在美国国内战场上,在巴丹死亡行军中,在朝鲜战场、越南南方丛林以及海湾战争等行动中,都起到了一定的作用。目前,美军共有随军牧师约3000余人,其中陆军编制定额1476人,海军851人,空军865人,平均每700人配有一名牧师。所有随军牧师作为正式军官都授予军衔,着军装,佩戴随军牧师标志,享受军官工资福利待遇,其最高军衔可达少将。美军规定,军中牧师必须有四年大学和三至四年神学院的学历。民间牧师应募入伍后,要先到军内牧师学校接受9周的基本训练,以了解军队情况,熟悉部队生活,然后才到部队服务。当工作一定时间后,还要接受9个月的高级训练。

美军内部宗教祷告是军人日常生活的重要内容。尽管参加祷告不是强求的,军人可以参加,也可以不参加,但信教的军人基本上会参加。除了日常的祷告外,每周还请级别较高的牧师来讲解《圣经》。一般是牧师念一段《圣经》或讲一个圣经中的故事,然后结合现实进行说教。每个军人在这种场合都是很认真的,就是平时最懒散的人在这时候也不懒散了。战时牧师的精神安慰和激励作用更为突出。在军事行动中,牧师大力宣扬献出躯体进行正义战争是宗教所允许的,每一名教徒都要踏实而有效地履行自己的职责,要求官兵不惜任何代价去"捍卫自己的信仰"。海湾战争中,美军随军牧师机构搭建了数十处临时教堂展开心理安慰活动和思想工作,大肆宣扬"美军的行动符合上帝的旨意,会受到上帝的保佑","死了能进天堂,活下来就是英雄","神力支配战争"等宗教观念来消除官兵对战争的恐惧,使士兵增强必胜信心。宗教也的确大大提高了美军的战斗力,但宗教激发起的战斗精神是有限的。这是美军借助神的力量去激励战斗精神,所以叫"神化"的战斗精神。

　　"神化"的战斗精神极易走上极端,尤其是在统治者"蛊惑"性的宗教诱导下,极易诱发军人对战争的狂热并危害人类,在这方面以二战前后的日本最为典型。

　　在日本,神道教一度为日本的国教,至今在日本的影响力仍然很大。神道教信仰多神,尤其崇拜天照大神,称日本民族是"天孙民族",皇位就是神统,主张"神国日本"在世界上的绝对优越性,具有领导全世界的责任和神圣使命感;天皇是日本民族的祖神天照大神的后裔并且是后者在人间的代表,具有神权,是日本唯一正统的统治者。国民必须对天皇绝对崇敬和绝对服从。而且臣民必须"忠于天皇""敬神崇祖""灭私奉公",甚至要求"一旦如有缓急,当义勇奉公,以扶翼天壤无穷之皇运",即要求一旦遇有战争等非常事态,要为天皇制国家卖命。军方利用这一点宣扬官兵必须无条件地服从天皇以及奉行为天皇效忠的"武士道"精神,从而达到为其军国主义政策服务的政治目的。在历次侵略战争中,日本军国主义为了煽动战争情绪,每每以神道教为国教,发动佛教及其他宗教实施宗教动员。这种宗教动员是消极的狭义宗教动员,是日本军国主义假手于宗教,以"大东亚共荣""八纮一宇"的神道教义和"平生业成""真俗二谛""王法为本"及"武运长久""大和魂"的武士道精神赋予战争某种"神圣"意义,掀起宗教狂热,愚化国民,驱使信徒参战,达到为法西斯军国主义服务的目的。

　　日本还注重利用佛教来激发军人的战斗精神。佛教是由中国和朝鲜传入日本的,分为天台宗、真言宗、禅宗、净土真宗、日莲宗等十几个宗派。这些宗派的教义和仪式比较简单,主张不经过累世修行就可成佛或死后往升"极乐世界",受到日本各地武士和广大中下层人民的信奉,在日本长期居于"准国教"地位。明治维新后,神道教成为日本国教,佛教成了神道教的附庸,绝大部分宗派都积极追随国家神道、军国主义、法西斯主义,迎合统治者的需要。当时,日本佛教主张"尊皇即是奉佛","发扬皇道宗教之真谛,奉戴圣战之宗旨",以"佛法护国",并以"复命演说"宣扬战争"旨在确保东洋的和平、相互间的和合"以及日本人民的安居乐业。"皇军是为完成统治世界的圣业而战","皇军所至,宇宙经轮回转","天皇必胜、神国必胜",把法西斯侵略战争美化为"以大道征服不道"的"圣战",同时又以"平生业成""真俗二谛""王法为本"等思想为旗帜,宣称战死即是"解脱"、杀敌是佛的旨意,鼓励信徒为天皇尽忠。在这些煽动下,那些身着军衣的日本佛教徒在杀人、放火、奸淫时毫无忌惮。他们如同野兽以虐杀为乐,对妇孺老弱和伤员、战俘毫无恻隐之心。他们的佛教信仰已完全被法西斯军国主义的宣传所扭曲,慈悲行善的念头已荡然无存。

军旅歌曲陶冶：我军特有的政治优势

军歌，是对军人进行思想政治教育最直接、最独特的一种艺术表现形式，是我军特有的政治优势，是进行战斗精神培育的重要途径。我军军歌融入了时代精神，奏出了时代强音，坚定了歌唱者的共产主义信念，陶冶了歌唱者的无产阶级革命情怀，鼓舞了士气，凝聚了军心，吹响了战斗的号角，鼓舞着我们从胜利走向胜利。

我军在初创时期就很重视发挥革命斗争歌曲的作用。《古田会议决议》（1929年12月）中规定：各政治部负责征集并编制表现各族群众革命情绪斗争的歌谣，军政治部负督促及调查之责。第二次国内革命战争中产生的战歌，至今仍在传唱和编印成册的有200首以上。这些战歌较为完整地反映了这个时期中国工农红军的战斗历程。其中，包括1927年我军建军时产生的战斗歌曲《八一起义》和井冈山会师、创建革命根据地、五次反"围剿"、万里长征等各个历史阶段的战歌，如工农红军初创时期的《上前线》《十送红军》等歌曲，作为我军军旅歌曲的雏形，就已经被红军战士和苏区群众广为传唱。歌曲唱出了人民对红军的热爱和红军战士战胜一切困难勇往直前的乐观主义精神。这些作品，歌词生动朴实，大都采用民歌、古曲或其他中外歌曲的曲调填词而成，朗朗上口，非常易于流传。其中，还有紧密结合某一战斗和军事行动的战歌，如《再占遵义歌》《渡金沙江胜利歌》《打骑兵歌》，等等。特别是《三大纪律八项注意》歌，是产生在红军时期的我军的标志性歌曲之一，体现了我军的宗旨、使命、纪律、道德和战斗精神。抗日战争时期的战歌创作和歌咏活动空前高涨，为动员、团结、鼓舞全民族抗战发挥了巨大作用，如今汇集成册的抗战歌曲有千余首以上。1935年出现的《义勇军进行曲》，成为号召、激励中华民族抗日救亡的时代最强音。今天，《义勇军进行曲》成为我们的国歌，又赋予中华民族居安思危、自强不息的时代精神。同时，1936年出现的《救亡进行曲》，1937年"七七事变"后出现的《大刀进行曲》，1938年出现的《在太行山上》《到敌人后方去》《游击队歌》，1938年、1939年间出现的《黄河大合唱》《八路军大合唱》等经典之作，都极富战斗豪情。

我们的军歌，很多都诞生在抗战时期。1939年《八路军军歌》《八路军进行曲》《新四军军歌》的诞生，标志着我军的军歌、战歌创作进入蓬勃发展时期。其中，《八路军进行曲》不仅凝聚了听党指挥的思想，而且鼓舞了人民军队的昂扬斗志。我军高唱着它，谱写了辽沈战役、平津战役、淮海战役波澜壮阔的历史画卷，夺取了"打过长江去、解放全中国"的伟大胜利。1988年7月，中央军委通过决议，将这支凝聚了我军抗战激情的军歌作为中国人民解放军军歌。这说明，在小米加步枪时代诞生的传统军歌,与体现我军本质的战斗精神是一脉相承的。

解放战争时期的战歌创作发展迅猛。这个时期产生的战歌,不仅老同志记忆犹新,在五星红旗下长大的一批批军人,也都是唱着战火中诞生的战歌成长起来的。像《靠我们打胜仗》《起来,穷人们》《解放军老百姓是一家》《我军爱民民爱军》《敲碎你的脑袋》等,尤其《敲碎你的脑袋》爱憎鲜明:"呸!呸!呸!反动派,为什么你的心肠这样坏?流氓手段鬼投胎,一心进攻解放区,老百姓要和平,你不睬,你来,你来,就敲碎你的脑袋!"这样的歌曲,连同以往各个历史时期的战歌,在和平建设年代得到了很好的传承,对提高巩固部队战斗力,培育广大官兵战斗精神和进行全民国防教育发挥着特殊的作用。

新中国成立后,我军在不同的历史阶段涌现出了不同的很多体现战斗精神的优秀作品。如1950年诞生的《志愿军战歌》,早已被历史认定为志愿军的标志性音乐作品。在同年产生的《我是一个兵》,是从战争年代向和平建设时期转折中产生的一首代表性歌曲。这一时期体现战斗精神的歌曲,表现了我军多兵种开展大练兵的战斗生活,讴歌了保卫祖国的神圣使命和官兵们的钢铁战斗意志。如在军内外广泛传唱的有《人民海军向前进》《毛泽东的鹰》《我爱我的祖国》《当兵为什么光荣》《进军号》《海岸炮兵歌》《人民军队忠于党》《骑马挎枪走天下》《等待出航》《水兵回到海岸上》《英雄汽车司机员》《我爱祖国的蓝天》《我为伟大祖国站岗》《我为祖国守大桥》《我爱这蓝色的海洋》《我爱五指山,我爱万泉河》《走上练兵场》《八一军旗高高飘扬》等。这些作品不仅在军营流传,广大人民群众也耳熟能详。这一时期涌现的体现战斗精神的歌曲,其题材、体裁的扩展,不仅促进了歌曲形式风格的创新,更增添了歌曲的艺术魅力。如大合唱《英雄们战胜了大渡河》、独唱《歌唱二郎山》等,反映了我军进军西南边疆、建设西南边疆的战斗精神,在音乐选材和形式风格上都给人耳目一新之感。《真是乐死人》是第一首反映实行义务兵役制时新兵情感的代表性作品;《有两个小伙一般高》表现了两个高炮战士争先恐后打敌机的战斗精神和在荣誉面前互相谦让的美德;《打靶归来》是一首情境化与人物化结合较好的队列歌曲,流传50多年常唱常新。这一时期出现的重要作品,当数长征组歌《红军不怕远征难》,这组作品不仅生动形象地表现了长征中的艰难历程,同时,每一首歌都体现了非常个性化的战斗精神。

当历史进入到改革开放的新时代,体现我军战斗精神的歌曲创作和歌咏活动又有了新的发展。其主要特点是主题观念新、词曲语言新和形式风格新。歌曲《咱当兵的人》,词曲语汇风格、理念与价值观的体现、艺术气度等都富有时代特色,是一首以领唱与齐唱相融合的形式书写队列歌曲的创新范例。《一二三四歌》《军队节奏》《我跟着祖国一二一》等,虽都以队列行进的口令切入,又以各自不同角度延伸寓意,唱出了昂扬的战斗精神。《当兵的历史》《军营男子汉》等,从当今非常现实的社会价值取向进入,开启了队列歌曲与通俗歌曲融会贯通的先声。

另外,从《军人道德组歌》的八首歌曲到新时期以来涌现的各种题材、体裁的军旅歌曲,都自觉地融入了战斗精神的时代主调。像《军港之夜》《小白杨》《火箭兵的梦》《东西南北兵》《天路》《在和平年代》等,都在军旅生活的各个层面上体现了战斗精神。

在我军的军事斗争实践中,军歌对培养战斗精神、培养我军敢打必胜的坚强信心发挥了重要作用。敢打必胜的坚强信心,是指面对强敌,毫不畏惧,英勇作战,并坚信能取得战争胜利的一种积极心态。它是战斗精神的关键因素,是战胜敌人的力量源泉和巨大动力,是促使战斗信念、战斗意志、战斗心理、战斗作风等精神因素转化为现实战斗力的必要条件。1950年10月,志愿军高唱着"雄赳赳、气昂昂,跨过鸭绿江;保和平,为祖国,就是保家乡"的歌曲踏上朝鲜土地,并取得抗美援朝的胜利,靠的就是这种敢打必胜的坚强信心。军歌还对培养我军前赴后继的牺牲精神发挥了重要作用。在我军成长壮大的奋斗历程中,一代又一代的革命军人唱着军歌,为了民族独立、人民解放和祖国富强而牺牲奉献。两万五千里长征中,英勇的红军将士唱着战歌,不怕流血牺牲,克服重重困难,冲破了数十万国民党军队的围追堵截,征服了爬雪山过草地的艰难险阻,经受了饥寒伤病的痛苦折磨,战胜了党内的分裂危机。抗日战争时期,在中华民族最危急的时候,党领导的八路军、新四军和其他人民武装力量,唱着"端起了土枪洋枪,挥动着大刀长矛",冒着敌人的炮火前进,用血肉之躯筑起新的长城,成为抗击日本帝国主义侵略的中流砥柱。《黄河大合唱》就是其中影响最大的代表作。"保卫黄河、保卫华北、保卫全中国"表现了中国共产党领导的抗日武装力量不畏艰难、不怕牺牲、前赴后继、奋勇杀敌的英雄壮举。正如《英雄赞歌》中写道:"为什么战旗美如画,英雄的鲜血染红了它;为什么大地春常在,英雄的生命开鲜花。"勇于牺牲、前赴后继是革命战士基于对祖国和人民的深情厚爱,在生死攸关之际表现出来的一种崇高的思想境界,一种革命的英雄主义情怀,一种神圣而巨大的精神力量。

战争正义召唤:师直为壮,曲为老

战争的性质对军人战斗精神有着极大的影响作用,正如《左传·僖公二十八年》中所说,"师直为壮,曲为老",意思是师出有名就可以理直气壮,反之士气不盛。现指为正义而战的军队斗志旺盛,所向无敌,反之则军队士气低落。

战争性质的正义与否直接关系到军心士气。认清战争的性质,辨明战争的正义性与非正义性,在很大程度上决定着军心士气的生成与丧失、高昂与低落。正义的战争得道多助,群众拥护,人心归向。官兵们认清了自己参加的战争是正义的战争,这个军队就有一往无前的精神,它要压倒一切敌人,决不屈服,在正义感的鼓舞下英勇杀敌。在第二次世界大战苏德战争中,苏联战前对德国的突然袭击缺乏准备,初期损失严重。但由于苏联军民进行的是保卫祖国的正义战争,在斯大林领导下的苏联广大军民斗志高昂,有不可遏制的战胜法西斯德国的愿望,军民同心协力,全力以赴,不畏困难,不怕牺牲,顽强抗击,英勇作战,最后取得了卫国战争的彻底胜利。

非正义的战争失道寡助,群众反对,人心背离。如果军队参加的是非正义战争,那么这支军队就会内部矛盾重重,士气低落,信心丧失。抗美援朝战争中,当我军把敌人从鸭绿江边赶回"三八线",并守住了"三八线"的时候,不用说以美帝国主义为首的侵朝军队,连美国总统艾森豪威尔自己对这场非正义的战争也失去了信心,不得不接受停战。他在给李承晚的信中承认:美国和大韩民国都需要接受停战。我们没有理由拖延这场战争,在一心希望通过武力来实现朝鲜统一的过程中,这场战争给我们带来了深重的灾难。即使是同一个国家的军队,当他们参加正义战争时,士气十分旺盛,能打胜仗;换了时间、地点,参加非正义战争时,士气就沮丧,遭到失败。美国和英国的军队在侵略朝鲜失败后,斯大林在论述美、英军队参加不同性质的战争表现出不同的士气时指出,至于美国和英国的士兵,大家都知道,在反对希特勒德国和军国主义日本的战争中,他们表现得非常之好。那么问题在哪里呢?在于士兵们认为对朝鲜和中国的战争是非正义的,而对希特勒德国和军国主义日本的战争是完全正义的。问题在于这场战争在美、英士兵中是极不得人心的。显然士兵们认为强迫他们进行的战争是极端非正义的,如果士兵们因此上前线敷衍塞责,不相信他们的使命合乎正义,情绪低落,那么,就是最有经验的将军和军官也要吃败仗的。

可以说,战争正义与否对官兵的士气影响极大。为了打赢战争,古往今来,战争双方无不重视战争的正义性。1990 年 8 月 2 日,伊拉克发动侵略战争,吞并了科威特,激起了世界的公愤,全世界 100 多个国家同时谴责伊拉克的侵略行为,联合国安理会通过了 12 个谴责和制裁伊拉克的决议。1991 年 1 月 17 日凌晨,海湾战争爆发,美国无疑是发动这场战争的领导者。为了调动官兵的士气,1991 年 1 月 29 日,时任美国总统的乔治·布什在美国会参众两院联席会议上发表的国情咨文中,对其向伊拉克宣战的理由作了如下陈述:

"目前处于生死存亡关头的不仅仅是一个小国,而是一个伟大的理想,建立世界新秩序——在这个新秩序中,不同的国家被吸引到一起从事共同的事业,去实现人类共同的愿望:和平和安全、自由和法治。这是一个值得我们为之奋斗的世界,一个可以寄托我们子孙后代的未来的世界。

"国际社会已坚定地团结在一起,谴责和抗击无视法律的侵略。萨达姆·侯赛因无缘无故的入侵行动——他蓄意残暴地强占一个和平邻国的行径——违反了国际社会珍视的一切准则。全世界都表示,这一侵略不应得逞——它坚决不会得逞的。

"我们没有落入暴君希望我们落入的姑息、冷漠和孤立的陷阱。全世界对萨达姆的入侵作出了回答,联合国通过了 12 项决议,一开始就要求伊拉克立即无条件撤军,并得到来自六大洲 28 个国家的部队的支持。除了少数几个国家外,全世界现在几乎团结得像一个人。……今晚,我们致力取得另一场斗争的胜利。这就是战胜暴政,制止野蛮的侵略……"

美国向伊拉克开战的理由,在乔治·布什总统的嘴里是多么理直气壮!他的这个讲话通过现代传媒迅速传遍整个美国乃至全世界,对调动美军官兵的士气起了巨大作用。

对美国而言,从科威特驱逐伊拉克的战争多少掺有一些正义的成分,但伊拉克战争就不同了,这是一次赤裸裸的侵略。尽管为谋求霸权而发动的战争是非正义的,并遭到世界人民的反对,但为了提高部队的军心士气,美军还是高度重视对参战官兵进行战争性质教育,大造所谓正义战争之势,以激发参战官兵的战斗热情。伊拉克战争前夕,美国总统布什极力辩称这次行动是为一个危难中的世界带来和平,为一个受压迫的民族带来希望,以所谓的"正义"和"善良",激励官兵的参战热情和战斗意志。总统亲自出马还不算,美国还利用媒体为"正义"战争造势,提升军心士气,如借助媒体宣传战争的性质和政治目的。"9·11"事件,使本土安全固若金汤的美国遭到史无前例的恐怖袭击,布什政府借"反恐"之名,对伊拉克发动了战争。开战前,美国三大平面媒体《纽约时报》《华盛顿邮报》《洛杉矶时报》铺天盖地地进行所谓战争"正义性"的报道。布什政府多次通过媒体指责萨达姆政权涉嫌研发大规模杀伤性武器,并耸人听闻地声称,这些杀伤性武器如果被恐怖组织利用,将对人类造成灾难性的后果,以说明对伊战争的"正义性"。

在长期的革命斗争中,我党坚持用正确的战争观教育军人,在我军中形成了以"听党指挥、不怕牺牲、敢打必胜"为主要内涵的战斗精神。土地革命战争时期,党用革命战争是为了打倒土豪劣绅、解放工农大众的正义性教育红军官兵,红军的战斗精神为之一振。正如朱德总司令所指出的那样:红军有了正确的战争观,无论物质条件怎样差,和敌人一交手,他还是很勇敢。因为他要为本阶级服务,要同敌人拼命,所以我们的部队打起仗来,大家都勇气十足,前仆后继。弱小的红军靠着英勇的战斗精神,在同强大的敌人斗争中不断取得胜利,使自己的队伍逐渐壮大起来。

抗日战争是中国人民为反对日本帝国主义侵略、争取民族独立和解放所进行的正义战争。从1931年"九一八"事变开始,数月之间,东北沦陷,激起全国人民愤怒声讨日本帝国主义的第一次爱国抗日高潮。从沦陷区的广大人民群众到广大城市和乡村的知识分子、青年学生、各党派团体和广大爱国官兵,他们一致反对妥协投降,坚决要求抗日,保家卫国,救亡图存;他们在抗日民族统一战线的旗帜下,共赴国难,团结抗战。"七七事变"爆发后,日军以迅雷不及掩耳的速度占领了北平、天津,之后又采取速战速决的战略方针,集中约20万人的兵力,沿平绥路、平汉路、津浦路三路进兵,妄图在3个月内以武力灭亡全中国。日军的疯狂进攻与国民党军队的狼狈溃退,给广大人民带来了空前的灾难。日军铁蹄所至,大肆烧杀、奸淫、抢掠、破坏,无恶不作。我们党用正确的战争观教育抗日军民,抗日战争的正义性对军队士气的激励、对战斗精神的形成、对抗日战争的胜利,起到了极大的作用。从威名赫赫的上将张自忠到放牛的孩子王二小,从舍身跳崖的狼牙山五壮士到乌斯浑河的八女投江,不分老少,无论男女,无数优秀的中华儿女义无反顾地奔向杀敌战场,笑迎屠刀,慷慨赴死,用热血和生命铸成了中华民族打不烂、压不垮的脊梁,淋漓尽致地展现了中华儿女威武不屈的英雄气概。

抗美援朝战争的正义性是显而易见的。1950年6月25日,朝鲜内战爆发。6月27日,美国政府在决定发动侵朝战争的同时,即命令美国海军第7舰队封锁台湾海峡,侵占我国领土台湾,还武装侵犯我国南起广东汕头,北至山东青岛港外的领海和领空。8月4日,美国空军第13航空队又悍然侵占台北,并设立统一指挥驻台海、空军的机构。从8月27日起,美国空军又多次侵入我国东北领空侦察、扫射和轰炸,造成我人员伤害和财产损失。中国政府对美国的野蛮侵略行径多次提出强烈抗议和严正警告,强烈呼吁联合国安理会用和平手段制止美国的侵略和扩大战争的行为。但杜鲁门政府对中国政府的一再警告置若罔闻。10月7日,美军开始越过"三八线",侵入朝鲜民主主义人民共和国,不久逼近我国的东北边境。中国人民志愿军出国作战,完全是为了反抗侵略,保卫和平。正义战争极大地激发了中国人民志愿军为了祖国和民族的尊严而奋不顾身的英勇战斗精神。正如一位曾经参加过朝鲜战争的美军军官说的,当他们看到志愿军战士穿着草鞋甚至光着脚踏着一尺多厚的积雪冲锋的时候,美国大兵的战斗意志就垮了。志愿军的这种精神狠狠打击了侵略者的嚣张气焰,迫使以美国为首的所谓"联合国军"签署了停战协定。

在信息化条件下,战争的正义性仍是培育军人战斗精神的基础。但在发达的舆论影响下,战争正义性与非正义性的区分却更加难了,正如莎士比亚所指出的,谎言本不可信,但说了千遍的谎言却极有可能成为真理。如在科索沃战争中,以美国为首的北约打着"人道主义"的旗帜,极力渲染科索沃民族矛盾的尖锐性和危险性,丑化南联盟领导人,为发动侵略战争寻找理由。在科索沃战争之前,以美国为首的西方媒体抛出了塞族人屠杀阿族人的所谓"万人坑"事件。他们用计算机模拟出"万人坑",然后在新闻中宣传,把南联盟塞族描绘成了魔鬼一般,令世界舆论一片哗然。美国摇身一变成了正义的化身,悍然对南联盟动武。战争爆发第三天,美国向塞尔维亚人传送经过加工的录像、讲话,用夸张的手法大量报道科索沃平民"惨遭杀害"的场面,致使西方民意主流对北约空袭抱有"理解"和"支持"的态度。美国从科索沃战争发起之前,战争进行的过程之中,到战争结束之后,都系统、精心地策划、组织和实施了影响全世界人民的心理导向工作,使人们对这场战争,特别是对美国在这场战争中所扮演的角色的看法,形成一定的心理定式——以美国为首的北约发动这场战争是有"正当理由的",在战争中的所作所为是"应该"的,总而言之是"正义"的,南联盟的抵抗和反侵略是"没有理由"的,是"非正义"的。舆论宣传帮助美国作了粉饰,将其行动装扮成了"天使对妖魔的正义之战"。

第二章
体现军事特色的军营文化

军旗文化：凝聚军心士气

军旗代表着军队。没有了军旗，军队就失去了指引前进的方向。战争年代，在发起冲锋的时候，一个旗手倒下了，另一个战士就会毫不犹豫地继续高举着军旗冲锋，直至将军旗插上敌人占据的高地，说明的就是这个道理。因此，军旗代表着一种文化，是军队灵魂的凝聚。

在古代军旅生活中，军旗就有着十分重要的作用，它是作为一种军事标识和指挥信号的载体而存在的。古代的军旗也统称为旌旗，其形制、质地、功能差异较大。从类别看，一类为标识物，另一类为信号物。在古代，旌是旗的一种，缀旄牛尾于杆头，下有五彩析羽，而面上绘有熊、虎等动物图案的，称为旗。无论是旌还是旗，下边都悬垂有装饰物。原始的旗帜是为了狩猎作战的需要，用某种醒目的物体，如在树枝上捆一大把茅草，或在树枝上悬系一条动物尾巴之类的东西，用来聚众、编阵，使人一看就明白。成语"名列前茅"的"前茅"的意思，就是古代行军时有人拿着茅当旗子走在队伍的前面。因此，尽管后世旗帜从质地到形制发生了很大的变化，但旗帜上仍保留着一些饰物，直到明清时期，还有将丝绢折曲裁制为兽尾形状以象征最高指挥所的"豹尾旗"。旗帜起源于原始社会的狩猎和部落战争，它一出现就和军事生活紧密结合在一起。战国秦汉以后，社会军事活动愈来愈复杂，旗帜由标识物而发展成为信号物，军队专用旗帜越来越多，以致新兵入伍后，必须专门进行熟悉各种旗帜的训练，称之为"教旗"。

作为标识物的军旗，从战国时开始，就有把军中主帅的名字或姓氏书于其上的。《墨子·旗帜》记载："建旗其署，令皆明白知之，曰某子旗。"此后军中主帅将名字或姓氏署于旗上，成为军中的一个传统。属于这一类的军旗种类，有所谓"牙旗"，是立于军中主帅营帐、象征全军的大旗。

作为信号物的军旗,种类更多。这类旗帜用于军中,是指挥作战的重要工具。《管子·兵法》曰:"旗,所以立兵也,所以利兵也,所以偃兵也。"意思是说,旗帜是指挥军队排列阵势进攻和隐蔽撤退的重要信号。旌旗与金鼓相配合,可以迅速贯彻将领的指挥意图,也就是"师之耳目,在吾旗鼓,进退从之"。用于指挥信号的旗,又统称为"麾",起"望麾而起,听鼓而动"的作用。今天我们说听从某人的调遣,愿为某人效力,还经常用"甘为某人麾下"的俗语。指挥信号旗的"麾"有许多名称,如指挥行军的就有 9 种,称之为"九章",这 9 种旗章上分别绘有日、月、龙、虎、鸟、蛇、鹊、狼、橾等 9 种图案。不同的旗章表示不同的行军安排:举日章则白日行军,举月章则夜晚行军,举龙章则行水,举虎章则行林,举鸟章则行坡,举蛇章则行泽,举鹊章则行陆,举狼章则行山,举橾章则载食而驾。除了用图案来区分信号达到指挥目的外,还有以举旗的方式来表明信号的,即类似近代海军中的旗语,不过十分简单。古代军中还有一种传递军令的信物旗。如晋代有一种传达帝王诏令的旗帜,上绘有白虎或驺虞,分别叫作白虎幡和驺虞幡。因白虎威猛主杀,白虎幡即用于进兵督战,是代表帝王军前督军之旗。驺虞是传说中的一种义兽,不食生物,凡有至信之德必响应,所以是用于解兵罢战的一种军旗信号。在军中还经常使用令旗,也是传令的一种信物。这是一种小旗,按清朝的规定,令旗以云缎为之,而旗面式样,大将军、督抚、提镇,均用三角旗,驻防将军、都统、副都统,均用方旗,旗杆如箭,由镞、铁制之,故俗称"令箭"。古代军旗无论其功能如何,都能体现军队的面貌,反映出一定的战斗力。善战者往往根据敌方旌旗标识或指挥状况,就能判断敌我态势,决定战场上的进退。

军旗还具有象征性,这也使得军旗具有了更为丰富深刻的文化内涵,具有了比个体生命更重要的意义。它是胜利的标志,也是失败的把柄;是浴血奋战的证明,同时也是军队荣誉和统一指挥的象征。高扬军旗、捍卫军旗、授予军旗、告别军旗等,对军人来说,都包含着难以割舍的情感。军人的英勇与深情往往灌注在军旗之上。在美国南北战争结束后的 1865 年 12 月 22 日,马萨诸塞州举行战旗交接仪式,当时的州长安德鲁发表了演讲《接收战旗》,就显示出对战旗丰富内涵的认识:

将军:这一面面饱含苦难、满载光荣的庄严战旗行列,组成了平叛过程中重大活动的最后一幕。……这些战旗在您和上述庞大的战士纵队手里高举着胜利归来了。它们上面闪烁着光荣,正配得上军旗这珍贵的文物,配得上英勇的战士和受到敬重的公民。在这一面面旗帜上,交织着种种值得骄傲的作战回忆:豪情与友谊的回忆使我们感到亲切甘美……对为国捐躯的子弟的怀念使我们心中充满柔情，还记得他们弥留的目光停留在闪烁飘动的战旗上；对于舍身成仁的英雄美德的回忆使我们壮怀激烈；对于我国联邦和正义行为取得伟大的最后胜利的回忆使我们喜不自胜；对于人类本性得到解放的回忆使我们感激满怀，这种解放是以往任何战争所没有带来的。永恒的记忆与永恒的光荣交融在一起，密密地编织在这几幅熟悉的、经历战火洗礼、沾满灰尘和血迹的破旧战旗上。

正因为军旗有如此重要的作用，世界各国军队都对自己的军旗保护与使用有严格的规定。日本军旗，系明治三年（1870）以"太政官布告"的最高法令形式发布定制，称作"陆军御国旗"。它是从日本国旗——太阳旗演化而来的，有16道血红的光芒线，又被称为"旭日旗"。且陆军军旗三个边饰有紫色流苏，木制烤漆旗杆顶部，有一个三面体的镀金大旗冠，三面均为日本天皇家族的16瓣菊花纹浮雕族徽图案。据服部卓四郎《大东亚战争全史》记载，自1874年1月23日，日本明治天皇对近卫步兵第一、第二联队亲授军旗为肇始，此后凡日军新编成之步兵及骑兵联队，必由天皇亲授军旗，以为部队团结之核心，将士对军旗之精神，举世无比。军旗为天皇亲授，仅为建制步兵联队和骑兵联队才拥有，所以也称为联队旗。按日本陆军的规定，军旗在则编制在，军旗丢则编制裁。所以军旗在日军是一个不得了的要紧东西，军队要挑选联队一名最优秀的少尉军官担任旗手，专门设一个军旗护卫中队来保护它。正因如此，在第二次世界大战中，盟军部队都渴望缴获到日本军旗，但是都未能如愿。因为日军战斗条令规定，当判断战局有全军覆没危险时，应奉烧军旗。不管遭遇怎样的败仗，日军都有烧掉军旗而后自杀的时间。在八年抗战中，日军仅在松山和腾冲的两次"玉碎"战中烧掉了两面军旗，分别属于第一一三联队和第一四八联队。据资料记载，第二次世界大战期间，作为日本陆军象征的共444面军旗，大多在太平洋战场烧毁、随运兵船在海上沉没或是在战败后举行的"军旗奉烧"仪式中毁灭，目前仅在东京靖国神社"游就馆"保存着一面步兵第三二一联队军旗，是联队长后藤四郎中佐通过一个叫作"神道天行居"的右翼宗教组织隐匿保存下来的，这也是世间仅存的一面当年日本军旗。日军之所以重视军旗，因为它是日本军国主义精神的最高物化形式。1939年夏，在当时的伪满洲国和蒙古国边境，爆发了苏日诺门罕之战，时任苏方总指挥的是苏联著名元帅朱可夫。从8月20日苏军发起进攻到30日停火，10天时间内，关东军阵亡了1.8万人，第二十三师团和第七师团大部分建制联队被彻底歼灭，日本陆军遭遇到了自成军以来最惨重的败仗。在此情况下，日军仍在酝酿着更大规模的死亡攻击，为什么呢？原关东军老兵、日本作家五味川纯平在其所著《诺门罕》一书中写道："听说第六十四联队等被歼后，关东军和第六军最担心的不是山县武光联队长等人死没死、怎么死的,他们最担心的是军旗是不是完全烧掉、有没有落入敌手。关东军在这之后又调集了第二师团、第四师团和其他直属部队,企图来一个大反攻,军旗下落不明就是其中一个主要原因。军旗成了他们的一大心病。"

就我军来说,1927年,"八一"南昌起义打响了武装反抗国民党反动派的第一枪,但那时我们的革命军队并没有自己的军旗,还在沿用国民党军的旗帜。我军的第一面军旗是在秋收起义中诞生的。第一面军旗旗帜为红色,象征革命。中央为白色五角星,象征中国共产党领导;五星内嵌镰刀斧头,表示工农大众紧密团结;旗幅靠旗杆一侧的白布条上竖写楷体字"中国工农革命军第一军第一师"。此后,随着时间、地点、部队的不同而不断地变化。1930年4月,中央革命军事委员会发出的《关于红军各级军旗的规定的通知》中,规定旗幅上方增写"全世界无产阶级联合起来"字样,旗边加饰旗须,明确了旗帜的规格、斧头的样式和刃锋的方向等。1931年3月,中央革命军事委员会发布命令,将军旗上的镰刀斧头改为金黄色镰刀铁锤,五角星由白色改为金黄色,单独置于旗幅内上角。

解放战争中,1947年下半年,我军转入战略进攻,全国战局迅速发生了巨大的变化,到1948年年初,随着革命形势的发展,许多迹象都表明了中国共产党即将取得胜利。然而此时全军仍然没有统一的军旗。为此,设计统一的军旗、军徽,让所有部队统一标志已经刻不容缓。在时任军委副主席的周恩来的提议下,毛泽东、周恩来、任弼时等研究决定,由周恩来为中共中央起草了一份指示电报,并于1948年2月21日发往各中央局、各军区、各野战军委、中央工委、中央后委,征求对设计统一军旗、军徽、军帽和臂章的意见,提出"在我军大规模地进行外线作战、发展新区的情况下,做一正式规定已感到有此需要",请各单位研拟具体样式报中央审议。为了交通的方便,各单位上报的设计图样可送到驻在河北省平山县西柏坡的中央工作委员会。1949年6月15日,新政治协商会议筹备会开幕。会上,以中国人民革命军事委员会主席毛泽东,副主席朱德、刘少奇、周恩来、彭德怀的名义,发布了《关于公布中国人民解放军军旗军徽样式》的命令。从此,中国人民解放军的军旗军徽诞生了。《中国人民解放军士兵政治常识读本》对"军旗"的解释是:"八一"军旗是中国人民解放军荣誉、勇敢和光荣的象征,是鼓舞全军指战员团结战斗的旗帜。军旗为红底,上缀金黄色的五角星,象征党对军队的绝对领导。新华社在公布这一命令的同时,发表了题为《把人民解放军的军旗插遍全中国》的社论。社论指出,人们看到人民解放军的军旗和军徽,就会想到它所走过的曲折的道路,想到人民革命力量必然获得最后胜利的真理。中国人民解放军正在成为一支完全正规化的军队;它的军旗和军徽的颁布,正是它的正规化的重要标志之一。社论最后强调,人民解放军的军旗和军徽不但是人民解放军的标志,也是我们的人民民主的新国家的重要象征,从此,全国的人民和全国的人民解放军都必须一致保卫它的尊严,要像爱护我们自己的生命一样来爱护它们。

中国人民解放军陆、海、空军军旗,上半部均保持中国人民解放军军旗的基本式样,下半部以不同颜色图案加以区别。陆军军旗为草绿色,象征绿色的大地,表示为保卫社会主义祖国领土安全而英勇战斗,所向无敌。海军军旗为蓝白条相间,象征大海与海浪,表示为保卫社会主义祖国的万里海疆而乘风破浪,勇往直前。空军军旗为天蓝色,象征辽阔的蓝天,表示为保卫社会主义祖国领空神圣不可侵犯而展翅翱翔,搏击长空。每一个军人都应该认识到军旗的作用与意义,要像爱护自己的生命一样爱护军旗,捍卫军旗,为军旗增辉。军旗可以授予团级以上部队和院校,授旗时可以举行仪式。军旗主要用于参加典礼、检阅、隆重集会、游行等场合,由掌旗员掌握军旗,左右各有一名护旗兵,位于部队的前列。全军指战员要自觉尊重和保卫自己的军旗,战时如由于部队怯懦而丢失军旗者,该部队指挥员应受到军纪惩处。

世界各国军队对丢失军旗的都会严厉惩处。苏德战争初期,苏军第二十四"钢铁师"遭德军围歼,在突围中军旗丢失了。在苏军中,一支部队倘若丢失军旗,那就意味着这支部队被打垮了。因此,这个师被解散,师指挥官被送交军事法庭审判。1944年,苏军打回到那个地方。一位当地的农民报告说,他当年在战场上发现一名苏军军官的遗体上裹着一面旗帜,他把这具尸体连同旗帜一同掩埋了。在场的人掘开坟墓一看,那面旗子真是第二十四"钢铁师"的军旗,便立即送去修复。很快,第二十四"钢铁师"重新组建起来。这个师在以后的作战中战功卓著,但始终未能成为苏军中的近卫师,原因之一就是它曾丢失过军旗。

兵器文化:人与武器融合

军队作为一个履行特殊社会功能的集合体,兵器在军队中占据极其重要的地位,没有兵器,军队可能就不能称为军队。从古代的冷兵器——刀枪剑戟,到火器、大炮,到热核武器,再到今天的信息化武器,兵器不断发展完善。兵器承载着一定的历史内涵,渐渐形成兵器文化,但同时兵器文化的形成又离不开人,没有人的操纵,兵器只能是一个没有任何价值的死物。因此军营兵器文化的形成与发展必定是人与物有机结合的结果,军营兵器文化展现的也必然是人与物有机结合的文化。

兵器在军队的地位极其重要,因此在军营兵器文化中有唯武器论的倾向。中国古代的军事理论从战争生死存亡斗争、军队的特殊本质等方面,充分论述了兵器在战争中的地位。《管子·参患》说:"故凡兵有大论,必先论其器。"《司马法·定爵》把"右兵"即重视兵器看作是作战制胜的"五虑"之一,七种军国大政之一。古代把"甲坚兵利""车固马良,畜积给足"看作是"军之大资",更有典籍把兵器称为军队灵魂和士卒生存的主宰,认为"兵矢者,军之神灵也;甲胄者,人之司命也","兵不完利,与空手同;甲不坚密,与袒裼同;弩不可以及远,与短兵同;射不能中,与亡矢同;中不能入,与亡镞同;此将不省兵之祸也,五不当一"。战争的实践确实证明了兵器的巨大作用。例如,中国发明的火药通过阿拉伯人传入西欧,产生了世界性的意义。恩格斯说:它使整个作战方法发生了变革,这是每一个小学生都知道的。后来随着火炮的发明和改进,战争进入了技术较量阶段。个人的英勇敌不过机械的技术;谁能使用比较先进的兵器,谁就拥有制胜的决定性力量。诚如有人所说的,被取代的封建贵族对火药愤恨不已,因为火药使人人平等,即街上暴徒们的那种平等。持枪的暴徒胜过无枪的绅士。等级不再是垄断战争手段的基础。事实上,正是强大的炮兵力量,使炮兵出身的拿破仑拥有了驰骋欧洲战场的能力。当时,法国炮兵在革命战争时期比其他各国的炮兵都强大,并且很快地成为拿破仑手中威力空前强大的一支兵力。拿破仑自己也说:"无论是在攻城战中,还是在野战中,担负主角的都是炮,它已经造成了一个完全的革命……制造战争的就是炮兵。"第二次世界大战临近结束时,美国往日本空投的两颗原子弹更是直接促成了日本政府的投降。

正是武器在战争中的出色表现,才出现了唯武器论者,他们认为没有先进的武器是不可能取得战争胜利的。唯武器论者大多夸大兵器的作用。冷兵器时代,那些闪着寒光的刀、枪、剑、戟,被附会上许多神话的、传说的影子,借助天地山川的神灵被赋予了超人的力量,成为战争的关键;飞机、潜艇、生物武器的出现,使战争变得更为残酷;特别是原子弹的出现,使一些人欣喜若狂。丘吉尔得知原子弹试验成功时曾说:火药算得了什么?简直微不足道。电又算得了什么?不值一提。这原子弹才是上天的惩罚。还有人以《比一千个太阳还亮》为题进行描绘,并引发了世界性的核武器研制热。当代霸权主义大国如美国,在武器装备上与世界上其他任何国家相比,都存在着"时代差"的优势,对小国、弱国动辄以武力威吓,这一霸权主义思想的根源就是唯武器论。他们认为,他们的装备质量好,可以随便打赢任何一个国家,而忽视了对战争胜负起到影响作用的战争正义等因素。

武器装备作战性能的发挥离不开人的创造与使用。马克思主义理论创始人在阐述人与武器装备的关系时总是强调人对武器的决定性作用。恩格斯指出,赢得战争胜利的是人而不是枪,因为这些枪自己是不会动的,需要有勇敢的心和强有力的手来使用它们。列宁指出,在任何战争中,胜利归根到底是由那些在战场上流血的群众的精神状态决定的。斯大林说过,没有掌握技术的人才,技术就是死的东西。有了掌握技术的人才,技术就能够而且一定会创造出奇迹来。毛泽东对于影响战争进程结局的诸因素及其相互关系有着更为详尽的论述。关于人与武器的关系,毛泽东讲得更为鲜明:武器是战争的重要因素,但不是决定的因素,决定的因素是人不是物。对人的因素,毛泽东特别强调人的主观能动作用。他认为,战争的胜败,主要决定于作战双方的政治、军事、经济、自然诸条件,这是没有问题的。然而不仅仅如此,还决定于作战双方主观指导的能力。这是因为战争的客观物质条件只是决定作战胜败的可能性,这种可能要变成现实,还必须要经过主观指导能力的竞赛。战争的胜败,除了客观条件的比较外,主观指导的正确与否是决定的因素。正是基于这样的认识,以毛泽东为代表的第一代新中国领导人,在世界性的“恐核症”中,独树一帜地喊出“原子弹是纸老虎”的口号,显示出强烈的自信心和革命乐观主义精神。同时,毛泽东同志又不是唯意志论者,他多次强调,我们必须建设国防工业,自制重武器和高武器,同时设法输入这些武器,以便能有力地进行防御的与攻击的阵地战,这是非常必要的。在党的六届六中全会上,毛泽东在《论新阶段》的报告中再次谈到武器落后的切肤感受,认为技术不如人,武器素质不如人,是日军得以步步深入、长驱直入的主要原因。因此,如何加强技术装备以便战胜敌人,成为八路军在抗战新阶段中的严重任务。要把发展武装力量作为一切工作的中心。对于核武器也一样,毛泽东一边说“原子弹是纸老虎”,同时又积极督促国防科技工业部门加紧研制核武器,增强我国的威慑能力。1956年,在《论十大关系》中他明确地指出,我们现在已经有了飞机和大炮,但是还不够,我们还要有更多的飞机和大炮;并指出,我们现在还没有原子弹,我们将来还要有原子弹,因为在今天的世界上,我们要不受人家欺负,就不能没有这个东西。在美、苏造出人造卫星之后,毛泽东又及时指出,我们还要搞人造卫星。这才是正确的武器观:既重视武器的作用又不唯武器论;相对淡化高科技武器效果来强调人的力量;加紧研制拥有最先进最现代化的武器装备,并结合自身的国力国情,立足劣势装备战胜优势装备,最终实现军队人员素质与兵器的现代化。

只有正确的军营兵器文化才能振奋精神,促进军队战斗力的不断提高。如果只承认唯武器论,武器装备处于劣势的一方将看不到胜利的希望,将会一蹶不振,将会停止抵抗。如果这样,也就没有了我军解放战争的胜利,抗美援朝的胜利。而事实上,兵器再先进神奇,也要由掌握这种先进神奇技术的官兵来掌握。随着科技的发展，这种趋势越来越得到强化。人与物有机结合首要的是技术与思想作风的结合。有一首歌唱道："神枪手，为什么神，神在眼中有敌人。"思想要解决为谁练兵，为谁打仗的问题，而技术则是杀伤敌人、消灭敌人的直接手段，对技术应熟练得像使用自己的手脚一样熟练，能够心手相应，随心所欲。军队的好传统、好作风，可以从苦练中恢复和培养起来。在高难条件和高难课目的训练中，不仅可以提高作战本领，也可以培养勇敢坚定、不畏艰险的思想作风，形成"以劣胜优"的作战能力。"以劣胜优"强调发挥人的智慧谋略，发挥劣势装备的"长处"，也即发挥所谓尺有所短、寸有所长的作用。一般来说，技术含量再高的装备在愚昧落后的军队手中也发挥不了作用；相反，有着较高文化素质的官兵对劣势装备也可能改造利用，发挥其最大的能量。

当前，在兵器使用上，我们面临着敌强我弱的现实挑战。其实，在高科技武器面前，大可不必谈"高"色变。邓小平同志曾经非常辩证地说过这样的话，过去我们什么时候是以相等的装备战胜敌人？都是以很劣势的装备战胜现代化装备。现代化装备不是没有缺点的，两只脚当然跑不过摩托车，跑不过坦克，但是两只脚方便得很，只要有点小米就行了，坦克、飞机也要"粮食"，一旦卡断了，就不行了……我们总是要立足以弱胜强，以劣势装备战胜现代化装备……同时，我们也有自己的优势，我们有人民战争的传统。……并不是有了最先进的现代化装备就能解决问题的，不是这样的。如阿富汗战争，苏联在阿富汗有十万最现代化的军队，但是也消灭不了游击队。当然，这并不等于对先进兵器熟视无睹。还是邓小平同志说得好：我们一定要争取有更多的时间，把装备搞上去，把部队的教育训练搞好，这样可以减少不必要的牺牲。

体育文化：奠基军人素质

军人强健的体魄是进行战争的基础，尤其是在冷兵器时代，军人的身体素质对打赢战争显得特别重要。而军人强健的体质来源于什么呢？重要来源之一当然是强身健体的体育运动了。军营中的体育运动就是军事体育。军事体育经过数千年的发展，已经逐渐发展成为一种力量与技巧共显的军营体育文化，即既有强健的体魄，又能掌握"十八般兵器"。在当今时代，军事体育仍是强身健体、提高军队战斗力的主要途径，同时还具有凝聚精神、休闲娱乐等功效。

古文明发源地两河流域，亚述人具有尚武风气，曾训练出机动迅速、进攻威力强大的军队，在对外扩张中以残暴著称。军事训练内容也都是以身体训练为主，人们练习使用弓箭、短棍、斧、矛、飞镖、剑、匕首以及驾车、骑马等技能，使力量训练与操纵兵器的技巧训练较为完善地结合起来，体育活动被赋予了完全的军事意义。还在古巴比伦时期，这里就有为祭祀太阳神墨杜克而举行的祭祀竞技，竞技的内容是赛跑，胜利者有抓住马缰绳把国王迎下车的荣誉。摔跤、战车赛、击球、拳击、击剑战斗演习和舞蹈也是常见的体育活动，也都具有强烈的军事体育色彩。

在我国，军营体育文化起源也比较早，历史学家司马迁曾在《史记》中写道："轩辕之时，神农氏世衰。诸侯相侵伐，暴虐百姓，而神农氏弗能征，于是轩辕乃习用干戈。"《韩非子》记载："当舜之时，有苗不服，禹将伐之……乃修教三年，执干戚舞，有苗乃服。"执干戚舞是训练战士用的一种舞蹈，也是军事体育项目的雏形之一。根据《礼记·月令》记载："天子乃教于田猎，以习五戎，班马政。"可见，当时军事体育已经体现出它的重要价值。当时学校的课程内容中，射、御等基本的作战技能是必修的。《礼记·月令》上说，每年初冬，"天子乃命将帅讲武，习射御、角力"，校阅军队，开展竞技活动以选拔军事人才。两晋南北朝，由于战乱的影响，军事训练备受重视，兵械技术训练程式化，并产生了配以图谱的《马射谱》及《骑马都格》等专门书籍。西周时出现了由奴隶主组成的职业军队，这些奴隶主接受的是文武合一的教育，其内容包括"三德、三行、六艺、六仪"。从秦汉开始，蹴鞠成为练兵手段之一，成为身体训练的重要形式。汉武帝时，形成了重文轻武的社会风气，这种思想的形成，也造成了军事训练项目逐渐从军事中分离出来朝竞技、表演方向发展。"田忌赛马"不以进退周旋必中规矩的"五御"为务，而以竞赛速度为赌；"赵王校剑"弃审金鼓，辨旌旗之校阅而不取，专以呈技决斗为欢，杀伐决斗的技艺，被转化为娱乐助兴的表演手段。特别是"角抵戏"的产生，包容了像角力、举鼎、击剑、射箭、投石、越距等有关军队身体训练形式与军事技巧。唐代创立了武举制，按长垛、骑射、马枪、步射、才貌、言语、举重七项进行考察，把对军队干部的选练纳入科举的轨道。唐代也十分注重军事体育，唐太宗明确指出，"兵士唯习弓马"是其正业。宋代创立了武学，学生须经严格的身体考核和技术考核方能入校。明清时期，一部分武艺从军事活动中迅速分化出来，在民间发展成风格各异且种类繁多的拳械套路，形成了独具特色的武术体系，一些练兵的手段，如射戏、角抵、冰嬉、水戏等也成为娱乐性运动项目，极大地丰富了传统的军事体育文化。

我军从土地革命战争时期就开始有了军营体育文化。1931年6月，红军攻克福建崇安，在崇安修建了一个广场，以"红场"命名。"红场"修建有跑道、球场和观礼台等。9月，红军取得第三次反"围剿"作战的胜利，建立了中央革命根据地，有了一块相对稳定的休养生息之地。1931年至1933年，红军在"红场"举行各种比赛10

余次。1932 年 5 月 4 日,红军在闽西汀州举行了一次篮球运动会。5 月 30 日至 6 月 1 日,在汀州举行福建少年先锋队军事体育大会。军事体育大会进行了 3 天,大会举行了检阅,朱德亲自担任检阅总指挥。1933 年 6 月 30 日,中华苏维埃共和国中央革命军事委员会(中革军委)决定,从 1933 年起,每年 8 月 1 日作为中国工农红军成立的纪念日。为了纪念这个节日,在"八一"前后将举行一系列活动,包括全军赤色体育运动大会。中革军委将组织运动会的任务交给了红一方面军第一军团政治委员聂荣臻。聂荣臻提出因陋就简办运动会的方针。第一军团政治部在腾田新修了一个运动场,占地约 10 亩。运动场里修建了主席台、指挥台和一个剧台。运动场四周修建了防空洞、运动员休息室、救护室等。运动大会安排的体育项目主要有田径类(100 米、500 米赛跑,跳高,跳远,撑竿跳)和球类(乒乓球、篮球、足球);此外,另修建了一个田径场、篮球场和足球场。可见那时候我军军营文化生活虽说简单,但也具有相当规模。而红一方面军经过长征到达陕北后于 1935 年 11 月 5 日举行的运动会比赛项目,增加了列队、刺杀、马术、投弹、越障碍、跨壕沟、钻火圈、救伤员等具有军事特色的项目。

抗日战争时期,在八路军中体育运动开展最好的是贺龙师长和关向应政委领导的一二〇师。贺龙历来主张把体育运动看成是部队军事训练的重要内容之一。一二〇师主要开展的军事体育项目有投弹、射击、刺杀、越障碍和器械体操,被称为"练兵五大技术",不但广泛开展,而且被列为运动会比赛项目。除此之外,还开展球类、田径、体操、举石担、石锁等运动。新中国成立后,我军的体育运动进入了蓬勃发展的阶段。其时,在总政治部发出的"大力开展部队体育运动"的号召下,在毛泽东同志为中华全国体育总会成立大会题词"发展体育运动,增强人民体质"的鼓舞下,首届解放军体育运动会于 1952 年 8 月 1 日在北京举行。参加运动会的男女运动员共 1800 多名,其中包括战士、中下级干部甚至师级以上干部。运动会共进行了军事、田径、游泳、体操等 44 个项目的比赛和航空、马术、摩托车、团体操等 42 个项目的表演。这是中国人民解放军自 1927 年建军以来规模最宏大的一次体育盛会。此后,随着我国经济的发展,军营体育文化建设也不断迈上新的台阶。同时,军营体育文化也不断走向规范化,由军事体育训练、军事体育竞技运动和健身娱乐三大支柱构成。军事体育训练和军事体育竞技运动具有高度的复合性,如武装越野、400 米障碍、游泳和武装泅渡等既是军事体育训练,又是竞技运动。健身娱乐如各种走、跑步、太极拳、武术、骑自行车、划船、滑冰、舞蹈、各种徒手的和带器械的体操练习及球类活动等。这些训练和运动对于增强官兵体质、提高官兵身心健康水平及部队军事能力有着直接的促进作用。

近代以来,世界各国都非常重视军营体育文化的发展。英国国防部对军队体育十分重视,并把军队体育纳入了法制轨道。比如,新兵入伍,先要进行 3 个月的体能训练,之后,根据体能状况确定他们能否服役和到什么岗位上服役。还有营区建设,必须与体育设施相配套,规定多少人数的营区就要修建几块什么样的场地,像100~150 人的营区就要分别修建网球、壁球、足球和篮球场地各一块。在法国,军队体育有着更悠久的历史。1803 年拿破仑远征俄国回来后,在总结战争教训时做出了创办军队体校的决定。他认为,军队必须是一个由强健的人组成的群体,这样的军队才能经受住饥饿、疲劳的折磨,才有能力战胜对手。这是拿破仑创办军队体校的直接动因。拿破仑要借助体育使军队变得更强大。因此,现在法国的三军体校都悬挂着拿破仑的巨大画像。意大利对军队体育也很重视,对军队体育的投入也相当大,不足 30 万人的意大利军队拥有 3000 人的体工队,几十个体育中心。全军 9 大单位都有体工队和体育中心。1999 年 8 月在克罗地亚举行的第二届世界军人运动会上,意大利军队就派出了由 360 人组成的代表团,代表国家和军队参与国际性的竞技体育比赛。德军联邦军体学校拥有一流的体育器材和设备,而且还配备有高科技装备的体育运动医疗中心。有 744 名运动员在接受训练,学员可以利用达到奥运会比赛标准的游泳池进行模拟实战训练,能在配备齐全的健身房进行体能强化训练。在 2006 年都灵冬季奥运会上,德国队获得 29 枚奖牌,其中军人运动员拿到了其中的 19 枚,占到 66%;11 枚金牌当中,军人运动员更是获得了其中的 9 枚。美军拥有完善的体育锻炼设施,军营中一般都有台球、网球、垒球、篮球、排球、保龄球、乒乓球、羽毛球、游泳馆、游乐场等场馆,供军人在业余时间进行体育活动。美军对体育锻炼有专门的规定,要求军人每周必须有不少于 3 次的身体锻炼,每次锻炼的间隔时间不得少于两天,对军人锻炼的情况要进行考核,主要考核军人的耐力、心肺功能等,并把身体考核的情况列入档案,作为衡量军人素质的条件之一。

为了促进世界各国军事体育文化的发展,法国、比利时、丹麦、卢森堡、荷兰 5 国发起组成了国际军事体育理事会(CISM),于 1948 年 2 月 28 日在法国尼斯正式组建,该组织的宗旨主要是促进各成员国军队之间的友谊和体育运动的发展。60 多年来,它已经发展成为具有广泛代表性的国际军事体育组织。20 世纪 90 年代初,理事会只有 50 多个会员,目前,几乎所有的国家或地区都加入了该组织,即使没有加入的也是观察成员国。该理事会每年组织数十次世界性或地区性的活动,包括比赛、会议、学术活动(训练班、体育科学讨论会等)。随着会员国的不断增加,理事会每年举办的各种活动和比赛也逐年变得频繁起来。国际军事体育理事会除了每四年举办一次综合性体育赛事——世界军人运动会外,每年还举办有军事五项、现代五项、航海五项、航空五项、跳伞、定向越野、滑雪、射击、田径、划船、越野、自行车、赛马、游泳、网球、滑翔、举重、击剑、拳击、柔道、摔跤、篮球、排球、足球、手球、曲棍球、雪橇等 20 多个规模不等的单项比赛。

经国务院和中央军委批准,我军于 1979 年正式加入国际军事体育理事会,从此成为该组织的积极参与者和各项锦标赛的生力军。自 1995 年首届世界军人运动会举行以来,我军代表团每届都参加比赛,并始终保持在金牌榜前三名的成绩。2007 年在第四届世界军人运动会上,我军体育代表团摘得了 38 枚金牌,22 枚银牌,13 枚铜牌,取得了金牌总数名列第二位的优异成绩。

发展军营体育文化对军队建设有着重要的作用。一是对于增强军人体质具有重要作用。坚强的体质是战斗力的重要的物质基础。体格强健、体形健美、姿态端庄,是对一个合格军人的要求;而良好的身体素质和适应能力,是军人在现代战争中必不可少的条件。诸军兵种合同训练,协同作战,对军人的体能要求是多方面的、综合性的。军体训练中的田径、体操、越野爬山、通过障碍、擒拿格斗、武装泅渡等项目,能有效地提高军人的各种身体素质,培养军人具备现代战争环境所需要的适应能力。二是对于提高军人军事技术、战术训练水平具有重要作用。军体训练和军事技术、战术训练有密切的联系,如射击、投弹、驾驶、兵器操作等所需要的力量、速度、耐力、灵敏可以依赖军体训练去获得。战术训练中的走、跑、跳、攀、爬等基本能力也必须通过军体训练去增强。同时,许多军事体育训练项目本身就是一种军事技能,能直接提高军事技术水平。如通过障碍就是模拟在战场上克服各种障碍的军事技能。格斗训练是军人掌握与敌直接搏斗的一种军事技能,也是培养敢于近战、不怕流血牺牲精神的有效手段。越野、攀登、武装泅渡更是行军作战中必不可少的技能。三是对于活跃部队文化生活、促进军队精神文明建设具有重要作用。广大官兵在紧张训练之余,需要有健康愉快、高尚文明的精神生活。军营体育文化就是文化生活的重要组成部分。军事体育以它丰富多彩的内容、生动活泼的形式以及技术的高难性与惊险性、造型的艺术性、配合的默契性和易于接受的朴素性,吸引着官兵,使它成为军人度过余暇的一种积极手段,成为部队文化生活中不可或缺的一部分。军营体育文化对调剂单调的军营生活,满足军人的精神需要,具有积极而重要的作用。

语言文化:大雅小俗共赏

军营中的语言既有正规的军语,如队列口令及军用文书等语言,又有日常通俗的语言。如一篇介绍美国将军巴顿的文章记载,说巴顿发誓要把一群组织涣散的乌合之众训练成"陆军中他妈的顶呱呱的坦克手",并指出巴顿用"粗俗风趣,极富鼓动性的演说,煽动得士兵们个个热血沸腾"。怎么来看待军营中的这两种语言文化呢?似可用"大雅与小俗共赏"来形容军营中这两种语言文化融合发展的现象。

大雅的军语。军语是军事语言的简称,是军事术语的习惯称谓,是表述军事概念的语词。一切表述战争、军队或与战争、军队直接相关的语词都可以认为是军语。军事语言具有军事职业特性,有着严格的语言规范要求和特殊的语言表达形式,主要作用在于快速准确地传递军事活动信息,使部队人员接受信息,理解意图,快速行动,圆满完成任务。因此,在表现形式上,包含表述军事概念的词、词组或短语;从语法角度看,军事词语绝大部分是实词,只有个别词组或短语性的军事词语中有虚词。军语随人类早期军事活动或战争的产生而产生,随军事活动或战争的发展而发展。可以认为,军语起源于集体性的军事活动或战争。原始社会的后期,人类氏族之间及部落之间,为了抢占地盘,掠夺家畜财宝,战争经常爆发。人们为了协调集体的力量同敌人做斗争,必然要使用某些特定的语词,尽管当时还是不自觉的,也没有专用的军事术语。久而久之,当人们在作战和其他军事活动中经常反复地使用某些具有军事色彩的词语时,这部分词语的名称及其含义就逐渐被固定下来,约定俗成,演化为军事术语。

在军队里,制式化是一个系统的要求。营房、营具和营区设置是制式化的,军服样式和着装方法是制式化的,军人的基本队列动作是制式化的,军事活动的基本程序是制式化的。自然,军人的语言也具有制式化的特点。军人语言的制式化,主要是指军人的一些日常用语具有统一制定的格式和统一规范的用法。这一特点主要表现于制式化的队列用语、称呼语、应答语、报告语和问候语等方面。我军《内务条令》规定,军人之间通常称职务,或姓加职务,或职务加同志。这既体现了军人不论职务高低,政治上一律平等,也体现了军人必需的职级观念和与一定职务相应的责任意识。我军《内务条令》中用"到"和"是"这两个简而又简的单音节词,为全军官兵规范了军人对待上级呼唤和口语命令的基本言语行为。这是对军人"招之即来,来之能战"的基本要求。军人应答"到"和"是",在枪林弹雨的"语境"中,正是以身殉职的勇气和决心的体现;而贯穿于军人日常口语中,则有助于潜移默化地培养军人的气质和作风。军人的制式报告语对报告语词的内容、程序、使用的时机和场合以至于语音停顿等都作了明确规定,程式性十分显著,一般都使用"报告对象+工作和活动内容+请指示+报告人"的格式,不允许有冗言杂语。这一规定显然着眼于军队的整齐划一观念和军人集体进行军事活动时的严肃气氛。口头问候,作为日常生活中的口语交际,往往呈现出色彩缤纷的社会文化现象。但在军队中,"同志们好!""首长好!""同志们辛苦了!""为人民服务!"这两段制式的问候对话,强烈地烘托了阅兵时的严肃气氛和昂扬的精神状态,体现了我军官兵之间的互相尊重与互相爱护,鼓舞了士气,振奋了精神。我军官兵一致的原则和为人民服务的宗旨在简短的问候语中自然地得以体现。

军营语言的制式化,还包括书面语言的制式化。军事书面语言包括军事公文语言、军事文学语言、军事政论语言、军事科技语言等,它们都属于军事书面语言,都具有军事书面语言的基本属性,集中反映了与军事社团、军事活动、军人交际等语境因素相适应的语言运用系列特点和基本规律。我们可以看到,军事书面语言区别于其他书面语言最为显著的特点有四个。一是大量使用军事语言。为了统一部队的军事行动,在军用公文语言尤其是作战文书语言中,必然大量使用含义单一并在军队内部统一规范的军事用语。在军事文学中也能看到大量军事名言的使用。为了形象而生动地表现典型的军事生活、军事人物,在军事文学尤其是以情节描写见长的体裁中,必然较多地使用反映军事生活的各种语汇。二是较多使用祈使句式。在军事书面语中,军队严明的纪律和令行禁止的作风不但在内容上而且在语言表达上都有明显的体现,在军用公文语体中表现得尤为突出。严格规范、高度统一的军事行动和军人言行举止的需要,表现在书面语体上,必然大量出现以"必须""应当""不得""严禁"等词语及其限制对象所组成的祈使句,以及其他形式的祈使句。通过这种句式,充分表现话语内容很强的约束力和警示力。三是常见并列结构的话语形式。并列结构话语的使用,可以在语气上形成刚劲有力、庄重威严的效果,在表意上达成逻辑严谨、缜密的效果,在语句上造成整齐划一、循规蹈矩的效果,这些效果正与军事工作严肃的氛围、严谨的作风、严格的规范相适应。四是整体结构具有较强的程式性。军用公文从公文种类、格式到语言表达都有明确的规定。尤其是作战文书,对其组成项目、记述方法等方面都作了严格、细致的规定。

在军队中,主要的常用军语有队列口令和军用公文两种。

队列口令。在军事活动中,口令的下达和接受是军人重要的口语交际形式之一。在许多军事活动尤其是队列活动中,如果没有口令,军人的行动就难以做到整齐划一,令行禁止。军队的口令有全军通用队列口令、军兵种专门业务口令和联络口令等许多类别。而在诸多类型的口令中,队列口令是最具有代表性的。队列口令是军队使用频率最高、适用范围最广的制式口语。我军《队列条令》中出现的队列口令有100多个。每一个队列口令都是由预令加动令或单独动令构成的,如"齐步(预令)——走(动令)""立正"(单独动令)。预令通常用于明确队列动作的目标、方向、方法等,动令则是开始实施队列动作的信号。如"向军旗(明确目标)——敬礼""向右看（明确方向）——齐""正步（明确方法）——走"。《队列条令》把口令分为 4 种类型。一是短促型口令。例如，"停""跨立""踏步""肩枪""枪放下""端枪""脱帽""戴帽""坐下""起立""稍息""解散""报数""入列""敬礼""礼毕"，等等。短促型口令的特点是字数较少，只有动令，没有预令，不论几个字，中间不拖音，不停顿，通常按音节平均分配发音时间。口令中末尾的字声调多为去声或阴平。二是断续型口令。例如，"第×名，出列""间隔×步，向左离开""标兵，就位""分列式，开始"，等等。断续型口令的特点是预令和动令之间有停顿（微歇），但停顿不宜过长，通常为半个节拍。三是连续型口令。连续型口令的特点是预令的拖音与动令相连，有时预令与动令之间有停顿。例如："立——定""向右——转""齐步——走""正步——走""左跨×步——走""成班横队——集合""向右看——齐""向前——看"，等等。这类口令的预令末尾一个字拖音稍长。有的连续型口令的预令和动令都有拖音，例如"向军旗——敬礼——"。四是复合型口令。复合型口令兼有断续型口令和连续型口令的特点。例如，"全连注意，成××队——集合""以××为准，向中看——齐""成连并列纵队，齐步——走""成连纵队，齐步——走"，等等。复合型口令逗号前面的部分是第一预令，逗号后破折号前的部分是第二预令，破折号后是动令。队列口令都有制式，通常简明、精练。队列口令之所以能使受令者按照既定要求，准确地实施各种动作，就在于受令者对口令固定的言语形式和特定语义的熟知。使用队列口令是一种以单向表述为主的言语交际。在军队里，口令喊得怎样，在一定程度上反映了指挥员的军事素养。作为一种口语交际形式，语音的调整，如发音部位的正确、音节的掌握、音色音量的运用等，是提高口令表达效果的重要语言手段。

军用文书是军队各级党组织、首长和机关在公务活动中经常使用的文书，在军事活动中具有指挥指导作用、遵照执行作用、告知协调作用、宣传教育作用和依据凭证作用，主要包括军队机关公文、军队事务文书和作战文书等。军队机关公文是中国人民解放军机关公文的简称，是军队机关在处理公务中形成的具有法定效力和规范体式的文书，是军队机关履行职能的重要工具。军队事务文书是指处理部队日常事务工作时使用的除军队机关公文以外的用来沟通信息、安排工作、总结得失、研究问题的实用文体，包括计划、总结、简报、调查报告、典型材料、协议书、述职报告等。军队作战文书是军队各级机关在作战和其他军事行动中形成并使用的具有法定效力和规范体式的各种电报、文件、图表、声像等信息载体的统称，是军用文书的重要组成部分。军队作战文书写法上有大体的结构模式，不能任意变更。2005 年 10 月颁发的《中国人民解放军机关公文处理条例》规定：军队机关公文种类分为命令、通令、决定、指示、通知、通报、报告、请示、批复、函、通告、会议纪要 12 种;还规定:军队机关公文一般由发文机关标识、密级、份号、发文字号、签发人和已阅人、标题、主送机关、正文和无正文说明、署名、成文日期、印章、发文(传达)说明、主题词、抄送机关、印发(承办)说明和页码等要素组成,并按照发文机关标识将机关公文分为固定格式和分类格式两大类,固定标识用于军区级以上机关下发重要公文,军以下单位只用分类格式。另外对于公文用纸、书写、装订也作了具体规定。

以上这些都是正式军用语言文化,也可称为军队里的大雅之语,但正如本节开头所指出的那样,在军营语言文化中也有难登大雅之堂的俗语,且运用较为广泛、随便。在旧军阀部队里,俗语更为盛行。譬如问路这一件事,旧军人不但态度蛮横、毫无礼貌,且开口骂人,说:"问你,你听不见吗?瞎耳朵吗?妈的……"国外的军队中即使一些高级将领也有着开口骂人的"雅好",前面提及的巴顿将军就是个例子。中国人民解放军是人民的军队,在军队内部形成了尊干爱兵、情同手足的团结和谐关系,但粗俗用语仍没有完全杜绝。据《解放军报》前几年搞的一个调查显示,如干部或骨干所说的:"熊兵一个""这兵真笨,干啥啥不行""你早干吗了""新兵蛋子""你长耳朵是干啥的"等;战士也有俗语,如"就他那水平还管我""假正经""官不大,架子不小"等。除此之外,还有一些"国骂"也不同程度存在。

作为军营语言文化的一部分,军营中的粗俗语言可谓源远流长。据研究人员分析,军营中存在这些俗语的原因,一方面是出于发泄,另一方面是戏谑。这些语言是一种特殊环境中特殊的放松方式。战场上厮杀搏斗紧张激烈,残酷的环境非常态可言,传统社会和习俗中的某些约束在这一特定时空中忽然可以置之不理,那些粗语、俗语一下子冒了出来。在战火的洗礼中,有时的确可以出现平时文质彬彬的人也会变得粗鲁。电视剧《亮剑》中的独立团政委赵刚可谓是个"书生",到后来时不时冒出一句"你他娘的"之类的话。这种发泄,是自然的放松,带有一些叛逆,也是对自己反传统的一种确认。从军营群体看,个别人和部分人的解脱方式很容易成为集体共同拥有的习惯,久而久之,甚至成了群体的标志,是融入群体的象征,也是群体接纳和承认个体的象征。因此,有人认为,在部队里骂两句人,有时显得亲切,这实际上是集体认同感在起作用。另外,军人在日常生活中将俗语当作游戏玩乐活动,既是发泄现象的延伸,也是一种集体认同。这样的戏谑把原来的禁忌语变得异常诙谐亲昵,如同父母骂孩子时亲切地称为"小兔崽子"一样,起到的是喜爱而不是愤怒仇视的作用。不过,特殊的环境流行特定的戏谑方式,只有在得到强大的文化认同的情况下才可能出现,如在电视剧《亮剑》的时代环境中,此类的俗语不仅不伤大雅,反而令人欣赏。可见,军营语言文化真的是"大雅与小俗共赏"呀!

服饰文化:风采实用兼具

军服是美的,军服穿在男士身上显得格外威武强壮,而穿在女士身上则又显得英姿飒爽。军服的风采曾经吸引了无数的青年男女。在我国,绿军装更是在新中国成立初期曾经引领过时装的潮流。但军服又不仅仅只有美,还有付诸战争的实用价值,这使得以军服为主的军营服饰文化不仅追求美即风采,而且也注重其战争中的实用价值。

较早时期的军营服饰常常过多地追求风采。早期的罗马并没有常备军,一旦国家发生战事,预备役人员得自己携带武器及战斗服装入伍,显得很不整齐。随着帝国的日益强大和战事的逐渐频繁,装备精良训练有素的常备军在罗马建立起来了,并最终发展成为世界上最早的一支职业化军队。既然以打仗为职业,自然事事要求正规,统一的军装是必不可少的行头。所以,在那个年代,罗马军团的作战服装在当时是最讲究的。克拉苏的军团和恺撒军团在着装方面各有特色,让人一看便知;庞贝的军团在军服上也毫不示弱。整齐的军装给罗马军团注入了意想不到的生机,在对日耳曼人、对高卢人、对斯巴达克起义者的作战中,罗马军队首先在气势上就略胜一筹。面对衣冠不整的对手,罗马军团的战士充满了必胜的信心,因为他们自认为是世界上第一支穿戴最正规的职业化军队。

拿破仑时代的士兵们戴着高筒帽且身着颜色鲜艳的军服。据说,鲜艳夺目的服装可使敌人恐惧,高耸的帽子可以使自己显得高大。在向敌人发动进攻时,打头阵的军乐队敲着鼓点更可鼓舞士气,因为交战双方近距离接触,这些造型怪异、颜色鲜艳的服装能给对方造成精神上的威慑力。因此,古代的军服大多华丽美观,又多以红色为主色调。心理学家通过实验证明,红色可以使人肾上腺素分泌增加,心跳加快,精神振奋,是最具有攻击性的色彩。因此,古代军服以红色作为主要色调,激发战士旺盛的斗志。同时红色也有掩饰受伤流血的实用功能。所以,很长一个时期里,红色一直是各国军服的首选颜色。我国战国时期魏国及大汉朝的军队军服也以红色系为主。

火器的发明与使用逐渐使军营服饰转向追求实用价值。19世纪中期以后,由于火器在战争中的普遍使用而导致作战模式发生根本变化,人们开始认识到在战场上更重要的不是显耀自己而是隐蔽自己,士兵作战服装的基本功能转为追求战场掩蔽效果。1898年,英国为掠夺非洲南部的矿产资源,派兵与当地的布尔人进行了为期3年的战争。布尔人身着黄绿色军服,武器上也涂有绿色,潜伏在绿色的热带林海中,十分隐蔽,而英国人的红色军服在林海中却十分刺眼。尽管英国人比布尔人多5倍,交战的结果却常常是英军失败。血的教训使英军认识到军服色彩的重要性,英军便把军服一律改成暗绿色。以后,欧洲各国军队争相仿效。第一次世界大战结束后,绿色军服已相当普及。目前,世界上军服的颜色多达800多种,其中比例最大的仍然是绿色,有深绿、中绿、草绿、浅绿、黄绿、橄榄绿、墨绿等。

中国从古代就非常重视军服的实用价值。军服的实用性在春秋战国时期的赵国得到了最早的运用。这就是历史上著名的"胡服骑射"。当时作战没有专用军服,穿着上衣下裳,宽袍长带,使用兵器受到很大限制,地处北部的赵国与匈奴作战,屡吃败仗。赵武灵王继位后,认为失败的原因之一在于服装上落后于匈奴人。匈奴军队人人惯于骑马射箭,善于机动,战法灵活,他们穿的战服窄袖短袍,皮靴皮带,既能御寒,又便于作战。因此,赵武灵王在公元前307年发布胡服令,并最终说服了文武大臣中的顽固派,全军改变服制获得成功。胡服令的贯彻执行,对赵国的强盛起了较大作用,一时间,赵国北击匈奴,西抗强秦,东伐齐燕,成为战国七雄之一。从此以后,军服作为一个独立的概念就存在于军队装备之中了。

但追求军服的实用价值并不代表着不追求军服的风采了。第二次世界大战期间,希特勒自我标榜为古罗马精英的嫡传后裔,所以特别注重军队的仪容,在军装的设计上可以说是不遗余力。第二次世界大战初期的德军军服无论是在设计上还是制作的质量上都属上乘,式样也特别多。尤其是伞兵的服装,其精良周到的程度即使拿到现在也会令人赞叹不已,长至膝盖的伞兵短裤直到现在还很流行。同时,希特勒还非常重视军服的实用性,当时各种迷彩服也已经出现在德军中。第二次世界大战期间,德军的作战地域广阔,从北非的沙漠一直到挪威的森林,都分布着德国的作战部队,因此所需要的军装种类之多是不难想象的。另外,德军并不仅在军装方面下功夫,其他的单兵配备也很周全。例如,为沙漠作战部队配备了可换不同颜色镜片的眼镜架,为东部前线的士兵专门研制了加厚木底站岗靴,等等,这些都很实用。

为增加军服的风采和实用性,古代军服就已开始讲究佩饰。在中国古代,还通过增加军服的防护装备来增强实用价值,最常见的防护装备是盔甲。在作战时,盔甲不仅能起到很好的防护作用,而且还能显示军威和军容。作战人员戴上头盔、穿上盔甲后,盔缨鲜明,护心镜闪亮,真是壮军威,鼓士气,威风凛凛,气势逼人。三国时的著名战将关羽,曾用金银制

"胡服骑射"复原图

作盔甲上的漂亮饰物,那些敬服关羽的沙场战将们,也常常以能制作一副与关羽相同的盔甲而引以为豪。当他们挺戈跃马出阵交锋时,身耀金辉,颇能振奋军心士气。其他佩饰还有图腾、面具等标志。古代氏族部落的图腾符号不仅仅作为标志,还往往以狰狞凄厉之感给人以震撼,使人产生敬畏感。图腾多为动物或自然物,如狮、虎、熊、豹、龙、蛇以及日月星辰等。在古代战争中,还有化装上阵的习惯,即让士兵装扮成鬼气森森的样子,张牙舞爪地到阵前去,也有的部落士兵在战前用颜料涂画身体,或用动物的血涂抹身体,目的都是给敌人以威慑,给自己以力量。现代战争早已脱离了神秘的色彩,但在今天的军营中,仍部分地保留了图腾、面具的功能。在世界各国所谓的"王牌军"中,很多军徽标志即是图腾化的。韩国陆军的首都师是韩国唯一一支参加过海外作战的师,被韩国军界誉为"无敌猛虎",其师徽就是一只血口大张的白色虎头。美国陆军第一〇一师空中突击队有一个响亮的绰号"呼啸山鹰",师徽是一只印在黑色底色上的美国鹰鹰头。在许多早期的空战中,不少飞行员把自己的飞机涂上狰狞的动物图案,如鲨鱼、鳄鱼、猛虎等,其意也如出一辙。

军服佩饰文化发展到今天有的仍很流行,有的有新的发展,发展最成熟的就是军衔。军衔徽章是在长期的历史发展中逐步形成的。佩有各种识别标志的制式军服,是适应军队作战指挥的需要而产生和发展的。以欧洲为例,在奴隶社会,军服与需要区分敌我有关,为此才制定了制服的颜色,在衣服上佩带识别标志。西欧中世纪的军队,衣着自理,武器自带,没有统一的服装。军队指挥官来自贵族,很容易从传令官的服饰识别出来。15世纪末,雇佣军出现后,各支队和团规定了各自的服装式样和颜色。军衔制出现后,西欧各国军队开始进行服制变革。17世纪,西欧军队出现了帽徽、穗带和用于表示军人所属兵种(勤务)的领章。如克伦威尔步兵的服装规定为红色,新军成立后就成了通用制服,一直沿用到1914年。路易十四时期,规定了特种式样服装作为军服,近卫军为白色,带袖头,翻领红色衬里,白色领章;步兵为灰色;龙骑兵为红色。18世纪后,西欧军队出现了肩章、带穗肩章等识别标志。肩章的作用,是按肩章的种类、式样、颜色,肩章上的彩色杠(竖条带)、条纹的数量、宽度以及小星或其他图案的数量、大小,区分军衔和勤务的属性。军衔制产生后进行的服装改革,使得军人等级权限明朗化,促使军人严格履行职责,提高军队的组织纪律性,并便于识别军人所属的军队、军种和兵种,利于作战协同。随着军衔制的实行和专业勤务的区分,军队服装区分越来越细,军衔标志及军兵种勤务符号也越来越繁杂,形式多样。如美军的军衔图案近500种,其军服如同它的军衔标志一样复杂繁琐,各军种都有各自不同的服装,光礼服就有节假日礼服、宴会礼服等十几种;在航空母舰上,各军兵种中,单是军服的颜色就有黄、蓝、红、绿、紫、白及白底红十字等多种。

在中国国内土地革命战争早期,红军军服都是各部队自己筹措,往往是筹措到什么服装就穿什么服装。最具有代表性的红军军服是瑞金时期赵品三同志设计的,缀红布五角帽、佩红布领章的粗布灰色军装。南昌起义时,共产党领导的各地武装起义部队穿着国民革命军服装,参加起义的工农武装穿自己原来的服装。在起义后的转移和创建革命根据地过程中,各部队都建有规模不同的小被服厂,以加工服装供应部队。当时的军服没有统一的式样,颜色、面料也不一致。1929年3月,红四军到达闽西重镇长汀,在长汀成立红军临时被服厂,缝制了4000套灰色军衣。新军服的样式是由毛泽东、朱德、陈毅亲自审定的,灰蓝色、布质,上衣为中山装式,两个上贴袋,领口缀红布领章,领章上绣有一圈黑边,以示悼念列宁逝世5周年;裤子为普通样式,配绑腿;军帽为八角形,缀红布五星帽徽。这是红军首次在一个军的范围内身着统一服装。朱德曾说,这是红军第一批正规的军服。

抗日战争时期,军服分冬夏两种,制式相同,各级军官同一制式,士兵服装基本与军官服装相同。此时军服颜色不统一,有灰、绿、黄、蓝等多种。另外,由于供应渠道的不同,军服式样略有差别,军服用料也不统一。1945年又把男军服和女军服加以区别。

解放战争时期,初期的军服完全沿用了抗日战争时期的服装制式,即中山装式。但是,因分散制作条件的差异,服装用料、颜色、尺寸和工艺技术等方面,差别很大。解放战争后期,军需工业有了很大发展,在军委召开的全军第一次后勤会议上,确定了全军统一的服装制式,开始了全军军服制式化的新时期。后来,军委总后勤部起草的《军需工作概则》中规定,军需产品的样式、颜色、尺寸必须统一。此时,统一了军服颜色。陆军一律采用草绿色,海军一律为黑色,空军一律为蓝色。从此,军需被装工作进入了一个新的发展时期,这对我军的正规化建设起到了积极作用。

新中国成立后,我军军服发展了50式、55式、65式、78式、85式、87式、97式、07式等系列。07式服装包括礼服、常服、作训服和标志服饰4个系列,具有系列更完整、风格更和谐、样式更现代、质量更精美、号型更舒适的特点。这次换装首次为全军军官配发了礼服,几代军人梦寐以求的梦想实现了。礼服分为军官礼服和"两团一队"礼服两类。常服分为春秋常服、夏常服、冬常服3类。在常服设计上,男装采用突出肩宽的"T"字造型,女装采用收腰身的"X"字造型,更能体现男女军人的气质。标志服饰首次在军官胸前佩戴级别资历章,堪称07式服装的一大亮点,设计上采用色条和五星的模块组合,体现出军官的服役年限和级别。标志服饰还包括帽徽、领花、军衔标志、胸标、姓名牌、臂章等。作训服包括作训帽、夏作训服、冬作训服、作训大衣、作战靴等,具有防侦察监视性能等,适应了信息化条件下的作战要求,基本体现了军营服饰文化所崇尚的风采与实用融合的特点。

饮食文化:战斗力的基础

军人从事的职业与普通公民不同,这就使得对军人的体型、力量及免疫抵抗力的要求都比较高,所以军人的饮食就不像普通公民那样任着性子来,想吃啥吃啥,必须有一定的标准,这就是军人饮食的标准化。但同时由于各国军队的主体——军人并不是由单一民族或信奉同一宗教的人员组成的,军人个体之间存在着众多差异性,这就又使得军营饮食文化具有多样性。如中国地大物博,地区差异大,民族饮食也有较大的差异,各个民族、各个地域都具有悠久的、丰富的饮食文化,这必将使得军营这个由五湖四海汇聚成的集体的饮食文化具有多样性。因此,军营饮食文化必须是标准化与多样性的统一。

标准化是军营饮食文化的特点。由于军队的特点要求饮食保障必须遵循快速、高效、集约的原则,其直接目标是为了生成、维持和提高战斗力。饮食的主要关注点在于战斗人员的营养、体能、精神状态的满足程度,尤其在战时条件下,其首要价值取向是满足作战需要。这使得在军营餐桌上不可能出现如民间那样细腻繁杂的菜品。不管哪个国家的军队,军人给养的供给都是标准化的。

我军根据国家劳动强度分级标准,制定了营养素供给量标准、食物定量标准和伙食费标准,构成了我军给养保障标准体系框架。这一系列标准有着紧密的逻辑联系,从营养、食物和经费上保证了我军作战训练的需求,而与此相关的给养管理制度,则从质量上保证了标准数量的落实。我军给养供给标准制度体系是立足于我国国情和军情,对给养保障做出的刚性规定。严格的给养标准制度,使科学膳食具有了应有的物质基础,同时丰富了我军的饮食文化。

我军目前有营养素供给量、食物定量、伙食费三个标准。

营养素供给量标准。由于营养素供应直接关系到军人体能、智能和反应能力,营养素供给量标准就被视为判别部队伙食营养健康状况最根本的标准。按照国家统计局的统计研究结果,从事重度劳动的军人膳食营养及能量消耗补充应高出全国城镇居民平均水平 36.8%。标准规定,军人膳食中,脂肪占总能量的百分比应为20%~30%,军人每日摄取的维生素 B1、B2 应分别在 1.5 毫克和 1.3 毫克以上。

食物定量标准。食物定量标准对军人每天应吃的食物种类和数量进行规定,保证伙食质量达到营养素供给量标准,是部队筹措、供应主副食品的重要依据。中国人民解放军总后勤部于 2010 年 2 月批准发布了新的《军人食物定量》标准。新标准增加了牛奶和水果的供应标准,提高了动物性食品的供应量,适当调低了粮食定量标准,从而使我军军人食物定量的品种更加丰富,结构更加合理,热量更加充足,热比更趋合理,食物品质得到显著提升。按照新标准,我军官兵每天应吃的主要食物可分为 5 类:第一类是谷物,每名官兵每日应吃 500~700 克;第二类是蔬菜和水果,应该在 1000 克左右;第三类是鱼、禽、肉、蛋等动物性食物,应该吃 400~680克;第四类是牛奶和豆类食物,牛奶 200~300 克,豆类 80 克;第五类是油脂,每天50~70 克。与中国营养学会制定的平衡膳食宝塔图比较,军队标准中各类定量都相对较高。例如平衡膳食宝塔图中粮食推荐量为 300~500 克,蔬菜为 500~700 克,食用油仅 25 克。军人食物定量标准较高,是为了满足军人营养素供应量标准的需要,是军人的年龄结构、工作性质以及劳动强度所决定的。从世界范围看,我军目前的标准即使与西方发达国家军队相比也是不低的。

伙食费标准。伙食费标准是广大官兵最为熟知的伙食标准,是实现食物定量标准和营养素供给量标准的经费保证。党中央、中央军委十分关心官兵的生活与健康,改革开放以来,先后 25 次调整提高伙食费标准,一类区一类灶从每人每天 0.47元调整为 15 元,增幅接近 31 倍。

文化本身是多样的,军营饮食文化作为文化的一种,也会表现出多样性。

传统饮食文化的多样性,对军营饮食文化起着重要的影响。不同的国家传统饮食文化是不一样的,因此对军营饮食文化的影响也不同。如美国人讲究吃得是否科学、营养,讲求效率和方便,一般不在食物精美细致上下功夫。早餐时间,一般在 8时,内容较为简单,烤面包、麦片及咖啡,或者还有牛奶、煎饼。午餐时间通常在中午12 时至 1 时,有时还会再迟一点。午餐也比较简单。许多上班、上学人员从家中带饭菜,或是到快餐店买快餐,食物内容常常是三明治、汉堡,再加一杯饮料。晚餐是美国人较为注重的一餐,在傍晚 6 时左右开始,常吃的主菜有牛排、炸鸡、火腿,再加蔬菜,主食有米饭或面条等。美国饮食的发展方向是速食,他们的蔬菜大都生吃,营养损失较少,更主要的是省时间。现在他们还极力提倡把蔬菜挤成菜汁喝,他们都想把吃菜这一点时间也挤出来作为他用。这一点在其军营中也有显示,其饮食大都讲营养,少花样。

对于俄罗斯人说,正餐分凉菜(前餐)、热菜(第二道)、汤、甜点,主食是面包、土豆泥、通心粉,一般以白面包为主,也有人偏爱荞麦黑面包。凉菜以色拉为主,还有香肠、熏肉、咸鱼;热菜有烤肉饼、炖肉块、烤鸡,等等。了解一点俄餐的人一定知道红菜汤,这是俄罗斯很著名的汤,以甜菜为主,配洋葱、橄榄果、切碎的圆白菜、肉丁、土豆丁,上桌的时候浇上一勺酸奶油。

　　我国曾出现过最精致最悠久的农耕文明，饮食文化在中国文明中占有不可替代的地位。中国文化的诸多方面或多或少、或明显或隐蔽地与饮食有着千丝万缕的联系，大到治国安邦之道，小到日常生活，还有哲学、政治、军事、伦理、医学、占卜、星相乃至艺术理论、文艺评论，均涉及饮食，有些甚至直接从中借用概念、语汇，并获得灵感，特别是儒家学派，更是把饮食问题提高到关系国家安全、社会稳定的高度。"仓廪实而知礼节，衣食足而知荣辱"，儒家所追求的所谓"大同社会"的主要标志，也就是使普天下之大众"皆有所养"，都能吃饱吃好。我国地域辽阔，民族众多，饮食文化也具有更加明显的民族和地域特征。拿饮茶来说，白族饮的是"三道茶"，藏族饮的是"酥油茶"，蒙古族饮的是"奶茶"，这些茶的制作原料、制作方法、饮用方式都有各自的民族特点。就地域性而言，据《黄帝内经》记载："东方之域，天地之所始生也。鱼盐之地，海滨傍水，其民食鱼而嗜咸"；"西方者金玉之域，沙石之处……水土刚强……其民华食而脂肥"；"北方者，天地所闭藏之域也。其地高陵居，风寒冰冽，其民乐野处而乳食"；"南方者，天地所长养，阳之所盛处也。其地下，水土弱，雾露之所聚也，其民嗜酸而食胕"；"中央者，其地平以湿，天地所以生万物也众，其民食杂而不劳"。由于在军营中有来自各民族、各地方的士兵，民族和地域的差别是客观存在的，因此保持饮食文化的多样性是必要的。

　　军人饮食一方面要求标准化，一方面又要求多样性。怎么处理二者的关系呢？即如何使军人饮食既能达到标准，又能丰富多彩？其实，标准化和多样性看似相互对立，实则是相互平衡和相互促进的，没有绝对的标准化，也不存在绝对的多样性。标准化和多样性应该在各自的领域中充分发挥各自特长，相互补充，相互融合，共存共生。标准化中本身就隐含着多样性。在我军粮食定量标准中，米和面的比例实际上就是在标准化中考虑了多样性的因素。譬如，在北方省份中大米的供应比例为40%，面粉的比例为60%，而在南方省份中大米的供应比例为60%，面粉的比例为40%。这正是总后勤部在制定标准的过程中立足我国现实情况做出的多样性选择，也是充分考虑了市场供应和地区差异的多样性而制定出的人性化标准。此外还有奶粉与牛奶的折算比例，干食用菌与鲜菌类的折算比例，以及豆腐豆浆各个品种和地域差异造成的数量差异，也都在标准化中隐含着多样性。可见，在各个具体标准中，都为多样性留下了诸多拓展空间。再如，从微观上讲，在我军食物定量标准中，猪、牛、羊及禽肉可等量替换，猪排骨和羊排骨按50%折算相应肉类；一类灶蔬菜定量为每人每天750克，其中深色蔬菜应占60%以上，而具体种类又没有框定。此类相关规定又是在标准化的框架下做出的多样性设计。

　　可见，军营饮食文化确实是标准化与多样性的统一。这些在平时落实起来比较容易,但在战时或训练时就变得非常困难了,由于极端复杂环境的限制,军人的饮食还讲求标准化和多样性吗?答案是肯定的。

在战时或训练条件下,各国军队都有自己的单兵口粮,其食谱的制定与品种的选择同样是标准化与多样化的统一。如俄军口粮,食品种类丰富多样:主食有面包、饼干、肉粥、荞麦奶粥等,甚至还有中亚民族的手抓饭;菜肴有白菜焖肉、牛排、茄汁鱼、土豆炒葱头、肉酱、灌肠、水果泥等。此外还有菜汤,比如富含维生素的西伯利亚甜菜汤、黄瓜鱼汤等。为了照顾俄罗斯人的饮食习惯,口粮盒里还配有袋装茶叶和砂糖,这有助于饭后食物消化。从上面列出的食谱可以看出,单兵口粮非常注重荤素搭配,营养合理。就拿手抓饭来说,其主要成分有大米、牛肉、胡萝卜、葡萄干、辣椒、动物脂肪等。这种食品每百克含蛋白质 9.3 克,碳水化合物 15.1 克,脂肪 79 克,胡萝卜素 1.3 克,这些都是人体所必需的营养成分。

我军在革命战争年代,没有制式军用食品,只能"背着米袋急行军,啃着干粮、大饼上战场"。抗日战争时期,部队作战时主要供应便于携带的炒面、干粮。解放战争中,在人民群众的支持下,有了煎饼、馒头等军用食品。抗美援朝期间,为解决志愿军初期每月 450 万公斤炒面的急需,周恩来总理指示政务院向东北、华北和中南各省市布置炒面供应任务,还在百忙中亲自和机关的同志一起动手炒炒面,从而出现了后方"男女老少齐动手,家家户户炒炒面"的动人场面。新中国成立后,我军开始研究军用食品。2004 年研制的"普通野战口粮"是我军的第一套餐谱化野战口粮。我军野战口粮的餐谱结构包括:膳食结构、营养结构、模块结构、口味结构、勤务结构、地域结构 6 个部分,也体现了标准化与多样性的统一。

我军已成功地研制出第一套餐谱化的单兵野战口粮,有 18 个餐份,其中单兵速食口粮 5 餐份、单兵脱水口粮 5 餐份和单兵自热口粮 8 餐份。这套口粮开发了一系列中国的传统食品,主要有水饺、火腿煎饼、炒面、扬州炒饭、泡菜、鱼香肉丝、宫保鸡丁等传统名吃,丰富了世界野战口粮的宝库,也显著地区别于美军领衔的西式口粮。为提高接受性,这套口粮首次配备了耐贮蛋糕、牦牛肉、龙虾仁、干奶酪等中等水分食品,标志着我军野战口粮加工贮藏技术达到世界先进水平。这套口粮是我军历史上第一个营养符合要求的完全口粮,重点解决了长期以来我军口粮存在的维生素、矿物质不达标的问题。经过南北方部队试吃,整套口粮连续食用接受性在95% 以上。这套口粮具有良好的携运性,易携带,能装入作战服口袋,便于运输和分发,打开即食或经简单处理后即可食用。这套口粮在常温下能贮存 3 年以上,食用安全。

音乐文化:军事特殊功效

有人说音乐是天使,其美妙的旋律、动人的节奏能够陶冶情操、净化心灵、凝聚人心,但这可能只是音乐文化魅力的一个方面。在军营中,音乐既是鼓舞士气的利器,也是瓦解士气的武器。可以说,音乐具有特殊的军事功效。

军营音乐有着悠久的历史,我国最早的可算是"鼓",到今天反映军旅和战争的词语中还经常见到"鼓"的身影,如"鼓舞""鼓励""旗鼓相当""一鼓作气""鼓动""偃旗息鼓"等。古代进军收兵均以击鼓鸣金为号。《左传·庄公十年》记载:"夫战,勇气也。一鼓作气,再而衰,三而竭。"屈原在《国殇》中写道:"霾两轮兮絷四马,援玉枹兮击鸣鼓。"以鸣鼓激励士气,也是古代军营音乐的一种作用体现。三国时曹操在激战之前不仅注重修内政、练精兵,并且把天下最好的乐师招至麾下,打制乐器,编写歌词,要众将士唱和,以交战时鼓士气、壮军威。在古今中外战史中,用音乐激励官兵士气的战例不胜枚举。据说,古代斯巴达人被敌人围困后,向雅典求救,雅典既没派兵马,又没送武器,只是让一个跛脚的盲人教师去教军歌,结果,官兵们群情激奋,勇气倍增,最后转败为胜。这些故事生动地说明了音乐与战争的关系。在西方,军营音乐最早产生于公元前 1600 年,主要形式是打鼓、吹号,主要作用是引导队伍前进,鼓壮军威。到了 17 世纪,军乐团在法国军队中按严格的编制组建起来。18 世纪初,欧洲各国军乐队吸收了土耳其音乐风格,军乐队色彩更丰富,编制更健全。这一时期的军营音乐和其他音乐一样,开始摆脱宗教束缚,成为表情达意的工具。到 18 世纪下半叶,随着资产阶级启蒙运动的兴起,形成了古典乐派,音乐在创作上反映了资产阶级革命风起云涌的气势,既有启蒙主义时代精神,又具有明朗、自由的特色。法国马赛的起义部队唱着工兵上尉创作的《莱茵军队战歌》冲进了杜伊勒里宫,这首歌就是后来法国的国歌《马赛曲》,它表达了法国人民争取民主、反对暴政的革命意志和爱国热情,歌曲旋律雄壮,节奏铿锵,已成为一首传世佳作。

有人称军营音乐就像天使在起舞,说的其实是音乐具有的诸多奇特功效。

音乐可以鼓舞斗志。苏联卫国战争中,在最残酷的战争考验面前,令人惊讶的是整个国家的音乐创作并未停顿,乐坛上出现的是一片朝气蓬勃的景象。列宁格勒被围困达 18 个月之久,经历了人世间最可怕的磨难,其间仅因饥寒交迫而身亡的人即达 40 万之多,但音乐却像以往那样吸引着人们。据身临其境的一位音乐指挥家回忆说:"无论什么天气,即使是最可怕的冰冻严寒,观众都来听我们演奏。他们甚至从前线赶来,而前线距市中心仅仅 6 公里。"有资料表明,仅在

1942 年 2 月 1 日一天内，就有 16000 余名音乐爱好者分别参加了 16 个不同的音乐会。同年 4 月 5 日，当列宁格勒乐队重新在普希金剧院演出时，大厅里的温度是零下 7~8 摄氏度。人们却因激动和兴奋而欢呼……大厅里挤满了人群。5 月 1 日，在大炮隆隆声中，乐队演奏了柴可夫斯基的第六交响曲。1941 年 12 月，肖斯塔科维奇完成了含有 4 个乐章的第七交响曲，他为这 4 个乐章定的标题是"战争""回忆""广阔的故乡"和"胜利"，并把它献给英雄的列宁格勒人民，称之为列宁格勒交响曲。它的演出，使人们受到强烈的震撼。阿·托尔斯泰从第七交响曲中得出的结论是："希特勒不能占领列宁格勒和莫斯科……不能使俄罗斯人民重返旧日，再过茹毛饮血的穴居生活。红军谱写了具有世界性胜利的庄严的交响乐。肖斯塔科维奇倾听了祖国的心声，奏出凯旋之歌……"后来第七交响曲在世界各地演出，仅在美国就演出 62 次，获得了很大的成功。肖斯塔科维奇的音乐为人类展示了光明的前景。我国在抗日战争期间创作的《黄河大合唱》，雄壮激越，震撼人心，具有极大的激励作用，虽然由于受到内容、环境和形式的限制，不如军号、军歌、军鼓那样直截了当，但仍可以算作实用音乐的范畴，对鼓舞军队士气发挥了重大的作用。

音乐可以让人奋进。近年来，我军军旅音乐更是高扬时代主旋律，从题材立意到形式风格，紧贴人民生活，紧贴军队生活。在举国上下加强道德建设的热潮中，军队组织创作的《军人道德组歌》，唱出了军人的基本道德规范。组歌中的 8 首歌各有特色。如其中《听党指挥歌》，仅从节奏安排上说，已足以让我们感到创作者的用心。那富有动力的切分节奏与稳健行进的节奏相交融，形象地体现了人民军队听党指挥的坚定性，在创作上颇有新意。其他军旅歌曲，从前些年呼唤对军人的理解，升华为歌唱军人无怨无悔的精神境界，反映了今天朝气蓬勃的军人风采。歌舞剧《好兵李向群》，以报告文学式的歌舞艺术，再现了抗洪英雄典型李向群的感人事迹。民族器乐交响乐《中流砥柱》，以军队民乐的特有气势，表现了广大军民从四面八方涌来，共筑坚固堤防的宏伟气势。笙协奏曲《长堤随想》，又以戏剧性与情境性相融合的音乐形象，展现了军民共斗洪魔的壮丽画面。管乐交响诗《圆明园》，从追溯历史的音乐主题陈述开始，进而呈现历史上帝国主义列强侵略暴行的副题，着力展示了中国人民奋起抗争的悲壮历史，构成了具有警示性的、呼唤中华民族复兴的乐章。

音乐可以展现军人的精神特质。军人的感情是无比壮阔丰富的，他们心中既有昂扬、豪放、乐观的壮美之情，也有深沉、柔美、细腻的婉约之情。这构成了军人独特而崇高的感情世界，也形成了军营音乐独特而动人的艺术魅力。电影《英雄儿女》中的插曲《英雄赞歌》家喻户晓，广为流传。"为什么战旗美如画，英雄的鲜血染红了它。为什么大地春常在,英雄的生命开鲜花。"从这激越的歌声中我们所感受到的,不是感伤,不是悲痛,而是大无畏的革命英雄主义精神和音乐释放出来的壮美情感。

音乐可以养生、保健、治疗。关于这方面的功效,我国古籍中多有记述,古希腊文献中也留下了这样的文字:"用音乐某些旋律、节奏治疗人的脾气和情欲,并恢复内心能力的和谐……适当地享用音乐对人体健康非常有益"。对音乐的保健作用进行系统研究的首推克梅特,他于1846年发表了《音乐对于健康和生活的影响》一文,确立了音乐医疗学的概念。此后有关音乐的养生、保健、医疗的作用在理论上和实践上都不断得到发展,许多国家先后成立了发展音乐治疗的机构,出版有关音乐治疗的书刊,一些医院开始使用音乐疗法,我国不少城市开设有音乐治疗诊室。实践结果表明,音乐对人的心身疾病疗效较为明显。心身疾病是指人的心理因素和情绪反应在病因上起重要作用的那些疾病,如高血压、冠心病、窦性心动过速、消化性溃疡、支气管哮喘、类风湿性关节炎、糖尿病、甲状腺功能亢进或低下、神经官能症、抑郁症、失眠、病态癖好,等等。当然,军营音乐文化美好的旋律也有如此功效,通过音乐给手术中的伤兵减轻痛苦,帮助受过极度惊吓的士兵恢复神态,都在工作中逐步展开。

从以上的论述看,军营音乐文化确实有美好的一面,但以上音乐的功效是对于健康向上的音乐来说的,一些低级庸俗的音乐是销蚀人意志的"毒酒",可以让人消沉、迷乱,意志颓废。尤其是近些年来,随着军营的开放性不断增强,社会上的流行音乐也开始进入军营,并且以其优美的旋律、动人的节奏吸引着军营的年轻官兵,并在军营音乐文化中占有一席之地。军营中不乏一批"追星族"。这些音乐确实有催人奋进的,但也不乏一些令人消极颓废的音乐或靡靡之音。这些充满着"爱""恨"的与军营和谐建设极不协调的音乐已经开始对官兵的身心与生活方式产生了越来越多的负面影响。针对这种情况,要加强军营音乐文化建设,在采取措施,加强"控制""截击"等"硬"手段的同时,还要发挥健康向上的音乐在思想政治教育中的潜在性影响,注意加强健康音乐教育环境的营造。要坚持以体现人民军队的性质宗旨为基本指导,以反映火热军营文化为主要内容,以强化官兵的精神支柱为主要任务,以实现军队文艺的进一步繁荣发展为根本目的,高扬主旋律,唱响正气歌,用优秀的音乐作品教育感染广大官兵投身于建设信息化军队、打赢信息化战争的伟大实践中去,使广大官兵在感受音乐、理解音乐、欣赏音乐的同时,在情操上受到陶冶,在道德上受到影响,在心灵上受到启迪,乃至意志上受到熏陶、感染,达到"润物细无声"的教育效果,从而把那些令人消极颓废的音乐或靡靡之音从军营中驱逐出去。

有些音乐的消极影响还不止这些,音乐还可以作为武器杀人于无形。音乐作为武器,是指用音乐、歌唱等形式削弱敌人士气,扰乱敌人军心,制造敌人内部混乱,从而瓦解敌人的一种计谋。音乐以声动人,它既能表达感情,又是感情的催化剂。人的喜、怒、哀、乐、悲、惊、恐都可以通过不同的曲调、歌唱来表达和调动。音乐可以使人高兴,也可以使人悲伤;可以使人精神振奋,也可以使人意志消沉。历来军事家都很重视用音乐来瓦解敌军。公元前202年发生的"四面楚歌"的故事就是一例。据《史记·项羽本纪》记载:"夜闻汉军四面皆楚歌,项王乃大惊,曰:汉皆已得楚乎?是何楚人之多也?"听到的楚歌从精神上击垮了能征善战的项羽,这称得上用音乐作武器的"杰作"。与"四面楚歌"相似的还有明代建文三年,燕王朱棣率军在定州的西水寨围困朝廷的军队,围困的时间很久,最后在一个霜月满天的夜晚,燕王让围寨的士兵们唱起吴地的歌。寨中江南的士兵听后,多流下思乡的眼泪,有的士兵还偷偷地从山寨下来投降。最后燕王攻破了西水寨。还有另一个故事。西晋永嘉年间,在晋阳的一次战斗中,刘琨的队伍被胡人的骑兵重重围困,城中处境异常困难。刘琨乘着月光登上城楼,发出阵阵凄凉的长啸,胡兵听后都凄然长叹。夜深时,刘琨又吹奏起悲凉的胡笳,胡兵听后都深切思念故乡和亲人,忍不住抽泣起来。次日拂晓,刘琨再次吹奏胡笳,胡兵听后纷纷放弃对晋阳的包围,返回家乡了。

不仅古代,现代也有这样的战例。第二次世界大战期间,希特勒就充分运用了音乐使人懈怠的功效达成了作战目的。1939年3月15日,捷克斯洛伐克首都布拉格街头,突然飘起轻快的乐曲。市民们紧张的情绪顿时消失,大家都好奇地涌上街头看热闹。只见一支军乐队正在街头边走边演奏,一会儿奏捷克民歌,一会儿奏流行歌曲,市民们大感不解。等人们清醒过来时,整个城市已被德军占领。跟在这支乐队后面的竟是德军的装甲部队。希特勒导演了一场以音乐掩饰侵略的闹剧。1940年4月9日,德国入侵挪威,希特勒故伎重演。当德军进入挪威首都奥斯陆时,一支1500人组成的军乐队演奏着优美的华尔兹舞曲和当时美国流行的小调,给人以举行盛大的音乐会的错觉。喜欢音乐的市民们忘记了战争的威胁,走出家门跟着舞了起来。正当人们沉浸在欢乐中时,几艘德国登陆舰悄无声息地靠上了港口的码头,一辆辆坦克和装甲车从舱内迅速冲上岸,在音乐的掩护下从容地驶进城内。转瞬间,两万多名德军包围了这座城市。人们想反抗,为时已晚。同一天,希特勒用同样的戏法控制了丹麦。德军军乐队跟随先头部队进入丹麦首都哥本哈根,在中心广场举行露天音乐会。音乐会结束,市民恋恋不舍地离开时才发现,所有的交通要道、重要场所已落入德军之手。

再如,1989年12月20日,美国入侵巴拿马。为抓获一直与美国作对的巴拿马总统诺列加,美军陆、海、空三军特遣部队分兵4路,以代号"正义行动"的突然袭击迅速席卷了这个地区。仅仅24小时,巴拿马就举国沦亡,然而美国的主要目标诺列加却去向不明。后来情报部门得知,诺列加藏身在梵蒂冈驻巴使馆。美军虽然把使馆围个水泄不通,却不敢轻易冲进教皇的圣地去捉拿。从12月28日开始,美军调集了其特种心战营中的精兵强将,从四面八方赶赴梵蒂冈使馆,这是美国自越南战争以来首次在对外战争中大量使用心理战部队。他们在使馆对面的公园内架设起一排高音喇叭,不停地播放摇滚乐和抨击诺列加的新闻,其中一首摇滚乐名为《无处可逃》。值勤的美国士兵说,这是专门播给诺列加听的,因为他是有名的歌剧迷,但他极为讨厌摇滚乐。这种高音量的音乐攻击,伴随着大使馆上空盘旋着的直升机的噪声,对诺列加的心理产生了极大的影响,最后竟奏奇效。诺列加心灰意冷,乖乖走出使馆,束手就擒。

美术文化：定格历史瞬间

说起军营美术文化,大家头脑里可能很快就会反映出军事绘画、摄影、雕塑等。这些艺术形式都有一个共性,那就是记录了军事活动的某一个瞬间。

军营美术文化的主要表现形式有绘画、雕塑和摄影等。

绘画是造型艺术中最主要的一种艺术形式,它是一种使用笔、刀等工具,通过构图、造型和设色等艺术手段,在平面空间中创造能够表现作者追求的静态视觉形象的艺术。绘画从人类文明的起源期产生发展,现已成为一个品类繁多的美术样式。从体系上,绘画分为东方绘画和西方绘画两个主要体系;从使用材料技术的不同,绘画分为帛画、油画、版画、水彩画、水墨画、素描等;从选择题材内容上,绘画分为人物画、风景画、静物画、动物画等;从形式上,绘画分为年画、宣传画、连环画、壁画、漫画等。同其他造型艺术一样,绘画艺术具有视觉性、空间性、静态性、形象的直观性、瞬时的永固性和高度的形式美。相比其他造型艺术,绘画还有自身的审美属性,如题材更为广阔,视觉逼真感、立体感更强。虽然绘画是在二维空间反映人物、社会、自然,表达作者的审美感受,但可以通过线条、色彩、构图等独特的绘画语汇,以及透视、光影、比例等手段描写和刻画人物,营造环境,给人视觉上的立体感和逼真感,具有独特的表现力。比起雕塑来,绘画更易于对外在现象、细节和内在心理个性进行具体描绘和刻画。

我们的党和军队对美术工作历来就十分重视。毛主席在井冈山给中共中央的报告(1928年11月)里,就提到前方缺乏绘画技术人才,请中央和湖南、江西两个省委选送美术工作者到前委会去。古田会议(1929年12月)的决议里还提到要出版石印或油印的画报,把全军绘画人才集中起来工作。1933 年 3 月 5 日,工农剧社美术部在瑞金成立。剧社在进行舞台美术设计并绘制舞台布景的同时,也编绘和出版画报。瑞金革命纪念馆现存的一张 1934 年 3 月 8 日出版的《三·八画报》,共计由 12 幅画组成,内容是苏维埃政府帮助红军家属干活等情景。这个画报就是由工农剧社美术部绘制的。除工农剧社美术部外,1933 年 12 月,在广州起义六周年纪念日,中央苏区的专业美术机构工农美术社正式成立。同时,在瑞金举行了第一次工农美术展览会。工农美术社是中华苏维埃共和国第一个美术出版、展览和创作研究机构,直属中央教育人民委员部,初期有美术专业人员 10 余人,由蔡乾负责。工农美术社成立后,编辑出版了《苏联社会主义建设画集》《革命画集》《苏联的青年》等。

当时,中央苏区美术创作呈现出繁荣景象,作品大部分是漫画。这些漫画以简单的笔画线条和夸张的表现手法,描绘当时的革命生活及时事。它像投枪、匕首,锋芒直指当时社会上存在的丑恶现象,具有坚定的革命性、强烈的战斗性和浓厚的时代精神及民族特色。从现有资料看,当时在《红色中华》报上发表的宣传画、漫画就有 141 幅之多。在画报方面出版了《红星画报》《春耕运动画报》,还出版了《工农妇女起来参加革命战争》画刊等,内容丰富,如热情歌颂无产阶级和中国共产党,宣传红军的性质和宗旨,宣传反"围剿"的决心与力量。另外,揭露帝国主义和国民党反动派本质的宣传画也很多,如《全世界无产阶级联合起来》《挣断枷锁》《一切为了保卫苏维埃》《粉碎敌人进攻》《国民党法西斯的白色恐怖》《大家起来取消辛丑条约》等。

从 20 世纪 50 年代开始,中国军事美术产生了大批影响深远的革命历史画和感情质朴的现实军旅佳作,涌现了许多令人景仰的军营美术名家。从选材看,一般偏重一些重大的革命历史题材和发生的重要事件,更多地注重惊天动地的英雄业绩和火热的战斗生活,表现手法质朴雄健,有着强烈的生活气息和时代精神。代表性作品有油画《红军不怕远征难》,中国画《八女投江》,油画《洪湖的黎明》《古田会议》《三大红军主力会师》《决战前夕》等。20 世纪 60 年代,军队的国画、油画、版画、宣传画、年画等各种创作都有进一步发展。如中国画《欧阳海舍身救列车》《踏着前辈的足迹》,宣传画《敌人磨刀,我们也磨刀》,版画《入伍第一课》《子承父志》等。近些年来,由部队牵头主办的"抗洪英雄赞美展""第十届全军美术作品展览""绿色空间"等具有广泛影响力和学术品位的大型展览,在社会上引起广泛的关注和重视。军队美术作品在全国美展中已连续第九、第十两届在获得奖牌总数方面位列第一。

摄影作为军营美术文化的一种形式,也是逐步成长起来的。我军战争摄影起步于土地革命战争时期。那时,军队中没有专职摄影干部,摄影内容比较单调,表现形式基本是静态的复述,以摆拍为主;功用主要是记录实况,留作纪念或作资料。而抗日战争时期,由于一些进步的摄影工作者纷纷奔赴延安和各抗日根据地,加入到军营摄影行列,他们于艰苦的敌后抗日根据地开办了摄影训练班,把许多优秀的干部和工农子弟吸收到这项年轻的事业中来;加上摄影器材的改进和摄影队伍的壮大,使得作战部队的行动(包括敌我激战)有可能被摄入镜头。而广大摄影工作者本身也是一名战斗员,他们随部队一起行动,一边战斗,一边摄影,不怕牺牲,勇猛顽强。因此,这一时期战争摄影数量剧增,内容广泛,如《南京城被日军狂轰滥炸,许多无辜人民遭受灾难》《冀中人民热烈欢迎八路军》《朱德同志在延安号召全军指战员将抗战进行到底》《正在燃烧的大城县敌军司令部》《战士们在长城烽火台上欢呼胜利》《释放被俘伪军,临走时发给他们路费》《聂司令员照顾日本小姑娘》等。这些作品具有两个特点:一是来自革命战争年代的斗争生活,反映了时代的面貌,具有无可辩驳的纪实性、真实性;二是抓住了富有表现力的瞬间,生动、自然。除此之外有些还具有各自的特色,特别是如吴印咸所拍摄的《诺尔曼·白求恩大夫在冀中检查伤病员》、沙飞所拍摄的《抗日民主政权中的农民参议员》、张爱萍所拍摄的《新四军骑兵团》、袁汝逊所拍摄的《解放区妇女担架队》等,都是十分难得的摄影艺术作品,很有艺术魅力。

解放战争时期,摄影队伍更加成熟和活跃。这个时期的战争摄影除了仍有抗日战争时期我们看到的那些类型的照片外,最引人注目的是直接反映战场态势、战争实况的照片增多。如《在井陉城内进行巷战》《冒着严寒大破平汉路》《冲向孟良崮五四〇高地》《冒着零下四十摄氏度严寒打击敌人》《火线担架队》《消灭张兰镇顽抗之敌》等,瞬间捕捉准确有力,切入战争现场,强烈的战争氛围带给人们强烈的艺术感受,战士英姿跃然纸上。另一个值得注意的变化是,在艺术表现手法上更加娴熟,如《公主屯阵地上》战士一把炒面一口雪待机歼敌的近景神态捕捉得生动感人,《挺进沈阳》的场面宏大,情景交融,《同志,不要踏麦苗》《敌人往那边去了》《斗地主》等抓住被摄对象的各种情态加以强调,细致传递人物的感情。这时期的战争摄影虽然仍以新闻摄影为主,但对艺术性的注重使得不少作品成为传世之作。

20世纪60年代以来,军旅摄影得到了较大发展,摄影艺术家创作出了许多热情洋溢地歌颂英雄模范人物的生动感人的作品。例如,南京路上好八连,硬骨头六连,毛主席的好战士雷锋、王杰,侗家苗家的知心人吴兴春,优秀的基层军事指挥员郭兴福等,这些人物都留下了照片。这期间也拍下了《风雨无阻的边防巡逻兵》《苦练硬功保边疆》《海防线上的日日夜夜》《练成铁脚板》《冲锋陷阵》《海上轻骑》《地面苦练 空中精飞》以及反映抗洪抢险、冰雪灾害抢险、抗震救灾的一批优秀作品。这些照片，现已成为部队进行共产主义道德品质教育的最宝贵的材料之一。

雕塑是一种使用一定的物质材料，在立体空间中创造能够反映作者某种情感的静态形象的造型艺术。雕塑的制作方法主要有两类：一是雕刻，二是塑造。所谓雕刻，一般是指通过对某种实体性材料的雕琢而制作立体形象的方法。它主要包括圆雕、浮雕、透雕。所谓塑造，是指通过对一定物质材料的塑形而制作立体形象的方法。它主要包括泥塑、陶塑、纸塑等。从雕塑的体裁看，一般可以分为纪念雕塑、装饰雕塑、园林雕塑、宗教雕塑、陈列雕塑等。从雕塑的样式来看，可以分为头像、胸像、半身像、全身像和群像等。雕塑美是自然美与艺术美的结合。雕塑的物质材料本身就具有天然美的因素。雕塑又是形式美与内容美的高度统一。无论是用具体塑造方法还是抽象塑造方式，无论是模仿手法创造还是变形手法创造，都要符合形式美的原则和规则。雕塑表现的往往是行为的瞬间，也是对军事瞬间定格最为形象的一种方法。人们可以从这一瞬间的定格中想象静态向动态的转变，从而体味出雕塑的活力和精神，体味出它的冷冰冰的物质材料所传达出的感情。正因如此，雕塑也被称为"凝固的舞蹈""不朽的石书"。雕塑作为一种艺术，一方面可以优化、美化周围环境，另一方面也以周围环境作为背景，力求自然与艺术和谐统一，使自身和周围环境有机结合为一个整体，构成一种整体效果的和谐美。

雕塑因对现实生活的超越性，常具有深厚的象征和比兴的意味，使欣赏者产生敬畏感和崇高感。四川的雕塑家们集体创作的《红军过草地》是一件巨型雕塑，长11.9米，宽2.75米，高2.5米，雕刻手法细腻，人物活灵活现，再现了红军长征的壮观景象。雕塑家潘鹤在南方游击区深入生活，创作了生动感人的雕塑《艰苦岁月》，老战士吹着笛子，小战士依偎在他身旁，出神地听着——战地生活被诗化了。战士的服装不整齐且近于褴褛，反映出当时战斗环境的艰苦，但是那一起陶醉在音乐旋律之中的怡然和有所向往的神态，却表现出他们坚定的信念和高尚的情操，流露出一种更为含蓄、内在的英雄主义气质美。

军营美术文化用美的观念和美的形态来陶冶军人的情操，可以起到教育和愉悦作用。首先，军营美术文化具有教育功能。军事题材的美术作品，十分注重作品本身的思想性和教育性，注重把思想感情融化到形象中去，注重形象所饱含的感情的浓度和深度。在美术创作中，思想、感情和形象三者是有机融合在一起的，任何思想都必须通过富于感情的画面和形象来表达。因此，军事题材的美术作品，在保持自身特有的革命性、战斗性、群众性的基础上，在艺术表现上也往往有着深入的探索。法国雕塑家吕德的《马赛曲》，体现出一种奋勇前进的气势，人物背后露出的许多枪尖，使观众很自然地联想到，在这些人物后面，还紧跟着浩浩荡荡的为保卫祖国而走上前线的勇敢的战士们，突出了劳动人民与军队一起保卫祖国的主题。当我们欣赏董希文的《开国大典》时，那隆重的场面与欢乐的气氛，还有领袖人物的风姿，令人深深感到祖国的伟大和人民的可敬，心中的爱国主义情感被激发了出来。其次，军营美术文化具有愉悦功能。军事题材的美术作品反映了现实生活的某个方面，有着强烈的艺术感染力，在爱国主义教育、集体主义教育、思想品德教育中常发挥着重要作用。军事题材的美术作品常给人以独特的艺术享受，军队的气概、军人的风采、军人的精神是美术作品反映现实生活的一个重要方面。作为军人，欣赏优秀的军旅美术作品，会更增强自身的自豪感，也会激发自己以更高的热情投入火热的军旅生活；作为部队，让军人欣赏优秀的军旅美术作品，能够增强军队的整体素质，提高军队的战斗力。

第三章
彰显战争正义的道德文化

道德战线上的战争：道义争夺

道义是战争制胜的制高点，自古就有"得道多助，失道寡助"之说。历史发展至今天，战争道义的力量仍是巨大的，即使美国具有当今世界上首屈一指的军事、经济和科技实力，尤其是军事实力具有与世界其他国家时代差的优势，它也非常重视战争道义的争取；即使其发动的战争是不义之战，也通过种种手段冠以"义"战之称谓。对道义的争夺，也常常称为道德战线上的战争。

在中国春秋战国时期，战争就开始分为正义与非正义两种类型了。如吴起认为，"凡兵之所以起者有五：一曰争名，二曰争利，三曰积（德）恶，四曰内乱，五曰因饥。其名又有五：一曰义兵，二曰强兵，三曰刚兵，四曰暴兵，五曰逆兵。禁暴救乱曰义，恃众以伐曰强，因怒兴师曰刚，弃礼贪利曰暴，国乱人疲、举事动众曰逆"。可见，所谓"义战"，就是为了除暴政、扶弱小、抗侵略、平叛乱、救民于水火之中的正义战争；所谓"义兵"，是指能够遵循仁义之道的军队。纵观整个中国冷兵器时代的军事行动，"义战"的伦理思想占有主流地位。《尉缭子》一书认为，军队不应该攻打无过错的国家，也不应该杀害没有罪过的人；既不能掠夺财物，奴役他人，无端地杀害别人的父母兄弟，也不能强迫农民、商人和官吏离开家园或抛弃自己正在从事的事情。一个合理的军事行动应当体现为整肃暴乱，禁止不义事情的发生，争取做到兵不血刃就获得天下人的亲附。同样，在《司马法》一书中，有关"义战"的论述也很多。《司马法》一书提到，以仁爱为根本是中国一以贯之的传统，治理国家也应该用合乎情理的方式；秉承仁德之道是通用的治国思路，但如果仁爱的方式达不到治乱的目的，当局者就可以考虑采用战争这种特殊的手段：杀掉坏人使好人安宁，借进攻别国爱护本国民众。因而，战争的道德意义就体现在以仁为本。

在中国古代的军事斗争实践中,利用战争道义争取民心,壮大力量,最终成就一番事业的案例可谓不计其数。在人类社会发展的早期阶段,抽签问卜成为宗教、政治、经济乃至军事行动的合法性程序。而战争的发动往往是"天命"之所为。对于主动进攻或胜利一方是秉承天命,讨伐违背天意的人;而被进攻或战败一方就只能感叹皇天降灾和天命不常,以至于灾祸缠身。商汤伐夏桀时,前者公开宣曰:"非台小子,敢行称乱!有夏多罪,天命殛之。"意思是,桀这小子犯上作乱,竟敢违抗天命,汤进行战争是替天行道,是"恭行天之罚"。周武王伐纣时,不仅打着"恭行天之罚"的旗号,对诸侯国和民众进行动员,而且以殷商"唯天不畀"为自己的军事行动寻找合法性根据。不难看出,"以德配天"成为正义战争的合法性根据。一个人的德行能否顺乎天道是其安身立命之所在,一个部族和国家的政策能否"唯德是辅"是其存续之根本。个人的德行不在了,众人可共诛之;国家的合法性丧失了,国人必共讨之。所以,"以德配天"的军事道德表现为一个从"敬天"到"保民"和"惠民"的发展过程:施惠于民,使万民同心同德成为战争的正义性根据。

那么在当代,哪些可以称为是"义战"呢?研究者及国际社会通常认为有五种情况。一是反侵略的自卫。在自卫中使用武力在历史上向来被认为是天经地义的。在中世纪基督教正义战争理论中,自卫也是正义战争的最重要理由。但第二次世界大战前,国家自卫权的适用是相当随意的,如第一次世界大战后《巴黎非战公约》的各签字国曾经发表宣言和声明,保留他们诉诸自卫战争和自己判断是否产生使这种行动成为必要的权利。第二次世界大战后,作为战争正义性依据的国家自卫权,就有了明确的前提条件和适用范围,其核心内容是,武力自卫必须在国家"受到武力攻击"、为了防御和抵抗外来侵略时才能实施。否则所谓的自卫就是侵略,没有任何合理性。二是反殖民的民族解放。国际社会支持和赞成为摆脱殖民统治,赢得民族独立和解放而使用武力。三是反压迫的国内革命。天赋人权,人人平等,主权在民和有限政府原则一直是大多数资本主义国家建构法律体制的重要理论依据。因此,政府必须向人民负责,如果滥用人民赋予的权力而损害人民的利益,甚至压迫人民,人民就有权更换甚至使用暴力推翻政府。四是国家维护统一的战争。所有国家都把维护统一视为其最重要的国家利益之一,各国的宪法中都突出强调国家的完整性,如意大利1947年宪法就强调它是"统一而不可分的共和国",西班牙1978年宪法规定其本国武装力量的任务是保障西班牙的主权和独立,捍卫西班牙的领土完整和宪法秩序。而各国的刑法中也都把破坏国家统一完整认定为最严重的刑事犯罪。可以说,维护国家统一是一项普遍公认的可以诉诸武力的正当理由。联合国 1981 年《不容干涉和干预别国内政宣言》明确指出,一切国家均享有主权、政治独立,领土完整,国家统一和安全及其人民的民族特性和文化遗产。这就意味着各国维护自己的主权、实现统一和维护统一的过程是正当的和天经地义的,独立国家可以自主地选择和平或战争手段,不容别国力量干涉。五是联合国维护和恢复国际和平及安全诉诸武力的维和行动。这种行动是第二次世界大战后在联合国维持国际和平、消除地区武装冲突的长期实践中逐步形成和发展起来的。虽然对此有各种说法,但国际社会基本持支持态度,其正当理由是联合国集体安全保障制度直接带来的。在维护和恢复国际和平及安全时,联合国安理会有诉诸武力的职权。

但对于发动不义战争一方来说,他们也重视争取战争道义,明明是非正义的,却非要给自己戴上一顶高尚的帽子。如德国为发动侵略波兰的战争,可谓"用心良苦",导演了一场令德国人民对波兰引起憎恨的"格莱维茨事件"。1939年 8 月 31 日,根据希特勒的安排,德国党卫队员阿尔弗雷德·赫尔莫特·瑙约克斯,命令 100 多名德军士兵,穿着德国最高统帅部谍报局长卡纳里斯海军上将送来的波兰军队的服装,装扮成波兰军人,向德国格莱维茨电台开枪射击,以造成波兰军人侵略德国的假象。为了制造出德国电台被波兰军人袭击"死了许多人"的罪证,德国方面把事先灌醉了的集中营囚犯放在地上,充当德国电台被打得奄奄一息的工作人员。然后,德方请许多媒体的记者前来拍照,大造波兰军队制造了事端的舆论。很快,波兰军队进攻德国格莱维茨电台的照片和消息,一下子传遍了全世界。而德国的媒体,更是在希特勒的一手策划下,连篇累牍、不厌其烦地一再渲染此次事件,以激起德国人对波兰人的愤恨之情,为随之而来的进攻波兰做好了所谓的"道义"准备。

再看伊拉克战争。这场战争实际上是美国反恐战争的一部分。美国政府的目的本是要推翻伊拉克萨达姆政权,获得石油利益,控制整个世界的石油市场,维护美国在全球潜在的霸权利益。但为了获得国内民众的支持和国际舆论的默认,美国首先是打着反恐的旗号发动战争的。从美国总统到五角大楼,都一口咬定萨达姆与本·拉登领导的"基地"组织有密切的关系,伊拉克给予了本·拉登组织和物质上的资助,很可能帮助策划了"9·11"事件,还窝藏了"基地"组织高级成员。美国政府对国内和国际散布的舆论,都说是他们已掌握了"确凿的证据",有"非常可靠的情报"。而事实上,于 2002 年年底成立的美国"9·11"事件调查委员会调查结果却显示:伊拉克总统萨达姆与本·拉登看起来没有合作关系,而且没有迹象表明伊拉克在"基地"组织袭击美国的行动中给予了配合。

在信息化的今天,铺天盖地的舆论,通过网络、报纸、杂志、电视等各种媒介进行传播,使人们能够迅速了解战争的发起、过程及结束等信息,这些信息在很大程度上影响着人们对战争道义的判断。但同时还必须清醒地认识到,舆论对战争道义的判断有相当大的制约性。主要表现在:其一,媒体受政府软性操控或硬性操控,充当了政府代言人的角色,使舆论失去真实性;其二,信息垄断性突出,占据信息优势一方可以左右舆论,为其所用;其三,信息技术的发展,使"谣声""谣像"成为可能,耳听不一定为真,眼见不一定为实,信息的欺骗性更强。信息的发展使得这场道德战线上的战争更加纷繁复杂。

军人道德:行为的规范

对于道德这个词,人们普遍较熟悉。通俗地说,道德就是做人的规矩,它是用来调整人与人之间、个人与社会之间相互关系的行为规范。而军人作为从事特殊职业的人群,军人道德又有什么特点呢?

大家知道,军队是与战争联系在一起的,即便是在和平时期,军人的存在也大多是与准备战争和制止战争相联系的。这就要求每个军人都必须遵守一些特殊的道德规范,养成与军队的特殊使命相适应的道德素质。比如,军队的使命主要是打仗,与之相适应,军人道德就要求军人必须勇敢、顽强、不怕死,随时准备以身殉职;军事集团是组织纪律性最强的集团,具有其他任何职业都无法比拟的高度集中统一的活动方式,与之相适应,军人道德就要求军人必须严守纪律,服从命令听指挥,做到整齐划一、令行禁止;军人履行使命的环境和条件异常艰苦,与之相适应,军人道德就要求军人具备超乎常人的吃苦精神和战胜困难的勇气等。军人道德的这些特点,使之与其他职业道德相区别,具有自身的特殊性。

古今中外,一切有远见的军事家和战略家,无不重视对军人道德的研究及在军队中培育军人道德。春秋时期,我国著名的军事理论家孙武在探讨决定战争胜负的重要因素之一——"将"的基本条件时指出:"将者,智、信、仁、勇、严也。"这里,除了才智之外,诚信、仁爱、勇敢、威严等条件与军人道德有关。《孙膑兵法》中也强调:"德行者,兵之厚积也。"意思是说,良好的道德素质,是军队建设的深厚基础。德国近代著名军事家克劳塞维茨在他的《战争论》中专门写了一章"军队的武德"。对于武德的作用,他指出,武德同军队各部分的关系就像统帅同军队整体的关系一样。统帅只能指挥军队整体,不能指挥军队的各个单独的部分。统帅指挥不到的部分,就必须依靠武德。军队的武德是战争中最重要的精神力量之一。常备军在对民众武装作战时,比对常备军作战时更需要武德……战区和其他情况使战争变得越复杂,使得兵力越分散,军队就越需要武德。克劳塞维茨在论述武德作用的同时还阐述了武德的具体内容,他主要列举了以下四个方面:一、在极猛烈的炮火下仍能保持正常的秩序,永远不为想象中的危险所吓倒,而在真正的危险面前也寸步不让;二、在胜利时感到自豪,在失败的困境中仍能服从命令,不丧失对指挥官的尊重和信赖;三、在困苦和劳累中能像运动员锻炼肌肉一样增强自己的体力,把这种劳累看作是制胜的手段,而不是看成倒霉晦气;四、只抱有保持军人荣誉这样一个唯一的简短的信条,因而经常不忘上述一切义务和美德。

当今世界,许多国家都逐渐认识到军人道德在军队建设中的重要作用,因而纷纷把军人道德教育作为军队思想建设的重要内容。即使是资产阶级国家的军队,在依靠强制手段和物质刺激治理军队的同时,也越来越重视"心治",强调培养军人的职业道德,激励官兵的士气。如美军特别重视军人道德教育,规定了具体的内容,采取多种教育手段,使官兵树立起军人道德观念。美军是一支资产阶级的军队,有些入伍青年并没有把当兵看作是一种爱国行为,而是作为一种谋生的手段。有的入伍后,不安心服役,不愿离开国家到其他国家驻防,不愿打仗等。因此,美军从国防部到军、师各级均有专设的宣传机构,分队也都编有专职或兼职的宣教人员。军人道德教育的主要内容是军史、自我修养、品德和遵纪守法等。

军人道德具有强烈的阶级性。军队作为国家机器的主要组成部分,是统治阶级的工具。这就决定了军人道德必然反映一定阶级利益的要求,为一定阶级的经济和政治服务。例如,剥削阶级军队的军人道德,反映的是剥削阶级的经济和政治利益,因而,在剥削阶级军队中,绝对忠于国家及其法律,对内镇压被剥削阶级的反抗,对外参加侵略战争,为剥削阶级掠夺更多的财富和占领更多的殖民地等行为,都被看作是符合军人道德的行为。而无产阶级军队的军人道德,是从无产阶级的阶级利益中引申出来并在革命战争的实践中发展起来的。它反映了无产阶级对自己军队的道德要求,与资产阶级对军队道德的要求相比,具有崭新的内容和鲜明的特色。

我军是中国共产党缔造和领导的人民军队,是当今无产阶级军队的代表。在长期的革命征程中,党以马列主义、毛泽东思想教育全军,用共产主义道德哺育官兵,从而使军队在全心全意为人民服务的基础上形成了优良的道德文化,如忠于党,忠于人民,忠于祖国,忠于社会主义,把国家的尊严、人民的利益看得高于一切;热爱军队,恪尽职守,处处维护军队和集体的荣誉;服从命令,严守纪律,维护军队的坚强团结和集中统一;英勇顽强,宁死不屈,在任何情况下都保持革命气节等。在我军的历史上，涌现出了一大批堪称时代楷模并走在社会前列的先进典型：在硝烟弥漫的战场上，大渡河十八勇士、狼牙山五壮士、董存瑞、黄继光等坚决与敌人血战到底绝不屈服的英雄气概；在敌人的刑场上，方志敏、赵一曼等富贵不能淫、贫贱不能移、威武不能屈的坚贞气节；在人民危难之际，罗盛教、欧阳海、刘英俊、王杰等挺身而出、无私无畏的献身精神；在平凡的工作岗位上，张思德、雷锋、朱伯儒、李润虎、张子祥等不计得失、默默奉献的自觉意识。这些先进典型身上闪烁的我军优良道德传统的光华，构成了人民军队道德文化的主旋律。

为增强新时期我军道德建设的针对性和有效性，总政治部在继承我军优良道德传统，总结新形势下部队道德建设经验的基础上，于 2001 年 10 月 25 日制定并颁发了《军人道德规范》，作为全军官兵共同遵循的行为准则，主要内容包括听党指挥、爱国奉献、爱军习武、尊干爱兵、严守纪律、坚守气节、艰苦奋斗、文明礼貌八个方面，这使我国军事道德思想发展到了一个新的阶段。《军人道德规范》内容如下：(1)听党指挥。对党忠诚，信念坚定，自觉贯彻党的基本理论、基本路线和基本纲领，在思想上政治上同党中央保持一致。坚持党对军队绝对领导的原则，维护党中央、中央军委的领导权威，维护各级党组织在部队中的核心领导地位。接受党的教育，执行党的指示，出色完成党赋予的各项任务。(2)爱国奉献。热爱祖国，拥护支持改革，以振兴中华为己任，积极为社会主义现代化建设贡献力量。全心全意为人民服务，个人利益服从国家、民族的根本利益。树立强烈的民族自尊心、自信心和自豪感，忠实履行宪法赋予的神圣职责，誓死捍卫国家主权、安全和统一。(3)爱军习武。安心服役，献身国防，时刻准备打仗。勤奋学习，刻苦训练，掌握打赢高技术战争的本领。爱岗敬业，忠于职守，高标准做好本职工作。关心集体，勇于创新，当好部队建设主人翁。(4)尊干爱兵。坚持官兵一致的基本原则，军官维护士兵的人格和民主权利，自觉接受士兵的监督；士兵尊重军官的领导，服从军官的管理。保持健康纯洁的官兵关系，军官公道正派地处理涉及士兵切身利益的问题，士兵要依靠自身努力争取荣誉和进步。发展团结互助的官兵情谊，军官关心士兵疾苦，主动为士兵排忧解难，士兵体谅组织困难，积极协助军官做好工作。(5)严守纪律。遵守宪法法律和法规政策，执行条令条例和规章制度，服从上级命令和组织决议。注重自我约束，自觉养成令行禁止、雷厉风行的优良作风。保守军事秘密，坚决抵制非法组织在军队的活动，维护军队的高度集中统一和稳定。(6)坚守气节。发扬革命英雄主义精神，英勇顽强，敢打必胜，压倒一切敌人和困难。勇于坚持真理维护正义，珍惜国格、人格和军人荣誉，绝不背叛祖国和军队。自觉抵制金钱、权力和美色的诱惑，拒腐蚀，永不沾。(7)艰苦奋斗。勤俭朴素,在艰苦环境中经受磨炼,力戒铺张浪费、奢靡豪华。求真务实,脚踏实地努力工作,力戒争名逐利、虚假漂浮。开拓进取,发扬为现代化建设不懈奋斗的精神,力戒安于现状、无所作为。(8)文明礼貌。注重仪表风范,军容严整,礼节周到。端正工作态度,文明执勤,文明服务。追求健康生活方式,崇尚科学,反对迷信。模范实践社会公德、职业道德和家庭美德,助人为乐,见义勇为,尊老爱幼。维护军政军民团结,尊重地方政府,爱护人民群众。

军人核心价值观:精神的支柱

大家对抗美援朝战争可能都不陌生,那是一场敌人占据着绝对优势的战争,但战争的结局是美帝国主义被迫在板门店签订了其历史上第一个没有打赢的停战协定。那么,中国军人是怎么在极端恶劣的条件下用低劣装备打败装备精良的美帝国主义的?其中,精神的作用不可低估。正如一位曾经参加过朝鲜战争的美军军官说,当他们看到志愿军战士穿着草鞋甚至光着脚踏着一尺多厚的积雪冲锋的时候,美国大兵的战斗意志就垮了。这是一种无畏的、不怕牺牲的精神!这样的精神是靠什么来支撑的呢?是当代革命军人核心价值观!

价值观一般来说,是指人们关于价值的信念、倾向、主张和态度的总的观点、总的看法。它是由世界观、人生观所决定的,同时反过来影响世界观、人生观。有什么样的价值观,就有什么样的思维方式和行为取向。简单地说,我们认为某个事物"有没有用""有没有利""值不值得"等,都是价值观的反映。价值观人人都有,但它有正确与错误之分、高尚与庸俗之别。核心价值观,是价值体系中起主导作用的最根本、最重要、最稳定的部分。就个人而言,核心价值观是立身做人、建功立业的思想根基和精神动力。对于政党、国家、民族、军队来说,核心价值观就是精神旗帜,是最高的思想认同,是凝聚力和战斗力的不竭源泉。

中华民族历史悠久,有着深厚的军事文化底蕴,自古就形成了以"仁"为核心的武德观念,像我国古代倡导的忠、勇、仁、智、信、严等传统武德,实质上就是军人核心价值观的表现。中国人民解放军作为一支无产阶级性质的新型人民军队,从创建之初就确立了体现我军性质和宗旨的革命军人核心价值观。在军队不断发展壮大的过程中,形成了符合当时时代要求的核心价值观,并激励着一代代官兵为人民的安康、为国家的发展、为民族的复兴、为世界的和平而抛头颅、洒热血,写下了永垂不朽的历史篇章。

红军时期,我军作为一支由大大小小的武装起义汇集而成的军队,在大江南北、长城内外根据地的创建中各自发展,却能拥有强大的吸引力、凝聚力,团结得

"比铁还硬、比钢还强",带领广大工农红军"打土豪,分田地""打游击,反围剿"、爬雪山、过草地,兵临贵阳、威逼昆明、巧渡金沙、强渡大渡河、飞夺泸定桥、血战独树镇,粉碎了国民党几十万军队的围追堵截,谱写了长征这样豪壮的光辉篇章。正是靠着坚定的信念和顽强的意志,凭着对党的忠诚,在"爬过雪山就是胜利""走出草地就有希望"口号的鼓舞下,红军以惊人的毅力战胜了困难,赢得了长征的最终胜利。红军将士们在党的坚强领导下完成了一次远征,书写了一段历史,赢得了一个时代。

在转战陕北期间,我军是小米加步枪,敌人是飞机加大炮,我军却创造了以2万兵力抵御敌23万大军的战争奇迹,靠的就是人民的力量、党的智慧和无人能敌的战斗精神。抗日战争时期,面对强大的日本侵略者,我军不畏外敌,勇于战斗,谱写了光辉的历史。解放战争时期,面对国民党反动派,面对美帝国主义,我军"机智抗敌、横扫千军","打倒蒋介石、解放全中国",不断经受严峻考验,不断发展壮大,创造了惊天地、泣鬼神的伟大奇迹。

社会主义建设时期,为了保卫祖国,巩固人民民主专政,支援和参加社会主义建设,我军确立了"巩固国防,抵抗侵略,保卫人民的和平劳动","忠于党、忠于人民、忠于国家、忠于社会主义"等核心价值观。它指引着我军粉碎了帝国主义和霸权主义的多次侵略扩张,有力地打击了侵略者的嚣张气焰;同时也指引着我军战胜艰险,创造奇迹。当年我军某部进军西藏、解放西藏、驻守西藏,风雪高原20年,在当时物资供应极端匮乏、自然环境异常恶劣的艰苦条件下,全体官兵战严寒、抗缺氧、住帐篷、吃干菜,无论条件多么艰苦,气候多么恶劣,都始终矢志不渝地对革命事业充满必胜的信心;无论环境多么复杂,斗争多么残酷,都始终对党无比忠诚,一切听党指挥。正是靠这种坚定的理想信念,他们战胜了千难万险,创造出许多可歌可泣的业绩,创造了"老西藏精神",提出了"一不怕苦、二不怕死"的战斗口号。时任军长的张国华同志在听到官兵提出的战斗口号后,向党中央写了报告,毛泽东主席在报告上批示:我赞成这样的口号,叫做一不怕苦、二不怕死。

改革开放以来,我军确立的"四信""四爱""三讲",制定的"军人职业道德",形成的"抗洪精神""抗震救灾精神""载人航天精神"等,丰富了我军核心价值观的内容,引领我军加速推进现代化,展示了我军"威武之师、文明之师、胜利之师"的良好形象。这些富于时代特色的优良传统和精神追求,充分彰显了我军的基本价值取向,体现了军队建设内在规律和时代要求的统一,从而形成了我军独具特色的政治优势。正是这些宝贵的精神财富,支撑和引领着我军战胜各种艰难险阻,不断发展壮大,不断创造新的辉煌。

在新的历史条件下,我国正经历着深刻的历史变革。社会生活多样、多元、多变的特征日益凸显,各种思想文化观念相互交织、相互影响、相互激荡,革命军人应该具有什么样的核心价值观,怎样培育这种价值观,这是摆在我军面前的一个重大而现实的课题。胡锦涛同志提出的"忠诚于党、热爱人民、报效国家、献身使命、崇尚荣誉"这五个方面,传承了我国优秀灿烂的历史文明,吸取了我党我军创立以来各个时期形成的具有核心价值意义的优良传统和思想精华,体现了新世纪新阶段我军历史使命对当代革命军人思想道德和价值取向的新要求。党的十八大以后,中央军委主席习近平围绕持续培育当代革命军队核心价值观发表了一系列重要讲话。他指出,持续培育当代革命军人核心价值观是军队思想政治建设的基础工程、铸魂工程,必须长期抓,反复抓。围绕培育当代革命军人核心价值观,大力发展先进军事文化,大力弘扬我军优良传统,把"听党指挥,能打胜仗,作风优良"的强军目标落到实处。

其实,不光是中国军队有核心价值观,世界各国军队都有自己的核心价值观。美陆军将核心价值观概括为"忠诚、责任、尊敬、奉献、荣誉、正直、勇气"七条;美海军核心价值观为"荣誉、勇气、奉献",同时宣扬"海军是海洋的主人",是"海洋中的利刃";美空军宣扬"正直、进取、忠诚、坚毅、无畏和奉献精神"和"正直第一、服务至上、事事争优"的价值理念,把"诚实与正直第一、先公后私、工作优异"作为其核心价值观;美海军陆战队核心价值观的表述是"荣誉、勇气、责任"。西点军校则把"责任、荣誉、国家"作为学员价值观的核心内容。英军宣扬"效忠国家"的价值观念,其精神内涵是无条件承担义务、自我牺牲和相互信任。英军规定:无私的个人承诺是军事服务的基础。你必须随时随地地准备听从召唤,竭尽全力做到最好。这意味着你必须将军队和团队的使命置于你个人利益之上……你必须要有足够的勇气去完成你的任务,无论有多么危险和艰难。英军核心价值观的另一表述是"忠诚、自豪、坚定"。法军宣扬"纪律、忠诚、献身"的价值理念,核心价值观是"忠于法兰西,做不屈的高卢鸡",表述为"自由、平等、顽强、坚韧"。德军的核心价值观为"忠诚、服从、勇敢、奋发"。印军倡导"克制、自尊、守纪、集体精神",其核心价值观的表述是"荣誉、智慧、责任、灵魂、自尊、惠人"。俄军的价值理念是认真履行军人的天职,勇敢地捍卫俄罗斯的自由、独立和宪法制度,保卫人民和祖国。近年来,俄军提出为振兴俄罗斯担当使命,为此其核心价值观也表述为"荣誉、责任、形象、纪律、勇敢"。以色列军队的核心价值观是"忧国献身、勇敢顽强、知识智慧、共济互助"。

军人核心价值观是军人的精神支柱,一旦丧失了核心价值观,军队将解体,国家将灭亡,这一点可从苏联解体这个惨痛教训看得出来。在列宁的领导下,苏共坚持在军队各级建立党组织,并设立政治委员和政治工作的专门机构,从思想上、组织上确保党对军队的领导。斯大林坚持了列宁的建军原则,坚持党领导军队的一系列制度。但斯大林逝世后,"全民党""全民国家""全民军队"的思潮开始泛滥,特别是戈尔巴乔夫上台后,不仅没有采取有效应对措施,反而听之任之,甚至加以附和,并以"政治改革"为名,在思想上取消马克思主义指导地位,在组织上放弃党对军队的领导权,废除了党领导军队的一系列制度。1991年"八一九"事件后,苏联迅速衰落并开始解体,无产阶级革命军队也走向了终结。原因之一就是第二次世界大战后,西方一些国家开始对苏联及东欧国家实施"和平演变"战略,特别是20世纪80年代加紧"和平演变"攻势,用军队"非党化"等错误观点,瓦解了苏联军人的核心价值观。

军事人道主义:战场救死扶伤

战争是充满着血腥与暴力的,但战争也不是没有人情味的,战争双方在竭力消灭敌人、保存自己的时候,也尽量会避免对无辜平民的伤害,对物质财产的破坏,这就是军事人道主义。

人道主义作为一种思想,发源于欧洲文艺复兴时期。当时先进的思想家为了摆脱经院哲学和教会思想的束缚,提倡关心人、尊重人、以人为中心的世界观,作为反对封建、宗教统治的武器。从那时开始,维多利亚、格劳秀斯、卢梭等一批思想家对军事人道原则有了细致而系统的理论阐述,提出了军事行动中的区分原则和比例原则。格劳秀斯在《战争与和平法》中依据人道、宗教和政策的理由,强调军事行动要"节制",并且就此作了详细的说明,如杀害敌人应为保护自己的必要;除了不法行为外,人质不得被处死;军事必要外的财产不应损坏等。卢梭也明确指出,战争的目的既是摧毁敌国,人们就有权杀死对方的保卫者,只要他们手里有武器;可是一旦他们放下武器投降,不再是敌人或者敌人的工具时,他们就又成为单纯的个人,而别人对他们也就不再有生杀之权。

18世纪法国资产阶级革命时期,人道主义思想广泛地反映在哲学、政治、文学和艺术等方面,并具体化为"自由""平等""博爱"的口号,在反封建和资产阶级革命中起过积极的作用。资产阶级政权建立后,人道主义逐渐成为掩饰资本主义社会矛盾、维护资本主义社会秩序、反对无产阶级革命、调和阶级斗争、欺骗广大劳动人民的思想武器。无产阶级实行革命的人道主义,例如救死扶伤、宽待俘虏等,与资产阶级人道主义有着本质区别。

在中国,虽然人道主义一词出现较晚,但由于中国富有深厚的人文主义传统,人道主义在军事斗争中早有萌发。汤伐夏桀即有以人道情怀激励士兵的誓词,武王讨伐商纣时也有以人道关怀为宗旨的鼓舞士气的言论,至于老子、孔子和孟子等思想家,更是对人道主义有较详尽的论述。如老子的军事人道主义是希望避开战争,减少伤亡,置身于战争之外是其思考的出发点。但战争毕竟是人类社会生活的组成部分,置身其中的思考可能是真正有效的思考。对此,孙武的"不得已则斗"的论述,的确是深入考察战争规律的智慧,亦是充满战略眼光的军事谋略。孙子讲道:"视卒如婴儿,故可与之赴深溪;视卒如爱子,故可与之俱死。"这种思想影响到后来的军事家孙膑,他直接指出:"天地之间,莫贵于人。"由此可见,"人为贵"始终是中国古代军事人道主义瞩目的焦点,这是"以仁取胜"观念在军事斗争中的更深层反映。

在其他文明中,早期也有类似的人道主义文化,如中世纪基督教教义就提出有意杀死"无辜者"决不是合法的。古印度《摩奴法典》中也有许多类似的规定,如不要杀死已下车的人(如果自己还停留在战车之上)、双手合十(哀求饶命)的人、坐着的人、赤身裸体的人、手无寸铁的人、未参战(只是观战)的人;不要杀死折断武器的人、染上疾病的人、身负重伤的人、惊恐害怕的人、狼狈逃窜的人;在对敌作战时,不要使用奸诈的武器、带菌的箭、毒箭和烧红了头的箭去杀死敌人。当然,早期这些思想或规范大多比较零散和模糊,相互间缺乏内在联系,只是要求在军事打击目标中要有所区分,并对打击手段有一定的限制要求。

由于军事行动无法避免斯杀和破坏,纯粹的人道主义精神在此就无法适用,除非战争消亡,这使得军事人道主义有着自身突出的特性。军事活动中的人道主义精神是承认和充分考虑"军事必要"的一种人道主义。在军事行动中,军队除了面对敌我关系的问题,也要面对非军事目标问题,如对待非交战者和受难者等问题。由此军事人道主义提出,对不同对象在军事打击中要区别对待,甚至对军事打击目标本身也要有一些手段限制,如限制使用核武器、生化武器,不伤害非战斗人员,等等,这都是军事人道主义的要求。

第二次世界大战中,德、意、日法西斯集团毫无人道地杀害战俘、平民,尤其是日本对华侵略战争是最不人道的战争。侵华日军是一支极为残暴、极为野蛮的杀人部队,对中国人民实施了大规模的野蛮暴行,犯下了极其严重的反人道主义罪行。为制止战争中的随意杀戮,第二次世界大战后,针对军事行动中已有的大量公认的伦理规范和习惯,国际社会制定了一系列体现军事人道主义的具体规范要求,大致分为重在针对战争手段与方法限制的海牙体系和重在针对战争受难者与平民保护的日内瓦体系,两者的目的都在于减轻战争的痛苦和灾难,体现人道精神。1974~1977 年,由瑞士政府出面,在日内瓦召开了有 100 多个国家参加的"重申和发展适用于武装冲突的人道主义法律"外交大会。大会一致通过了 1949 年日内瓦公约两项附加议定书。这两个附加议定书直接将对作战手段与方法的限制和对战争受难者与平民居民的保护充分结合起来，融为一体，成为海牙体系和日内瓦体系实现统一的重要标志。此后国际社会把这一武装冲突法规体系正式命名为国际人道主义法。《第一附加议定书》第 1 部分的"总则"第 1 条第（2）款明文规定，"在本议定书或其他国际协定所未包括的情形下，平民和战斗员仍受来源于既定习惯、人道原则和公众良心要求的国际法原则的保护和支配"；《第二附加议定书》序文说明："在现行法律所未包括的情形下，人仍受人道原则和公众良心要求的保护"。

具体说来，国际军事活动中人道原则体现在以下几个方面：

军事活动中要保护平民和民用物体。任何陆战、海战和空战的任何攻击及防御中的对敌人的暴力行为，均应对武装冲突各方之平民，不分种族、国籍、宗教信仰、政治立场，给予免受军事行动所产生的危险的保护。其中，禁止以平民居民和平民个人为攻击对象；禁止在平民居民中散布以恐怖为目的的暴力行为或暴力威胁；禁止将饥饿作为取得战争胜利目的的手段和方法，不应强制或指示平民个人移动以掩护军事目标不受攻击或掩护军事行动。不得攻击平民居民生存必需的如粮食、饮水设备与供应和农田灌溉工程等，保护含有危险力量的如水坝、核能电厂等工程和装置。在计划和实施攻击时，必须以一切手段查明并保证攻击的对象是军事目标，并且选择预定对平民生命和民用物体受损害最小的目标。尊重和保护如疏散、救火、救助、医疗服务等民防活动及其组织机构，保护救死扶伤的医院等非军事化安全地带。要保护在武装冲突或被占领的情况下，于一定时期内落入冲突一方或占领者手中，但又不属于该冲突方或占领国的国民、敌军的侨民的在冲突一方权力下的平民，并应允其离境。对被占领地平民不得强制遣送他国或强迫其为占领国自己服务。对被拘禁者应免费维持其生活并予以健康状况所需的医药照顾。对妇女和儿童应予尊重和保护，对新闻记者应视为平民，享受平民保护。

保护伤者、病者和遇难者。对由于创伤、疾病或其他肉体上或精神上失调或失去能力需要医疗救助或照顾，由于遭受不幸或所乘船舶或飞机遭受不幸而在海上或其他水域内遇险，并且不从事任何敌对行为的军人或平民要给予保护。对伤者即使其本人同意，对他们也不得残伤肢体，不得进行医疗或科学实验，不得进行不符合其健康的移植取其器官或献血。对为医务目的的医疗队或医疗人员，不论其是否是军人或平民，均应给予尊重和保护而不应成为攻击对象，为有效保护应于战前相互通知（但不通知并不免除任何一方不得攻击医疗队的义务）。冲突各方每次交战之后,应立即采取一切可能的措施,搜寻与收集伤者、遇难者及敌方报称的失踪人员,保护他们不受掠夺与虐待,确保他们受到适当的照顾。情况允许时,冲突各方将死者分别埋葬或焚化之前应检查尸体确定死亡,证明身份,做成报告;死者应得到荣誉的安葬,其坟墓应受到尊重,并加以标记。战事结束或情况允许时,冲突各方应互相交换登记册。

保护战俘。冲突一方武装部队的战斗员在武装冲突期间被敌对方俘获享有战俘待遇和保护,如战俘与其俘获者在人格上是平等的(这与古代或中世纪时的战俘沦为奴隶是有区别的);对战俘的讯问不得以酷刑或其他胁迫方式以索求除姓名、等级、出生日期及部队番号外的任何资料(即使是可供资料也不得强迫)。战俘的作战行为不构成对敌国的犯罪(因为他不是个人身份而是国家士兵职责之要求的行为),对其拘禁并不是把他作为罪犯惩罚而是为防止其再度参战,他退出战事就应受到普通人所享有的人道待遇,如居住安全、健康和有卫生保证的陆地场所,住宿条件与拘留国部队居住条件同样优良。对士官战俘可令其从事监督工作,但却不得强迫军官工作。拘留国有权对任何犯下违反其法律制度的战俘施以刑事的和纪律的措施处罚,但战俘享有司法保障,受审时享有辩护权、上诉权。任何死刑犯只能在判决6个月后才可执行。

保护文化财产。属于任何人民的文化财产遭受损失都是全人类文化财产的损失。因此,早在1899年和1907年两次海牙会议通过的《陆战法规和惯例公约》附件中就规定:武装冲突中应采取一切措施,改善可能保全专用于宗教、艺术、科学和慈善事业的建筑物和历史纪念物。1954年《关于发生武装冲突时保护文化财产的公约》中更是对此做了全面规定:要求军事行动中对各国人民具有重大意义的动产或不动产或建筑、图书、档案等重要珍藏及其相应的宝藏应予尊重和保护并做好相应的特殊标记,使其免受武装冲突时可以预见的后果,更不得对其实施任何报复行为。而在无可避免的军事需要的特别情况下则只能由相当于师或更大单位的指挥官决定对保护此文化财产的豁免与否。专门从事文化财产迁移的也要依条件在特别保护之下进行,缔约各方不得针对在特别保护下的运输作任何敌对行为。

保护非国际性武装冲突受难者。对于一切未直接参加或已停止参加敌对行动的人,不论其自由是否受限制,均有权享受对其人身、荣誉以及信念和宗教仪式的尊重。在任何情况下,他们都有权受到不加任何区别的人的待遇。对于上述人员禁止下令杀无赦,不论何时何地也不得对他们在生命、健康或精神上施以暴行,作为人质、恐怖主义行为或集体惩罚,不得对其有人身尊严的侵犯,特别是侮辱性与降低身份的待遇、强奸、强迫卖淫等任何形式的非礼侵犯;不得进行各种形式的奴隶制度和奴隶贩卖、抢劫等任何形式的威胁。对儿童则要保证他们的教育、安全和家庭重聚。对自由受限制的人应照当地平民居民同样标准供应食物和饮水，并提供健康卫生方面的保障和免受严寒酷热、武装冲突的危害的保护，允许其接受个人或集体救济、收发信件、奉行其宗教等。对犯有罪行的人，除遵照具备独立和公正的主要保证的法院定罪宣告外，不应判刑和处罚。对平民居民则享受免于军事行动产生危险的一种保护，不得强迫其迁移或离开本国领土，如必须迁移则要保证其在满意的住宿、卫生、健康、安全、营养的条件下被收留。所有的伤者、病者和遇难者，不论其曾经参加武装冲突与否，均应受到尊重、保护和人道待遇，尽可能和尽快速使其得到所需的充分照顾和医疗，同时保护相应的医疗队和医务运输工具。

军事人道主义除了对以上目标有一系列的要求外，对军事行动的作战手段（即用于作战的武器）和作战方法（即如何使用武器）也有一系列人道要求。最早在此方面的规定文件是 1868 年的《圣彼得堡宣言》。1899 年和 1907 年的两次海牙会议签订了一系列条约。第二次世界大战后，主要是 20 世纪 70 年代以来，国际社会又签署了《生物武器公约》《环境技术公约》《特定常规武器公约》和《化学武器公约》等。1977 年日内瓦公约《第一附加议定书》中，对武装冲突的作战方法和手段提出三项基本原则：（1）在任何武装冲突中，冲突各方选择作战方法和手段的权利，不是无限的；（2）禁止使用属于过分伤害和不必要痛苦的性质的武器、投射体和物质及作战方法；（3）禁止使用旨在或可能对自然环境引起广泛、长期而严重损害的作战方法和手段。这三条贯穿于一切规范作战手段和方法的法规之中，关于作战手段和方法的全部法规规范，都是这三项原则的体现和具体化。如禁止不分青红皂白的攻击和背信弃义的行为（但并不禁止战争诈术的使用），禁止使用生物、化学武器和改变环境的技术。因为有些是用活的微生物感染人、动物、植物并致其患病或死亡，这是不区分战斗员与平民、祸及子孙后代且不能控制的盲目性武器。日本在 1937 年至 1945 年的侵华战争中，使用化学武器 2000 多次，遍及中国 19 个省区，造成 20 多万中国军民伤亡。日军遗弃在中国的大量化学武器，至今还在继续危害着中国的生态环境和人民的生命安全。禁止或限制使用某些特定常规武器，是因为它超出了军事需要，无疑地加剧失去战斗力的人的痛苦或使其死亡不可避免地极度残酷，从而有违人道主义精神。（如《关于无法检测的碎片的议定书》规定：禁止使用以碎片伤人而其碎片在人体内无法用 X 射线检测的任何武器。）禁止使用核武器，因为它是一种不分青红皂白的攻击武器，它爆炸后会彻底摧毁所及范围内的一切生命财产，对民用物体与军事目标无法区分，且爆炸时释放出的核辐射污染比化学武器更严重，第二次世界大战末期美国投在日本广岛、长崎的原子弹的危害就是例证。

中华传统武德：战争仁义的典范

古老而文明的中国始终是一个崇尚道德的国家，这决定了中国的军事文化不可避免地放射着灿烂的武德光华。中国古老而文明的武德文化，重视以"仁"为本，可谓仁义的典范。

中华传统武德从产生之日起就以"仁"为本。远古春秋时期，炎黄氏族在原始兼并战争中走向联合，不仅为华夏民族的崛起奠定了根基，而且也绽开了中华武德文化的初蕾。尚武、勇敢、服从、兼容等品格，由于能给氏族带来利益，便逐渐成为人们所认同的美德。夏启逐益，商汤放桀，武王伐纣，既是武力之胜，又是武德之功。于是，军人价值意识由觉醒到强化，武德实践由不自觉到自觉，武德规范和范畴不断丰富，以"顺天保民"为核心的仁战、义战观念开始形成，"有德不可敌"已被确认为一条不变的战争规律。春秋时期，仅史料可稽的战争就有 483 次之多。这给武德文化的发展开辟了广阔天地。一大批军事家、思想家开始系统地总结和阐述武德的实践经验、武德的价值意义、武德的内容及武德人格的完善等，从理性的层面上解释和回答各种武德现象及武德冲突问题。管子重"尊主安国""兵士死节""举之必义"；老子主张"不以兵强天下"，尚"不争"之德，重"哀兵"之道；孔子主张"足兵""教战""慎战"，尚"仁战"。孙子则集武德之大成，建立了以仁本主义为特征的军事伦理思想体系。他从最基本的伦理关系即军队与国家、军队与人民的关系入手，提出并系统地阐述了以"安国保民"为核心的军人价值理论，以"智、信、仁、勇、严"五德为纲的将帅修养理论，以及军事人道主义思想和武德实践等一系列军事伦理问题。在这所有的武德文化中都以"仁"字当先。

战国时期共发生战争 230 次。战争次数虽略少于春秋，但战争的规模却越来越大，并深刻地影响着当时及后来的政治生活、精神生活和经济生活。军事与道德的关系问题成了这个时期"百家争鸣"的文化热点之一。这个时期的主要代表人物有吴起、孙膑、墨子、商鞅、孟子、荀子等，另有《尉缭子》《司马法》《六韬》等几部重要兵书，其中的观点也影响久远。在战争观方面，他们继承和发扬了先秦时期的军事"仁本"思想，主张兴"仁义"之战，养"仁义"之兵。但不同的是，兵家、法家立足于"战胜""攻取"讲道德，可以说是一种主战型的"仁战""义战"观；儒家、墨家立足于"民本""人道"论战争，是属于止战型的"仁战""义战"观。

西汉董仲舒的"罢黜百家、独尊儒术"被采纳后，儒家文化成为了"正统"。在"正统"思想学说的影响下，兵家伦理与儒家伦理的融合大大加快了，给武德文化的统一和发展创造了契机,儒家的仁、义、礼、智、信对军事产生了重要影响,以"仁"为核心的武德文化地位进一步加强。其后,在唐、宋、元、明、清历朝历代的武德文化中,"仁"都占据着重要地位。

从中华武德文化发展历程可以看出,中华传统武德始终是围绕着一个核心——武德之"仁"发生、发展的。春秋前期之所以把"礼"放在中心地位,是由于受那个时期战争的规模、武器的性能等历史条件的限制,使"礼"与"仁"在功利的层面上能够达到较完美的统一。随着生产力的发展,武器性能和战争形态的变化,"仁"与"礼"的冲突加剧,最终"礼"的中心地位让位于"仁"。这说明,"礼"只是实现"仁"的一种形式或手段,一旦它不能满足"仁"的需要时,就会被军事家所抛弃。军事之"仁"的基本内涵和功能主要表现在两个方面:处理对外关系与对内关系。外部关系主要是本军与敌军、本军与敌国、本军与邻国的关系,它主要是通过军事斗争的手段来解决的,所遵循的主导原则是"义战"(即仁义之战)。"义战"原则主要包含有爱国爱族、除暴安良、以战止战、杀人安人、上兵伐谋、兵不血刃、反对侵略、不战而屈人之兵、优俘安降、先德后武、和睦邻邦等。内部关系主要是军民关系、官兵关系、上下左右关系等,它主要是通过道德的手段来维系的,所遵循的主导原则是"人和"。"人和"原则主要包含有和国、和军、和阵、和战、爱民、爱卒、任而下士、上下同欲、顺命为上、三军一人、赏信罚必、上信下诚、师出以律、正心术、宽度量、尚谦德、明恩威等。中华武德文化发展的全部历史,可以说都没有脱离武德之"仁"这个核心,而"义"与"和",则是"仁"的原则在军事领域的直接体现。

近代,中国革命的先行者孙中山先生也非常重视武德中的"仁"字。他提出军人应具有智、仁、勇三德。孙中山用古语"博爱之谓仁"来释仁。进而再解博爱:"博爱云者,为公爱而非私爱。"公爱是普遍之爱:"天下有饥者,由己饥之;天下有溺者,由己溺之。"私爱即父母妻子之爱。仁则有"救世之仁""救人之仁""救国之仁"。救国之仁者专为国家出死力,牺牲生命,在所不惜。军人之仁即属于这一类。军人之仁,"目的在于救国"。救国是军人职责,自古所有军人"无不日为国尽力"。但革命军人之仁与封建专制时代的军人之仁有本质区别,后者只忠于一人一姓,为君主出死力,非为人民而牺牲也。若在共和制,则国家属于全体人民,而牺牲者,即同时为国家尽力也。在中国革命时代,军人之仁必须通过为三民主义奋斗来实现。三民主义为军人精神所由表现,亦即为军人之仁所由表现。军人者,以救国救民为目的,有救国救民之责任,国与民弱且贫矣,不思有以救之,不可也;救之而不得其道,仍不可也。道何在?即实行三民主义,以成救国救民之仁而已。所以"行仁之方法,则在实行三民主义"。

孙中山对战争的态度也是以"仁"字为核心的。他认为,战争有两类,一类是弱肉强食、祸害人类的侵略战争,它是人类"恶性"的表现;一类是"为人道作干城,为进化除障碍"的人类进步战争。在"二次革命"期间,孙中山与黄兴发生了原则分歧。孙中山主张"非用武力解放不可",而黄兴则主张退让。在这种历史背景下,孙中山提出了他的"以战止战"的战争观。他在为周应时所著的《战略学入门》作序时指出,"战争之祸,于今尤烈",中国面临"亡国灭种之虞"。所以,"欲为人道作干城,为进化除障碍,有不得不以战止战者也"。

日本武士道:变态的武德

说起武士道,人们头脑中总会呈现日本军国主义者挥舞着军刀残忍地杀戮中国无辜老百姓的场面,还有令人作呕的切腹自杀的场景等。总之,日本武士道精神在大部分人眼里都是一种罪恶的象征。

武士道,即武士之道,武士恪守的道德和行为准则。武士作为一个阶层,随着封建势力的兴起出现在公元9世纪。12世纪末,当时日本最有实力的武士源赖朝(1147~1188)建立了日本第一个幕府政体——镰仓幕府,形成了"将军—大名(藩主)—家臣"的上下主从关系。从镰仓幕府到江户幕府,专事征战杀伐的武士阶级成为统治阶级,对日本统治长达近700年。其"武家习气""弓矢之道"等日本传统的尚武文化,与儒学的忠孝名分观念和佛禅的听命、"死生一如"思想相融合,逐渐形成独特的武士文化——武士道。在那个年代,武士已成为一个阶层,到处可见腰别长刀、头挽发髻的武士浪人。

武士道提倡恪守忠君、武勇、名誉、诚信、仁义、克己、节俭、廉耻等信条,而忠君、武勇和名誉是武士道的精髓。

忠君,即效忠主君,视侍奉、忠诚于主人胜过自身生命。儒家的孝忠思想被吸收到武士道中,突出为一个"忠"字。在"忠"与"孝"发生冲突时,武士道会毫不犹豫地选择"忠"。平安时代末期的武将平重盛在其父亲出现叛逆行为后,在"欲忠则不孝,欲孝则不忠"的矛盾抉择中,毅然选择了效忠主君。武士道的"效忠"思想不仅体现在武将身上,而且也深深地植根于封建专制下平民百姓的心中。平安朝代前期的著名学者、政治家菅原道真因受诬陷而遭灭族之灾,其幼子也逃脱不了斩首的厄运。这时,一对夫妇主动献出长相极似菅原道真幼子的亲生儿子,去顶替主君的幼子,他们为儿子能替有恩的主君效忠感到高兴,而这个孩子也是心甘情愿地去替死的。这类事例在日本的幕府时代不胜枚举。明治维新后,忠君思想突出表现为效忠天皇和为皇国效劳。日本军国主义者经常以"武士道"精神"征战光荣"的思想和忠勇义烈的事迹,对军队进行奴化教育,使其充当侵略战争的炮灰。

武勇,即崇尚武艺,敢作敢当,坚忍不拔,置生死于度外。"尚武"是日本的传统思想文化。日本兵学著作《斗战经》认为,"气"是开天辟地的动力,是万物生成的根源。"气"即"武","武"在天地之初就已存在,"武"创造了日本国。《斗战经》极力宣扬"武"的重要性,主张武为第一,文为第二,先武后文,提倡以"尚武"为"治国平天下之法",体现了日本"重武尚武"的传统思想文化。武士道的创始人山鹿素行说过,大八洲的生成,出自天琼矛,形状和琼相似。用天琼矛开创天地,就是尊重武德,表扬雄义的缘故。由此可以看出,武士道的尚武精神生长于日本的传统思想土壤。武士道推崇武勇。大久保忠敬大力赞美武勇,痛斥战场上的怯懦。他说武士道就是"对死的觉悟",胆怯是武士的最大耻辱。17世纪,大道寺友山在《武道初心集》中指出,对于武士来说,最为要紧的思想,即从元旦清晨起到除夕的最后一刻,日日夜夜都必须考虑到的,就是死的观念。江户时期的武士修养书《叶隐》所告诫的武士道精神,是果断地死、毫不留恋地死、毫不犹豫地死。一般人对生命执着,武士道则持否定的态度,认为只有死是真诚的,其他的功名利禄都是梦幻。当一个人舍弃名利,以"死身"来义勇奉公时,就可以看到这世间的真实。武士标榜的是精神上的优越,就是心理上先能战胜自己,才能战胜别人。先能"不要自己的命",才能"要他人的命"。这是日本武士强人一等的道德律。"不要命"与"要人命"是息息相关的,《叶隐》的教训是非常残酷的武士论语。在武士道中,勇气是寓于人的灵魂的姿态,表现为平静,即内心的沉着。平静是处于静止状态的勇气,敢作敢为的行为是勇气的动态表现。真正勇敢的人,经常是沉着的,没有任何事物能扰乱其精神的平静,面对危险或死亡的威胁不失沉着。这样的人,才是达到武士道中"勇"的境界的人。武勇精神需要通过对武士进行身体、意志、技能等方面的训练,使人意志坚强、冷酷残忍、一心一意、机敏练达,不受外界物欲的困扰。武士的这种精神境界,一度成为日本国民向往的理想人生模式。而这种人生追求在缺乏道义规范的情况下,极易形成施暴冲动和铤而走险的赌徒心理。这在日本历史上进行的多次对外侵略战争中都有充分的体现。

武士道崇尚"名誉",重名誉胜于生命。名誉包含着人格的尊严和对价值的明确认识。在日本人看来,名誉与声望的价值远在生命的价值之上。只要认为名誉比生命更重要,就会极其平静而迅速地选择舍弃生命。许多日本士兵宁愿选择自杀,也不愿成为俘虏,就是为了保全自己的名誉。在1943年5月的阿图岛战役中,2600多名日军全部战死,在发起最后一次突击之前,伤病员全体自杀。这一事件成为"玉碎"的典范,受到日本法西斯军人的推崇。当日本在太平洋上占领的孤岛一个个失守时，许多日本军人死不投降，战至最后而自杀。南云忠一、栗林忠道、牛岛满等守军将领都选择了切腹自杀。军国主义者还逼迫老百姓自杀，塞班岛战役中就有数千平民被迫跳崖自杀。当战败后的日本军官到美国军舰上"谢罪"时，就有一些人当场切腹自杀。这种"荣誉"的刺激，还导致日本人产生这样的逻辑：如果受到侮辱，那么愤而复仇就是一种道德。他们认为人的双重性格不是"天理"与"人欲"、"善"与"恶"的对立，而是由"柔顺"与"刚猛"两个同属善的范畴构成，前者用于处理与上级、集团内部、敬畏的强者之间的关系，后者用于对手。在这种理念驱使下，许多日本人在集团内部与和平时代，是顺从忠孝的良民，而在战时就会成为杀人不眨眼的刽子手。也就是在这种所谓的"名誉"的刺激下，疯狂的军国主义分子在侵略中国时对中国人民犯下了杀人比赛等惨无人道的罪行。

在日本武士道精神中，"切腹"这种行为不能不提，日本武士认为这是光荣赴义，尤其是武士道精神与军国主义结合后，切腹自杀成为军国武士道的象征，构成独特的武士道文化形式。

日本信奉武士道的人认为，"切腹"是武勇、忠诚、克己、名誉等武士道精神发挥到极点的结果，是既能表白自己勇敢而忠诚，又能保全名誉的体面的自绝方式，是极度克己的一种境界。武勇表现为残忍，残忍扭曲为虐杀，虐杀又表现为仇讨和自虐。仇讨就是疯狂地报复和杀戮他人，自虐又归结到切腹自杀。他们认为，能够从自杀中体会到精神上的快感。例如，"十字切腹法"的创始人佐藤忠信，从割开的肚子中掏出肠子抛向敌人；受命于丰臣秀吉而切腹自杀的千利休，则是坐在茶室的地板上耳闻煮茶的声音，在肚子上横割一刀后，把涌出的肠子挂在吊茶壶的吊钩上静静地欣赏。这显然是自虐狂的表现，在"血的世界"中体会自己的死，在目睹死的自虐中寻求精神上的"满足"。

武士道的切腹还有许多花样。日本武士道精神认为，死的方法越"壮烈"，魂魄便能升华至更高尚的阶层。著名的切腹方法有"十字切腹法"。之所以选择这种残忍的切腹自杀方式，与日本人对"腹"的认识有关。在许多日本人看来，"腹"代表一个人的心灵、思想、情感、勇气和意志，是人的灵魂所在。剖腹示人，一方面是为了展示自己的坦荡和气魄，以示对主君的忠诚和胆量，维护自身的名誉；另一方面是为了在肉体死亡之前释放自己的精神和灵魂，使生灵永驻。日本武士采用切腹自杀的另一个原因，是为了留下自杀的确凿证据。因为在激烈的战斗中，如果采取自刎或其他自杀方式，易被误认为是他杀。

日本武士道与日本军国主义的结合使武士道彻底变异。明治维新后，日本结束了长达近700年的武士掌权的幕府时代，进入君主立宪的资本主义社会。武士阶层虽不复存在,但武士道作为一种文化却在法西斯主义的军队中找到安身立命之所,并且发生畸变,被引上了军国主义的邪道。日本为了推行侵略扩张政策,注重用武士道去禁锢和统一国民的思想。日本大力推行"国体教育",向国民全面灌输"皇国论""忠君爱国""效忠天皇"的观念。1878 年颁布的《军人训诫》将踏实、勇敢、服从作为军人的主要德行标准。1882 年,明治天皇向陆海军颁授了《军人敕谕》,强调从神武天皇以来的日本军队"世世代代由天皇统率","朕为汝等军人之大元帅,故朕赖汝等为股肱,汝等仰朕为首脑",确立了天皇对日本军队的统治权。《军人敕谕》还为军人规定了以尽忠节、正礼仪、尚勇武、重信义、行俭朴为主旨的道德标准。1890年,日本又颁布了《教育敕语》,建立起军国主义教育体制,通过家庭、学校、社会全面推行军国主义教育。其核心是灌输"效忠天皇"思想,把天皇称为"万世一系"的神,树立天皇神圣不可侵犯的绝对精神权威,迫使国民绝对服从天皇。而天皇又被奉为"陆海军大元帅",军队也成了"皇军"。显然,武士道已经完全被用于推行军国主义扩张政策。

为了达到侵略扩张的目的, 日本军部一贯重视用武士道精神激励士气,提高军队的战斗力。日本军部开足宣传工具的马力,打着"拯救日本"的幌子,向军队灌输"圣战""皇国论""大和魂""为天皇尽忠"等思想。日本送子送郎参军所打的标语和呼喊的口号不是盼亲人归来,而是为天皇"祈战死"。为天皇赴死,成为士兵的最高荣誉。在他们的眼里,最忠勇的士兵,是为帝国、为天皇"欣然赴死"的士兵。裕仁天皇从小就接受武士道的熏陶,他的老师乃木希典就是一个武士道的忠实卫士和践行者。这位日本陆军将领双手沾满了中国人民的鲜血。在1894 年的中日甲午战争中,乃木希典是日军的一个旅团长,侵入辽东半岛,屠杀中国人民。1895 年,他又率领日本侵略军侵占了中国的台湾岛。在 1905 年的日俄战争中,他担任日本陆军第三军司令官,在中国东北与沙俄军队作战,大开杀戒。日本近代文化的缔造者福泽谕吉,晚年也成了狂热的军国主义者,主张侵略朝鲜,进攻中国。他说,自己去压迫他人,是人生最大的愉快。在日本侵略军身上,武士道被扭曲为杀戮之道。当他们在亚洲大地上杀戮异族生灵时,武士道颂扬的仁慈、义理、诚信等武士道德荡然无存。武士道的"勇",也只意味着"勇敢地杀人"。于是日本军人变成了"杀人魔王""纵火魔王",有时,甚至为了睡个安稳觉,把整个村子的村民全部屠杀了。武士道中对于弱者、败者应产生恻隐之心的"仁"的德行,也被扭曲成杀人不见血的麻木和残忍,这使崇尚礼仪、诚信的日本人变成虐杀狂。在法西斯化的武士道精神的灌输下,从"文化泰斗"到士兵,都丧失了正常人的思维,被推向了疯狂的法西斯主义道路。武士道与军国主义结合后,变成了日本侵略扩张的精神支柱。此时,日本武士道精神已彻底变异。日本军国主义把武士道作为战争工具推向历史舞台，并把在战争中能否嗜杀成性、穷兵黩武作为国民是否忠君爱国的道德准则来评判，其战争手段的凶狠，受害国人民的惨烈，就不言而喻了。

慰安妇制度：颠覆性道德

道德约束下的性，是人类的一种内在需求，但第二次世界大战期间日本侵略军的慰安妇制度却是性道德沦丧的表现。

所谓"慰安妇"就是按日本政府及其军队之命令，被迫为日本军队提供性服务、充当性奴隶的妇女。她们是日军专属的性奴隶。在第二次世界大战期间，全世界至少有 40 万妇女被日军强征为慰安妇，受害者涉及中国（包括香港、台湾地区）、朝鲜半岛、东南亚一些国家、日本等国的女性和少量在亚洲的白人妇女。中国至少有 20 万以上的妇女先后沦为"慰安妇"，朝鲜半岛的受害者不下 14~16 万人。二战期间，慰安妇遭受了旷古未闻的苦难。

1931 年，日本海军在其最大的海外基地——上海开始推行军队性服务，设立 4 个海军指定慰安所。世界上第一个慰安所"大一沙龙"，设在东宝兴路 125 弄。1932 年"一·二八"事变爆发后，上海派遣军副参谋长冈村宁次电请长崎县知事，迅速征召妓女，组织"慰安妇团"，到上海日军占领区建立"慰安所"。于是日军在吴淞、宝山、庙行和真如等陆军作战区域建立慰安所。5 月停战后，慰安所也集中到了虹口。根据调查，上海现已发现的日军慰安所达 149 所。

1937 年全面抗战爆发后，日军有计划地掳掠中国、朝鲜等国的良家妇女充当慰安妇，并按一定比例配备给部队，广泛地设立慰安所。慰安所是日军的影子，涉及中国（今日）的黑龙江、吉林、辽宁、内蒙古、山西、北京、河北、河南、山东、江苏、安徽、江西、湖北、湖南、上海、浙江、福建、广东、广西、云南、贵州、海南和台湾等地。

东北地区，从大连到"伪满"苏边境，遍及海城、辽阳、长春、延边、四平、哈尔滨、牡丹江、佳木斯、海拉尔、阿尔山、虎头、富锦、东宁、温春、东亭、龙镇、石头、兰岗、密山、鸡西等地。根据日军见习士官渡边健一自供，说他 1945 年到中苏边境阿尔山伊尔施时吃了一惊，没想到"在这样荒僻的地方"也"设有慰安所，有朝鲜人和满洲人"。

日军强迫中国妇女充当"慰安妇"，其用意不仅在于为日军士兵提供性服务，更是为了摧毁中国人的抵抗意志。日本军方认为，用中国女人做慰安妇，会抚慰那些因战败而产生沮丧情绪的士兵；他们在战场上被中国军队打败的心理，在中国慰安妇的身上得到最有效的校正。这种心理作用，唯有中国慰安妇能让他们的士兵产生。正是在这一思想的指导下,慰安妇制度在中国被普遍推行起来。太平洋战争爆发后,慰安妇制度又推广到东南亚各地。这种违反人道的侵略行为,在本质上是践踏了人类最基本的价值和尊严的反人类的罪行。为了满足日本军人特殊的性需要,人数最高达几十万的慰安妇被驱赶到日军作战的各个战场,成为完全丧失人格尊严、任人蹂躏的性奴隶。

慰安妇制度折射出了日本军国主义彻底沦丧的性道德。这一状况的产生是与日本长期以来的性文化紧密相联的。日本长期盛行家长制和长子继承制,是典型的男权主义社会。男性特别是长子,无论在家庭还是在社会都处于绝对支配地位。日本男性的特权地位体现在政治、经济以及社会生活的各个方面。特别是明治维新以后,随着日本军国主义的不断扩张,军人的社会地位更是明显高于其他男性。明治时期日本家长择婿首选多为大学生,昭和时期则成了军人。与此相适应,日本男性在性生活方面也同样处于支配地位,性生活较为放纵。嫖妓和养情人,作为日本人公认的生活“常识”,成为男人生活中不可缺少的一部分,甚至被视为男人能力和荣耀的象征。即使战争时期,这种意识也没有丝毫变化。日本人一般认为,女性可以长时间没有性生活,男性则不可以,甚至有理论公然提倡,性欲的满足可以提高军队的战斗力。

在日本,妇女的社会地位一直很低,男主女仆、男尊女卑的观念根深蒂固。即使到了近代,这种状况仍然没有改变,1889年颁布的《明治宪法》还规定妻子为丈夫的财产。这除了经济原因以外,还与日本人的男性生殖崇拜观念密切相关。日本很早就有男性生殖崇拜的观念,特别是明治以后,在日本的道旁路侧,到处供奉着日本人奉作神明的各种尺寸和造型的阴茎,成为一大景观,连外国人都感到惊讶和不可思议。日本社会中有各种各样的“祭”,其中就有很多体现男性生殖器崇拜的活动。生殖器崇拜的习俗在一些国家并不鲜见,但像日本这样随处可见,并经常举行隆重仪式作“祭”的,实在少有。这种信仰和习俗,强化了日本男性在性心理上的优越感,他们依仗自己在生理的优势,以占有女性的身体来证明自己作为男人的存在。日本男性对本民族的女性尚且有如此的占有心理,对被占领国家和民族的女性必然会更加疯狂。当日本军人以征服者、主宰者的姿态出现时,就导致了性占有心理的严重畸变和恶性膨胀,强暴侮辱异国妇女就成为日本军人炫耀其力量,甚至是获取荣誉的手段,而不仅仅是宣泄性欲。就是说,男人强奸女人也不单涉及男性性欲发泄问题,还涉及性别之间强弱的权力关系,能够满足施暴者侵犯、占有、操控、掠夺等属于强者的权力欲。例如,在参加南京攻略战的许多被紧急召集的日本士兵当中,就有“只要去中国的话,因为是敌人的妇女,所以在国内被禁止的强奸也可以随便地去做”的期待感,并把"征服敌人的女性","竭尽全力享受中国女性"之事,当作了"战果"和征服者的证据。慰安妇制度的建立,也满足了日本军人对女性占有和征服的性心理,许多日本军人就是以变态地蹂躏、摧残慰安妇的身体为乐的。事实上,慰安妇这一称谓本身,即明显体现着日本军人对女性占有和主宰的性意识。对他们来说,强奸慰安妇和强奸普通妇女没有本质上的区别,同样可以满足其权力欲和占有心理。区别只是在于,慰安妇制度是将日本军人强奸的个人行为,转变为了国家行为,是对慰安妇"合法"的集体轮奸。

对于慰安妇,日本军人不仅仅是单纯的强烈的占有和征服心理,其作用还在于对军人明显的心理补偿及校正。日本军人的性"校正"心理,是指在战场上失败以后,失败和沮丧的心理在被占领国家的慰安妇身上得到"校正",使其重新找到征服者的自信。这种卑劣的"校正"心理,实质上是占有和补偿心理的延伸。日本军人认为自己是为天皇作战,进行的是"圣战",得到慰安妇的"慰劳"是对自己流血打仗的补偿,理所应当。这种心理在日本军人中普遍存在,越是艰苦作战的士兵就越有这种补偿心理。军官们为了鼓舞士气,也往往以满足士兵的性需要,作为对士兵的奖赏,甚至是唯一的奖赏。进攻南京的主力之一柳川平助的第十军,由自 1937 年 8 月以来就在华北连续作战、伤亡较重的第六师团和从日本国内匆忙调来的两个师团组成,士兵都不愿久战。新增士兵在出征前即被告知占领上海后就可以回国, 然而向南京进军的命令却使得他们的回国梦破灭。从军记者河野说,柳川兵团是在正要回国的时候被调到前线的,恼怒在心成了一种发狂的状态。为了激发士气,军官们就向士兵宣传,"在这里加入的人都可以在南京拥有漂亮的姑娘","只要进攻到南京的话,杀人、放火、强盗、强奸都可以",以纵容抢劫、屠杀、强奸等暴行,来使士兵发泄不满情绪。当时任日本同盟通讯社上海分社社长的松本重治,根据他的同僚第十军随军记者所谈这样记述道:"柳川兵团进击所以迅速,甚至可以这样说,那是由于在官兵中间有一种可以随意进行掠夺和强奸的默契。"因此,在经过艰苦作战、付出惨重代价攻入南京后,第六师团长谷寿夫立即下令,解除军纪三天,这就是把纵容奸淫、抢劫、烧杀作为对士兵的奖赏。于是,完全丧失人性的日本军人,怀着疯狂的报复心理和强烈的补偿心理,对无辜的南京女性进行大肆奸淫,南京日军的暴行就不可避免地发生了。中日战争进入相持阶段后,日军开始大规模抢掠中国妇女充当慰安妇。在日军上层看来,这样能够抚慰那些因长期战争屡遭失败而产生沮丧情绪的官兵。正如日军情报部官员大雄一男在给陆军本部的一份文件中说,日军在战场上受挫于中国军队的低落情绪, 可以在慰安妇身上得到最有效的校正,这种心理作用,唯有中国慰安妇能让日军士兵产生;她们能鼓舞士兵精神,能使日本在中国尽快建立"大东亚共荣圈"。

慰安妇制度的设立还与日本的色情业文化发达联系紧密。日本色情业在明治、大正时代尤其兴盛，即使到了昭和战争年代也不逊色，进而在日本人当中形成了"只要付了钱，怎样都可以"的观念。这种交易观念，不仅嫖客有，就连妓女也有。由于进入慰安所需要交纳一定的费用，使得日本军人感到慰安所与日本国内的妓院没有太大的区别，他们与慰安所之间是买卖关系。（根据日军慰安所的管理规定，日本军人进入慰安所并不是免费的，而是需要交纳数量不等的费用。）所以，日本军人付了钱进入慰安所，就像平时进妓院一样心安理得。正是将日本军人与慰安妇的关系看成是嫖客与妓女的关系，日本国内就有一些人别有用心地说慰安妇是商业行为，慰安妇是自愿而不是强制的，日本军人是付了钱的，等等，企图以此掩盖慰安妇作为性奴隶的本质。

而实际上，这些被掠夺来的慰安妇连生命安全保障都没有，何谈"报酬"？据战犯供述的资料表明，慰安妇被日军称为"军队卫生性公共厕所"，与日本兵的比例大约1:29，即每女每天"慰安"29个日军士兵，多者甚至百人以上。日本宪兵战犯土屋芳雄供述，军医每月对慰安妇进行一次健康检查，必须派宪兵去监督。他先后被派去两次，知道很多人患有严重的不属性病的妇科病，但不允许她们休假治疗，直到变成废人，不中用了才一脚踢开。慰安妇身陷苦难的深渊中永远不能自拔，自杀身亡的事时常发生。在绝大多数时候，慰安妇根本不能算作人，只能算作物资。1941年10月18日，东条英机完成组阁。这位兼任陆军省大臣、内务省大臣的日本首相，在参谋本部呈递的征集妓女前往战区的报告上写道：将归顺国（占领国）妇女也考虑进去。同日，他接受美国记者约瑟·道格拉斯采访时，又把这一恶行合法化、道德化。他说，女人是一种战略物资，并且是对胜利不可或缺的、具有独特营养的战略物资。而日本军需大臣则说，慰安妇属军需品，但不得编号，不得建档；从长远运输费用和开销考虑，建议今后可迅速在统治区和占领区秘密"征招"。日军长官和士兵的言语和行为，昭示了日军对慰安妇犯下的滔天罪行。

第四章
保障军队战力的和谐文化

官兵平等：我军克敌制胜的法宝

战争年代，与国民党军队逃兵泛滥形成鲜明对比的是，我军从弱小的红军一步步壮大，并最终打败了国民党，靠的是什么呢？一条重要的经验就是，我军在党的领导下实行无产阶级建军路线，贯彻官兵一致、尊干爱兵原则，建立了良好的内部关系。

官兵一致、尊干爱兵是我军区别一切剥削阶级军队的一个重要标志，是我军的特有优势，也是我军克敌制胜的法宝。我军从诞生之日起，就高度重视官兵一致和尊干爱兵。早在井冈山时期，毛泽东就提出了军官不打骂士兵、官兵平等等要求，确立了人民军队的新型关系。到延安时期，我军进一步形成了一套尊干爱兵、官兵一致的基本原则和制度。在红军长征途中，共产党人以身作则，严格践行了官兵平等原则。如长征时期，红军虽然物质条件十分困难，但官兵待遇是平等的。红军官兵中，无论是军长还是士兵，每天的伙食标准都是五分钱、三钱油、五钱盐。个人的零用钱只是分一点伙食尾子。官兵都不允许在战斗和打土豪中获得私有财产。同甘共苦是在长期的战争中形成的一种传统，也成为大家自觉维护的一条不成文的规定。当时红军中流传着这样一首歌：当兵都来当红军，处处工农都欢迎。官长士兵都一样，没有人来压迫人。这就是当时红军官兵关系的真实写照。在过草地时，许多官兵把自己节省的一口干粮拿出来分给大家吃。在那时，干粮就是生命，是钱买不到的，官兵之间同生死、共患难，把饥饿留给自己，把生存让给别人。在长征路上，红军不分哪个部分、哪个单位的领导，遇到掉队者和伤病员都像关心自己的部属一样。老红军曾茂林当时在二方面军六军团，行军中他带着几个伤病员与大部队失去了联系，粮食药品都已用光。从后面赶来的四方面军的一位干部发现他

97

们后,给他们送了些马肉、豆子和一大包止痛用的物品,后来他们终于赶上了自己的部队。

老红军刘守仁在他的日记里曾记录着这样一个动人的故事。他所在的一方面军进入草地第四天,在一片水草地上,几个战士轮着抬一个牺牲的红军战士,他们的师长路过时发现了这个场面,看死者衣着单薄,非常生气,让战士叫来了他们的团长,大声喊道:"把你们团的经济管理处长叫来,他居然让我们的战士冻死、饿死,我枪毙了他!"团长拨开人群看了看,含着眼泪向师长报告说:"师长同志,他就是我们的经济管理处长。进入草地后,他把自己的粮食和衣服都给战士了。"听完这句话,师长脱下自己的破外衣盖在了死者身上,说了句"把他抬出草地",流下了眼泪。一个军需官,为了战士自己宁可受冻挨饿而死。这就是红军长征时期生死与共的生动写照,这在其他任何一支军队里都不可能看到。

1937 年 10 月,在《论持久战》中,毛泽东将官兵一致的原则,同其他诸因素一起,列为抗日战争胜利所离不开的重要原则之一,并提出军队应实行一定程度的民主化,主要地废除封建主义的打骂制度,和官兵生活同甘苦。在 1937 年《和英国记者贝特兰的谈话》中,毛泽东将官兵一致列为八路军政治工作三个基本原则中的第一条。他认为官兵一致的原则,就是在军队中肃清封建主义,废除打骂制度,建立自觉纪律,实行同甘共苦的生活,因此全军是团结一致的。后来,他又提出,部队内部政治工作方针,是放手发动士兵群众、指挥员和一切工作人员,通过集中领导下的民主运动,达到政治上的高度团结、生活上的获得改善、军事上的提高技术和战术三大目的。他还提出,目前在我军部队中热烈进行的三查、三整,就是用政治民主、经济民主的方法,达到前两项目的。关于经济民主,必须使士兵选出的代表有权协助(不是超过)连队首长管理连队的给养和伙食。在练兵时实行官兵互教,兵兵互教,在作战时实行在火线上连队开各种大、小会,使士兵群众对于干部中的坏分子有揭发其错误和罪恶的权利……有从士兵群众中推选他们相信的下级干部候选人员、以待上级委任的权利。朱德在《论解放区战场》的报告中深刻地指出,有两种不同的军队,就有两种不同的带兵方法。非人民的、反人民的军队的带兵方法,是把士兵当成奴隶。这种军队广泛发展打骂制度、特务监视,甚至暗杀士兵。这一切,是不承认部属和士兵的独立人格,是黑暗的绝对服从的制度,造成部属与士兵的畏惧慑服,以便独裁者为所欲为地去使用军队。与此完全相反,八路军、新四军,彻底破坏了军队中的压迫制度,承认官兵人格平等,只有职务的区别,不允许有军官压迫士兵或上级军官压迫下级军官的行为。由此可以看出,实行上下一致,官兵平等,从制度上铲除打骂体罚,保证士兵人格尊严不受侵犯,极大地增强了人民军队坚强的凝聚力。

在延安整风期间，陕甘宁边区部队创造性地提出了尊干爱兵这一密切官兵关系的倡议。此后，七十多年来，尊干爱兵一直作为我军改善官兵关系、增强内部团结的一项根本原则和根本制度，被坚持了下来，并代代相传。

1944年陕甘宁边区留守部队经过整风运动，清除了军阀主义和教条主义，彻底检讨了官兵关系中存在的问题，纠正了各种不良倾向。在整风中，各部队都扩大了民主范围，允许凡有意见的和受过压制的同志都可以通过写信或当面陈述的方式向上级报告，使部队官兵关系进一步密切。1944年4月11日，时任总政治部副主任的谭政同志，在《关于军队政治工作问题》的报告中提出，军队一定要废止谩骂和肉刑，坚决执行《古田会议决议》的要求。陕甘宁晋绥联防军在学习谭政报告的过程中，普遍召开了连队民主大会，检讨官兵关系。

联防军教导一旅第十六团提出了"爱护战士，尊重干部"的口号，率先开展尊干爱兵运动。他们从办好连队伙食，解决战士困难，关心伤病员和问寒问暖入手，深入到改进领导作风，提高干部的领导艺术，增强干部的群众观念和爱兵观念，官兵关系有了很大改善。

警备五团尊干爱兵运动开展得也很广泛和深入。干部爱兵不仅在生活上关心战士，而且从政治上关心战士进步；战士尊重干部也注意支持干部工作，努力完成任务。团领导为了使干部战士在尊干爱兵运动中有所遵循，巩固已有的教育成果，制定了《尊干爱兵公约》，对干部、战士分别提出了十条要求。对干部的要求是：一、对战士的态度要和气亲热，不挖苦不讽刺；二、细心教育部属，倾听战士意见，接受战士批评，正确处理问题；三、积极帮助战士军事、政治、文化学习，时时站在学习运动的前头；四、关心战士给养，切实解决战士日常困难，帮助战士建立家务；五、重视战士创造，做到及时反映，不埋没人才，不断地在自己的班排中有计划地去培养各种类型的模范；六、对有过错的战士和落后分子，要耐心说服感化，使他自觉前进；七、对战士的勤务，要按体力强弱，公正派遣，对年老军人，应特别尊重爱护，年满五十岁以上的要举行祝寿；八、对伤病战士，要亲切慰问与慰劳，对阵亡病故的应该举行追悼会；九、切实关心战士家属，碰到红白喜事应该送礼，并且要定期地把战士在部队中的进步情况报告他们；十、精通自己业务，跟别的班排紧密团结。对战士的要求是：一、服从上级命令，坚决完成任务；二、自觉遵守纪律，不要明知故犯；三、接受干部教育，时时不断前进；四、对干部有意见，应向组织提出，当面不对立，背后不传播；五、上级每个号召，积极响应执行；六、发扬友爱精神，团结一切同志；七、时刻提高自己的警惕性，揭发不良分子的活动；八、爱护身体，讲究卫生，减少疾病，免得干部操心；九、熟练自己手中武器，时时准备打击敌人；十、看见干部碰到危险，要自告奋勇救护。

　　边区部队尊干爱兵运动的开展,使官兵关系得到了进一步的改善,部队达到了空前的团结,涌现了很多尊干爱兵先进典型。马仁义就是一个突出代表。马仁义是警备一旅一团三连的排长、边区甲等模范工作者。他最突出的事迹是不光发挥行政管理工作的强制性,而且特别重视说服教育,启发战士的自觉性,把战士当亲人,把后进战士培养成先进战士。当时,部队从国民党军队过来的战士很多,马仁义的排做到了不跑一个兵,没有处罚过一个人,他当排长连脾气也没有发过。部队开荒生产时,有个战士不小心把棉衣和枪烧了,照国民党军队规矩该重罚,这个战士吓得脸都青了,也不敢吃饭。马仁义对他耐心教育,还把自己的两个馍馍烤好送给他。战士们说八路军教育感动人心,部队就是自己的家,干部就是自己的亲人,死也要死在八路军里。有个战士看到马排长没有鞋穿,就用自己的布给他做了一双鞋。

　　1944年12月,毛泽东在《一九四五年的任务》中提出,应在每一部队内部举行尊干爱兵运动。根据毛主席的指示,1945年5月,总政治部总结推广了十六团和五团等单位开展尊干爱兵运动的先进经验,宣传了马仁义排这个先进典型,使尊干爱兵运动迅速在全军普及,各部队进行了尊干爱兵的深入教育,订了尊干爱兵公约,尊干爱兵运动轰轰烈烈地开展了起来。在这一运动中,有的部队组织了尊干爱兵宣誓,种了爱兵田,创建了爱兵基金,部队得到空前的团结,极大地增强了凝聚力和战斗力,其中还涌现出了一批尊干爱兵典型,王克勤就是其中之一。王克勤(1920~1947),安徽阜阳县人。1939年7月被国民党军队抓壮丁。1945年10月,在邯郸战役的平汉战斗中被解放并参加中国人民解放军。1946年9月加入中国共产党。在党和人民军队的培养下,王克勤迅速成长为具有高度政治觉悟、英勇善战的优秀战士。他作战勇敢,战绩显著,9次立功。1945年10月至1946年10月,他一人歼敌232名,俘敌14名,被评为"一级杀敌英雄""模范共产党员"。当班长后,他继承发扬人民军队的光荣传统,善于做深入细致的思想工作。班里每补充新战士,他总是现身说法,启发新战士的无产阶级觉悟。他用"在家靠父母,革命靠互助"的格言,教育大家搞好团结,并组织起两个互助小组,开展思想、技术、生活三大互助活动,这对提高班集体的凝聚力和战斗力起到了很大作用。1946年10月6日,在山东巨野县徐庄阻击战中,他带领全班发挥战斗互助作用,与国民党军激战一天,打退敌人数次进攻,歼灭大量敌人,全班无一伤亡,圆满完成任务。战役结束后,全班荣立集体一等功,3人被评为战斗英雄,他被提升为排长。中国人民解放军刘伯承、邓小平所属部队首先普遍开展了学习王克勤运动,第六纵队先后授予王克勤"战斗英雄""三大互助模范"和"模范共产党员"的称号。1946年12月10日,延安《解放日报》发表以《普遍开展王克勤运动》为题的社论,称赞他"为中国人民解放事业创造了新的光荣的范例",号召全军部队普遍开展"学习王克勤运动"。他的"三大互助"带兵经验迅速在全军推广,对人民军队建设产生了重大意义。

新中国建立后,1961 年,国防部制定和颁布了《中国人民解放军连队管理教育工作条例》,条例中规定的"尊干爱兵双八条",就是参考和借鉴了 1944 年陕甘宁边区部队制定的尊干爱兵"双十条要求"。20 世纪 80 年代,我军颁布的《中国人民解放军内务条令》修订为"双七条",90 年代我军颁布的《中国人民解放军内务条令》又修订为"双六条"。我军尊干爱兵优良传统被写进了军事法规,以立法的形式保证了经常性的尊干爱兵教育和活动的开展。建军 80 多年来,这一优良传统代代相传,并不断发扬光大,对增强部队凝聚力和战斗力起到了无可替代的重要作用。战争时期,"尊干爱兵"以王克勤首创的"官兵团结互助运动"为重要标志;和平年代,是位列六位英模之一的炮兵少校苏宁奏响了"尊干爱兵"的时代强音。

人民战争伟力根源:拥政爱民、拥军优属

毛泽东说过,兵民是胜利之本,战争伟力之最深厚的根源,存在于民众之中。但怎么把人民群众的这一伟力激发出来呢?长期的革命战争实践证明,拥政爱民、拥军优属,形成军民和谐的外部关系,是一条最基本的经验。

拥政爱民是中国人民解放军开展的拥护政府、爱护人民活动的简称,是军队群众工作的重要内容。中国人民解放军来自于人民,服务于人民。拥政爱民是人民解放军的性质和宗旨决定的,是人民军队赢得人民群众支持,永远立于不败之地的重要保证。拥军优属是中华人民共和国地方各级共产党组织、人民政府、群众团体和人民群众开展的拥护军队、优待现役军人家属和革命烈士家属的活动。中国人民解放军是中国共产党领导下的人民军队,是国家、民族和人民利益的捍卫者。没有这支人民军队,便没有人民的一切。开展拥军优属工作,是党、国家和人民群众关心爱护军队,从精神与物质方面帮助军队的一项经常性工作,对稳定部队,加强军队建设,增强军政、军民团结,维护国家的稳定,巩固国防等,具有重要作用。

拥政爱民、拥军优属从革命时期就已经开始了,这一点可从 1937 年毛泽东的《和英国记者贝特兰的谈话》中看出来。毛泽东说,那时军队有一种新气象,官兵之间和军民之间大体上是团结的,奋勇向前的革命精神充满了部队。那时军队设立了党代表和政治部,这种制度是中国历史上没有的,靠了这种制度使军队面目一新,1927 年以后的红军以至今日的八路军,是继承了这种制度而加以发展的。由此可见,双拥工作作为政治工作的一部分,在大革命时期已经开始萌芽了。

由于蒋介石"四一二"反革命政变和汪精卫"七一五"公开反共,轰轰烈烈的大

革命失败了。为了挽救革命,继续进行反帝反封建革命斗争,中国共产党于 1927 年 8 月 1 日举行了南昌起义,打响了武装反抗国民党反动派的第一枪。同年 9 月 9 日,毛泽东在湘赣边界发动了秋收起义,并率领起义部队走上井冈山。从此,我们党就有了自己的革命军队,开始了独立领导革命武装斗争的伟大征程。随着这支崭新的人民军队的诞生,双拥工作也开始在根据地得以创立。这一时期,我们党对南昌起义、秋收起义等多次起义失败进行了全面认真的总结,明确指出,中国革命要取得胜利,无产阶级必须建立一支强大的武装,土地革命是中国革命的主要内容,农民是无产阶级可靠的同盟,农村是开展武装斗争的主战场,对军队和人民的关系必须给予高度重视。1927 年 9 月底至 10 月初,毛泽东在三湾对秋收起义部队进行改编时,明确提出,工农革命是共产党领导的,为人民谋利益的队伍,是为穷人打天下的队伍。11 月,在红军打下茶陵县城后,毛泽东明确提出了红军的三大任务:一是打仗消灭敌人;二是打土豪筹款子;三是宣传组织群众,帮助群众建立工农革命政权。红军在这一思想的指导下,发动群众打土豪分田地,建立政权和党组织,成立农会、工会。分得田地的农民又送子参军,壮大了红军的力量。

1929 年 12 月,红四军第九次代表大会在福建上杭县古田召开(即古田会议)。《古田会议决议》提出了正确的建军原则,总括而言就是"人民军队来自人民,服务于人民"。这一创造为开展拥政爱民工作,促进军政军民团结奠定了思想基础。毛泽东十分重视部队的群众纪律。1927 年秋收起义部队上井冈山途中,毛泽东亲自规定"三大纪律":一切行动听指挥,不拿老百姓一个红薯,打土豪要归公。1928 年在遂川又为部队规定"六项注意",后来在桂东沙田正式公布"三大纪律六项注意"。1929 年后又逐步作了修改,从而形成了"三大纪律八项注意"。"三大纪律八项注意"反映了我军的建军宗旨,代表了群众利益,成为红军与一切剥削阶级军队本质区别的主要标志之一。正确的建军宗旨、严明的纪律和各项拥政爱民活动的开展,使长期在封建统治下的人民耳目一新,军民之间开始出现了水乳交融的崭新关系。

1931 年到 1934 年,随着红色根据地和苏维埃政权的建立,拥军优属活动也随之开展起来。当时拥军优属的内容主要有:(1)扩红与动员归队,即动员群众参加红军,教育帮助逃亡士兵归队;(2)支援前线,即动员群众捐款捐物支援慰问部队,配合部队作战等。1933 年 12 月,为了粉碎敌人的"围剿",湘赣省优待红军委员会还在全省范围内发动群众每人至少捐 3 个铜板,购买慰问品慰问部队,鼓舞战士奋勇杀敌。在后方,主要是开展优待红军家属活动。优待的内容主要有:(1)代耕。苏区 16 岁至 55 岁具有劳动能力的男女群众每人每月参加义务劳动 6~10 天,帮助红军家属耕种土地;(2)未参加耕田队的老幼男女,帮助红军家属砍柴挑水、收集肥料;(3)城市商人和居民加收 5% 的营业税和房租,在业工人交纳 4 个礼拜六的工钱,一般百姓提供4个劳工或交纳4个零工工钱,由优待红军委员会统一分配优待红军家属;(4)对外籍红军的优待,则由每乡留出3~5人的田地,由区、乡政府组织群众耕作,收获由区政府保存,经过军事机关分配给外籍的红军,当时叫"公田"。这一时期拥军优属工作的特点是:(1)第一次确立了拥军优属的法律地位。1931年中央苏区第一次全国苏维埃代表大会通过了《红军优待条例》,接着又由中央政府主席张闻天签署命令,颁布了《优待红军家属条例》《优待红军家属耕田队条例》等法令。1931年7月,鄂豫皖根据地苏维埃代表大会制定了《红军战士伤亡抚恤条例》;11月,苏维埃政府颁布了《关于红军公田问题的通令》。(2)有专门的领导机构。在各根据地,省、县、区、乡、村各级苏维埃政府都成立了扩红与优待红军家属委员会,执行组织、动员与督促检查的职能,各党团支部、赤少队、贫农团、互济会、女工会等组织紧密配合。(3)具有广泛的群众性(如以上所述优待内容),不尽义务者甚至要受到"违反苏维埃法令罪"的处罚。

广泛扎实的双拥活动,密切了军政军民关系,提高了红军的战斗力,使工农红军连续四次粉碎了国民党反动派的"围剿"。第五次反"围剿"由于王明等"左"倾冒险主义的错误而失败,红军被迫进行长征。长征期间,由于部队流动性比较大,加上群众的恐惧心理,地方的拥军优属没有形成规模,但部队的拥政爱民工作一直没有停止,为红军顺利到达陕北提供了有力保证。

现在我们提的拥政爱民、拥军优属来源于"拥政爱民"和"拥军优抗"。"拥政爱民",是根据地的军队人员"拥护政府,爱护人民"的口号的简称。"拥军优抗",是根据地的党政机关、群众团体的工作人员和人民群众"拥护军队,优待抗日军人家属"的口号的简称。后来改称"拥政爱民,拥军优属",通常简称"双拥"。"双拥运动"是1942年中国共产党及其领导下的军队开展整风运动的重要成果之一,由此使得部队群众工作和人民的拥军活动开展得更加广泛,更加深入。

为实现党政军民大团结,渡过难关,夺取抗战的胜利,中国共产党先后提出和实行了著名的十大政策,其中一项重要政策是开展拥政爱民、拥军优抗活动。八路军、新四军当然是全国军队中一支最好的军队,但是,一小部分人由于受军阀主义残余的影响,盛气凌人,只爱听好话,听不得批评;军民之间发生了问题,只责备别人,不责备自己。这些都是与人民军队的宗旨不相符合的。为了克服这种不良倾向,密切军政军民关系,中共中央和毛泽东确定1943年农历春节前后开展大规模的"拥政爱民与拥军优抗"群众运动。1943年1月15日,陕甘宁边区政府首先公布了《关于拥护军队的决定》《拥军公约》和《开展拥军运动月的工作指示》,决定从1月25日到2月25日为全边区拥军运动月。同年1月25日,八路军留守兵团政治部发出了《关于拥护政府爱护人民的决定》和《关于拥政爱民月的指示》,决定2月5

日至3月5日为全边区部队拥政爱民月,并公布了《拥政爱民公约》。《拥政爱民公约》内容如下:(一)服从政府法令。(二)保护政府,帮助政府,尊重政府。(三)爱护公共财物。(四)不侵犯群众利益。(五)借物要送还,损坏了要赔偿。(六)积极参加生产,减轻政府和人民的负担。(七)帮助人民春耕秋收和冬藏。(八)帮助人民进行清洁卫生运动。(九)了解民情风俗,尊重民情风俗。(十)向人民宣传,倾听人民意见。在拥军运动月里,陕甘宁边区党政机关纷纷召开干部大会,乡或自然村也召开拥军大会,利用闹秧歌、演戏、说书等形式广泛宣传拥军的意义。各级政府都派代表携带慰问信、慰问品,慰问当地驻军、警卫部队、伤病员、抗属和退伍残废军人。延安市商会、市抗日救国会、市手工业会,纷纷进行慰劳军队活动。各县、区、乡群众也送猪送羊,慰劳驻军。各级政府和群众团体,还检查了过去的拥军工作。与此同时,边区的部队广泛深入地进行拥政爱民活动。部队领导机关表扬和奖励了一批同政府、人民群众关系好的单位和个人,检查纠正那些不体谅地方困难、不关心群众疾苦的思想作风。各部队派出纪律检查组,挨门逐户地走访群众,检查部队执行群众纪律的情况。春节期间,战士们敲锣打鼓,燃放鞭炮,有的踩着高跷,载歌载舞,给政府和群众拜年,有的请地方干部和邻近居民开座谈会,有的还与驻地群众一起召开了同乐晚会。经过地方和部队双方的共同努力,陕甘宁边区军政军民之间的关系更加亲密了。

根据陕甘宁边区的经验,1943年10月1日,中共中央发出指示,要求各根据地普遍开展拥政爱民、拥军优抗运动,并要求以后每年正月举行一次。1944年4月11日,陕甘宁留守兵团政治部主任谭政受中共中央的委托,在中共西北局高级干部会议上作了《关于军队政治工作问题的报告》。报告把拥政爱民作为基本制度固定下来,要求通过拥政爱民活动,使军队内部、军队与政府、军队与人民趋向一致。这个报告,是继《古田会议决议》之后的又一个历史性文献。报告阐明了群众工作的一系列基本问题,对提高以拥政爱民为重要内容的群众工作的地位和作用具有重要的指导意义。

拥政爱民、拥军优抗活动的开展和逐步走向经常化、制度化,有力地促进了党政军民大团结,有效地保障了战争的胜利。在各根据地涌现了许多拥政爱民和拥军优抗的先进典型和动人事迹。1942年冬天,日寇纠集了两三万人,对胶东实行"拉网扫荡",几千名老幼妇孺和地方工作人员,被围困在马石山上。山东军区五旅的10名战士,同敌人展开了殊死搏斗,掩护群众突破了重围,而10名战士全部壮烈牺牲。1943年夏天,太行二分区三十团政委马定夫带领三连,为掩护被日寇围困在山西太谷县枫子岭的1000多名群众安全转移,自己同11名战士壮烈牺牲。为继承烈士遗志,枫子岭有100多名青年报名参军,全部编入三连,上级命名这个连队为"马定夫爱民模范连"。新四军第四师官兵爱民如手足,同淮北人民结下了深厚的情谊。当四师调防时,人民群众在街头摆上桌子,放一碗水,一面镜子,以示新四军"清如水,明如镜"。1943年8月,师长彭雪枫带领官兵在大柳巷淮河大堤抗洪,顽强奋战,堵住了决口,使周围40多公里以内的群众免于水患。后来彭雪枫牺牲了,大柳巷人民把这道堤命名为"雪枫堤",永远纪念敬爱的彭师长。八路军、新四军用鲜血与生命保护人民,赢得了人民的爱戴和拥护。人民也竭尽全力支援子弟兵。北岳拥军模范——苏中"伤兵母亲"李桂英、"太行女杰"郭二嫂等无数个拥军优抗的典型,一直受到广大军民尊敬和称赞。1943年秋,驻扎在丁堰镇据点里的日寇、伪军,频繁出动,下乡骚扰,新四军派出两个连,将下乡骚扰抢掠的日伪军包围起来,展开了歼灭战。被困的敌人疯狂反扑,左冲右突,企图杀开一条血路。新四军则严密封锁,不肯放过一个敌人。战斗异常激烈,枪声、手榴弹的爆炸声此起彼伏。随着新四军包围圈的步步收紧,李冯乡政府动员蔡庄周围的妇女儿童撤向安全地带。妇女们急忙拉起孩子就跑,而李桂英则召集几名妇女留下来观察情况,准备随时救护伤员,并冒着生命危险抢救了一名战士,还将他的枪支找回。战斗胜利结束后,李桂英受到部队和当地群众的一致好评。在全分区的群英会上,李桂英获得了一头黄牛和一百块豆饼的奖励。苏中九分区的前线记者还将李桂英英勇救护伤员的事迹编了一首歌曲《伤兵母亲李桂英》,《江海报》也报道了李桂英的事迹。

抗日战争结束后,国民党反动派勾结美帝国主义,继续推行卖国、独裁、内战的反动政策,公然发动了新的内战,中国共产党和广大军民开展了伟大的人民解放战争。在这场大决战中,军政军民团结发挥了强大的威力,双拥工作经受了战火和生死的考验。1946年,我军遵照毛泽东的指示,一方面完成战略部署,防范敌人进攻,一方面发动群众,在解放区开展土地改革运动。部队抽调了大批干部,在地方党委和政府的统一领导下,深入农村,清匪反霸,宣传土改政策。1947年10月10日,解放军总部根据新的形势,调整颁布了新的"三大纪律八项注意",形成了全军统一的纪律。1949年年初,毛泽东估计到三大战役胜利后,严重的战争时期就会过去,和平、建设的任务会摆在全党全军面前,他及时提出,人民解放军不仅是一个战斗队,同时必须是生产队、工作队。1949年4月,在我军向全国大进军的前夕,为在解放区建立革命新秩序,毛泽东起草了《中国人民解放军布告》,宣布了"约法八章"。在解放战争时期,拥军优属活动开展得有声有色,广大翻身农民以各种方式支援解放战争,出现了父送子、妻送郎、兄弟争相入伍的动人场面。在辽沈、淮海、平津三大战役中,支前民工就达539万人,担架10万副以上,各种牲畜100多万头,随军民工的大车50余万辆,真正做到了部队要人有人,要粮有粮,要物有物,打到哪里,人民就支援到哪里,绘成了一幅十分壮观的人民战争画卷。

新中国成立后,进入和平年代,战争年代形成的拥政爱民、拥军优属的优良传统得以继承和发展。尤其是 1991 年 1 月 10 日至 16 日,为了研究和探索新形势下的双拥工作,进一步密切军政军民关系,民政部和总政治部在福州市召开了全国双拥工作会议,这也是新中国成立以来的第一次双拥工作会议。大会开得十分隆重、热烈,各省、区、市分管副省(区、市)长及有关负责人出席了大会。会后,国务院、中央军委批转《全国拥军优属拥政爱民工作会议纪要》,提出了在新形势下加强双拥工作的基本方针、原则和任务。从此以后,全国各地掀起了声势浩大的创建双拥模范城(县)热潮,拥军优属、拥政爱民在神州大地如火如荼,高潮迭起。

团结就是力量:人民解放军胜利保障

指挥三军作战,如臂使指。各级将士必须团结一心,整齐划一,令出即行,协调迅速,胜利了不争功,失败了主动承担错误,才能无往不胜。相反,内部不和的军队,常常是将帅之间相互猜疑,相互嫉妒。有好处的就拼力争抢,各不相让,临难却互相观望,互不救援。这样的军队,即使侥幸打了胜仗,失败也会随时到来。

《吴子·图国》篇阐述了军队团结的重要:"昔之图国家者,必先教百姓而亲万民。有四不和:不和于国,不可以出军;不和于军,不可以出阵;不和于阵,不可以进战;不和于战,不可以决胜。是以有道之主,将用其民,先和而造大事。不敢信其私谋,必告于祖庙,启于元龟,参之天时,吉乃后举。民知君之爱其命,惜其死,若此之至,而与之临战,则士以尽死为荣,退生为辱矣。"在历史上出现了许多由于军队不团结而导致灭亡的教训。

历史上强盛一时的大唐帝国,就是在派系纷争中颓然倒下的。天宝年间,为了防止周边各族的进犯,唐朝在边境重要地区设立了 9 个节度使和 1 个经略使节度使,赋予节度使管理军事、财政和民政的权力。其中北方诸镇权力过于集中,常以一人兼任两三镇节度使。诸镇之中实力最强的是身兼范阳、平卢、河东三镇节度使的安禄山。此三镇地域相连,安禄山拥兵 20 万,而其时中央的防军数目不满 8 万,军事格局外重而内轻,渐渐形成了地方势力反过来威胁中央政权的危机。公元 755 年,安禄山发动叛乱。"安史之乱"爆发后,为了抵御叛军进攻,朝廷将军镇制度扩展到内地,在全国形成了大大小小的众多军镇,形成了最终颠覆大唐王朝的藩镇制度。随着朝廷的暗弱,以卢龙、成德、魏博"河北三镇"为代表的一些节度使倚仗军队实力,对唐廷跋扈不驯,甚至兴兵叛乱,史称"藩镇割据"。藩镇割据局面出现后,各地藩镇渐渐不再服从朝廷指挥,不肯向中央贡献税赋,官职任免出于己手,朝廷不能有效地控制地方,因此严重削弱了唐朝的统治力量。同时,为了维护中央权威,朝廷多次发动讨伐藩镇的战争。各藩镇之间也因争抢地盘和划分势力范围而不断发生大大小小的争斗,以致"人烟断绝,千里萧条"。公元907年,盛极一时的唐王朝被宣武节度使朱温推翻,哀帝李柷被害,唐朝帝系至此终结。

近代中国再次出现了军阀割据的乱象,除了北方脱胎于晚清北洋军的直系、皖系、奉系军阀外,全国到处充斥着各种以省籍划分的地方军事集团,如川军、滇军、粤军、桂军、晋军等。他们互不统属,完全以抢夺地盘、保存实力等派系利益为最高目标,连年征战不息。因为手中没有直接掌握军队,革命先行者孙中山早年发动的战争都依靠南方的派系军队,但这些军队并不完全听命于孙中山,使得他前期的革命斗争屡屡受挫。直到陈炯明发动叛乱,孙中山险些遇害,才痛定思痛,按照苏联模式创办了黄埔军校,试图建立一支具有共同政治理想和完备政治制度的新式革命军队。但他的继任者蒋介石抛弃了孙中山的政治主张,从而催生了当时实力最强大的一支派系军队——黄埔系。虽然黄埔系实力足够强大,但派系的存在,始终成为国民党军队强而不胜的一个顽症。

我军自建军之日起,就较好地解决了团结这个问题,并使团结互助成为一种优良传统和作风。早在红军时期和抗日战争时期,各级指挥员就非常重视巩固官兵团结与军队团结,加强战斗力,以更有效地消灭敌人。许多部队为适应战斗的需要,在基层连队中建立起一些团结互助组织,称为"战斗联手""战斗小组"或"互助组",这样既能凝聚官兵的意志团结战斗,又能迅速提高战术技术能力,对保证作战的胜利起了很大作用。各个部队之间更是团结互助,不讲条件。

1946年6月,蒋介石准备彻底消灭中原解放军,首先以优势兵力包围距离南京最近的中原军区李先念部,严令国民党军于7月1日占领中原军区司令部宣化店,迅速消灭李先念。面对严峻的形势,毛泽东和中央军委认识到必将爆发全面内战,为迎击国民党军队对解放区的全面进攻,遂制订了解放军南北两线作战计划。当时,解放军各部还没有按计划全面展开,为了钳制敌人,毛泽东指示中原军区主力应立即突出国民党军队的包围圈,实行战略转移,并对中原军区主力战略转移的方向、时机、终点等也分别作了最后选定。毛泽东还对主力突围与原地坚持部队的战略牵制任务、分路突围的战略战术等均作了明确指示。他要求中原军区部队继续完成牵制国民党军队的战略任务,并要准备作出重大的牺牲,即使是全军覆没,也要保障战略全局的胜利。6月26日晚,按照党中央和毛泽东批准的突围部署,李先念亲率中共中原局、中原军区首脑机关所在的北路主力,斩关夺隘,冲破了30余万国民党军的围追堵截,长驱1000公里,部队损失8000余人,最终出色完成了艰苦卓绝的战略转移与战略牵制重任。10月1日,毛泽东在为中共中央起草的对党内的指示《三个月总结》中，对李先念率部中原突围给予高度评价。

至 1947 年 6 月，解放战争已进行一年。经过一年的作战，人民解放军歼灭国民党军 87 个半旅，双方兵力对比发生了重大变化。国民党军总兵力由 430 万人减少到 370 万人，其中正规军从 200 万人减少到 150 万人，而能用于机动作战的只有 40 多个旅，约 30 多万人，且后备力量日趋枯竭。而人民解放军则相反，兵力已由 120 万人发展到 195 万人，其中正规军 100 万人以上，可全部用于机动作战，装备和军政素质也有很大提高。此时，国民党军重兵分置于陕北和山东，而中央 250 公里"黄河防线"正面只摆了 3 个师，出现两头重中间轻的"哑铃形"态势，中间是空当，两头两把"重锤"分别对陕北和山东解放区造成了极大压迫。毛泽东抓住此有利时机，决定不待敌之进攻即抢先下手，以司令员刘伯承、政治委员邓小平率军外线出击，展开战略进攻，吸引国民党主力，同时给其他解放区展开进攻创造条件，并把进击地点选在大别山。大别山居于国民党首都南京与长江中游重镇武汉之间的鄂豫皖三省交界处，它东望江浙，西连巴蜀，南通湖广，背靠豫皖，凭高居险，瞰制中原，是敌人战略上最敏感而又最薄弱的地区。占领这一地区，必然震动敌之全局，使之调动进攻山东、陕北的部队回援，陷敌于顾此失彼、穷于应付的境地。这一意图可从邓小平同志的一番动员讲话中看出。他说，我大别山和中原地区牵制了蒋军全部南线兵力 160 个旅中的 90 个旅，使陕北和山东战场上我军纷纷转入反攻。我们担着沉重的担子，却使其他部队腾出了手。分析问题时，千万不能忘记整体。我军占领大别山似擎天玉柱，在这个历史性时代，担负了扭转乾坤的使命。1947 年 8 月，人民解放军刘邓大军向国民党统治地区大别山实施进攻的战略性行动。对于这次反击行动，毛泽东、邓小平及刘伯承曾经反复研究过，这是一次大胆的军事冒险，甚至是赌博。在出发前的誓师大会上，邓小平提出了这次行动的三种可能：一、部队到不了大别山；二、部队到大别山后站不住脚；三、部队扎根大别山。他继续提出，要坚决避免第一种、第二种结果，努力实现第三种结果，因为第一种结果是刘邓大军被消灭，第二种结果是返回根据地打游击。对于此种困难，刘邓大军没讲任何条件，连中央要送的棉衣都谢绝了，坚持自力更生，并最终像一把利刃一样牢牢插进国民党军的战略纵深要地。也正是这样的宁愿牺牲自己的团结互助精神，才使得我军战无不胜。

1948 年 9 月，解放军东北野战军发动辽沈战役，准备攻克锦州，关闭东北国民党军退向华北的通道，使敌人逃不出东北。当时，沈阳集结了国民党军约 30 万人的主力，锦州驻有国民党守军约 10 万人。战场态势是要夺取辽西必须夺取锦州，而要拿下锦州又必须把自锦西、葫芦岛方向增援的敌军堵住。通过权衡，东北野战军司令员林彪调配 8 个师,在距锦州 30 公里的塔山建立阻击阵地,主要部队是四纵、十一纵和热河独立四师、六师和炮兵旅,由第二兵团司令员程子华统一指挥。塔山距锦州 15 公里,距锦西 4 公里,离葫芦岛不过 5 公里,周围是平缓的起伏坡地,东临渤海,西靠虹螺岘山和白台山。塔山是锦西至锦州的必经之道,是国民党军西进兵团驰援锦州的必经之路,也是东北我军堵住国民党援军的必争之地。而从锦西、葫芦岛方向驰援锦州的敌军是九十二军二十一师、六十二军、三十九军两个师、五十四军和暂编六十二师、独立九十五师,共 11 个师。也就是说,东北我军以 8 个师阻援,而国民党军是以 11 个师进攻。敌我两军在这里进行了生与死的搏斗。守卫塔山的解放军将士置个人生死于度外,顶住了敌军的狂轰滥炸和人海战术进攻,以重大牺牲坚持 6 昼夜,保证友军顺利攻克锦州,歼敌 10 万人。直到兵败被俘,国民党军东北"剿总"副总司令范汉杰还是想不通,为什么 11 个师的部队,还有飞机、舰炮助攻,就是过不了小小的塔山。

同年 11 月淮海战役期间,解放军中原野战军担负了消灭黄维兵团、协助华东野战军与徐州地区 50 余万国民党军决战的任务。中原野战军一年前刚刚完成了千里跃进大别山的战略任务,在经过黄泛区时舍弃了火炮等绝大部分重武器装备,攻坚力量较为薄弱。同时,长期在敌后作战的中原野战军没有稳定的战略后方,部队始终没有得到补充,兵员和装备严重缺乏,战斗力明显下降。他们对面的敌军是黄维率领的十二兵团 12 万余人,其中包括号称国民党军五大主力之一的第十八军,全部美式装备,配有坦克、大口径火炮等重武器。战役初期,因伤亡过大,中原野战军各部队经过三四次的火线编队,至总攻发起时,全军伤亡达 2 万余人,部队相当疲惫。为了完成中央军委作出的吸引徐州国民党军赴援并予以全歼的作战任务,中原野战军不惜任何代价,倾全力奋勇发起攻击。时任中原野战军政委的邓小平对各级指挥员说,只要歼灭了黄维兵团,只要歼灭了南线敌军主力,中原野战军就是打光了,全国各路解放军还可以取得全中国的胜利,这代价是值得的。经过 20 天浴血苦战,中原野战军将黄维兵团全部歼灭,战场局面顿时明朗。这场战役为淮海战役的全面胜利开启了胜利之门。同时,在这场战役中,各部队也是互相支援的。淮海战役的总前委之一、中原野战军司令员刘伯承,也给予了粟裕以及他指挥的华东野战军很高的评价。华东军区领导机关在奉命准备向苏联尤金大使介绍淮海战役情况时,在场的刘伯承边看地图边对陈毅说出这样的话:淮海战役这个仗,主要是三野(华野)打的。刘伯承的儿子刘太行还回忆其父说过这样的话:淮海战役主要还是华东野战军打的。我们中野武器装备差,兵力少,打黄维时是瘦狗拉硬屎,幸亏有粟裕派来部队及时支持,否则我们中野打光了也打不下来。

派系林立:国民党友军有难,不动如山

如果说团结一致是我人民解放军无坚不摧、取得胜利的重要保证,那么,国民党军队派系林立,军队内部不和谐,导致"友军有难,不动如山",应该是促使国民党军队最后失败的直接原因之一。

国民党军队的派系早在孙中山依靠地方军阀建立政权时就产生了,后来几经整编平叛,终于成立了由国民政府军事委员会统一指挥的国民革命军。实际上,第一批成立的 8 个军就分为 8 个派系,在接下来的北伐战争中又有各路军阀接受了国民政府的收编,这就使本来已经复杂的派系变得更为复杂。

在军阀混战中,蒋介石战胜了其他各路实力派,成为掌握全国军政大权的领袖人物。事实上,蒋介石因为自身实力有限,加上红军在全国各地的革命以及日本对中国的逐步蚕食,他又不得不依靠这些名义上归顺中央的军阀维持现状,以维护他的统治。抗战胜利后,大派系还留有李宗仁、阎锡山等,其他小派系如马步芳、马鸿逵、冯治安、刘汝明、刘文辉、邓锡侯等更是不胜枚举,就连蒋介石所谓的中央军也分嫡系和旁系,嫡系大的部队就有陈诚、胡宗南和汤恩伯率领的部队,小的则有孙立人、杜聿明、王耀武、李弥率领的部队,当然还有别的一些分支。

这些派系的形成使得国民党军队内部矛盾重重。嫡系看不起旁系和杂牌,作战时总让杂牌充当炮灰。杂牌则为自保,出工不出力。在同一系统中又因争权夺利而产生矛盾。这就从根本上形成了嫡系与杂牌之间的互不信任,同系与同系间的面和心不和,从而给了人民解放军各个击破的机会。

据第五绥区副司令胡临聪回忆,在 1946 年 9 月的定陶战役中,整三师师长赵锡田为陆军总司令顾祝同的外甥,为人骄横跋扈,对绥区抱若有若无态度,私人之间与绥区司令官孙震亦少接触,彼此存有隔阂。赵锡田接到郑州绥署的进攻命令后,不向绥区司令官孙震请示即径往前线,意欲一战成名而取代孙的位置,使孙甚为不满。当赵锡田部被围请求增援时,孙有意使赵栽跟斗,以报赵目中无人并企图取而代之之恨,没有令在附近的整四十一师积极增援,致整三师被歼,赵锡田被俘。

1947 年 7 月,作为中央军的宋瑞珂(陈诚系中坚骨干)整编第六十六师被围于羊山集,负责指挥的第二兵团司令官王敬久命令杂牌刘汝明的整编第五十五师和整编第六十八师驰援,但刘汝明的两个师先前已经遭到解放军打击,为保存部队实力和自己的政治资本,名义上服从出援的命令,实际却行动缓慢,坐看整六十六师的覆没。为挽救宋瑞珂,蒋介石亲飞开封督战,以期解救出第六十六师,但战役进行了 12 个昼夜,其他国军部队也没有一个能抵近进行救援,其中攻击受阻是主要原因,但其他部队见死不救保存自己也是重要原因。战役进行至第9日,国民党王仲廉率整编第十师、第二〇六、第八十二旅已抵冉固集,距羊山仅一天的路程;王敬久距羊山5公里;鲁道源在万福河对岸,与羊山隔河相望。倘若援敌主动接战,进展迅速,不但可以打乱我解放军的总攻部署,甚至有把第六十六师接应出去的可能。但他们都没有这样做,如王敬久近在咫尺,除了一次次欺骗的电告,并不肯接近羊山集一步。宋瑞珂当时已经认识到:战不胜,守不固,非吾之罪,内自致也。再有开封战役,守军指挥官李仲辛将自己仅有的一个旅担负全城防务,而将兵力众多的刘茂恩杂牌赶出城外充当炮灰,最终灰飞烟灭,李仲辛一旅之众又如何能守住城池?刘茂恩在其回忆录中心痛地指出,如李仲辛能合理使用他的部队,则开封战局未必会如此惨败。

又如1947年5月间,号称国民党军五大主力之一的张灵甫整编第七十四师被围于孟良崮,得知七十四师被围,蒋介石急令各部齐头并进,拼死也要解张灵甫之围。遂一方面命令张灵甫坚守阵地,吸引共军主力,另一方面严令孟良崮周围的10个整编师,特别是李天霞、黄百韬的部队尽力支援整编七十四师,以期内外夹击,消灭我军于孟良崮地区。在蒋介石的催逼下,汤恩伯命令张淦统一指挥两个纵队救援七十四师。可是,张淦是新桂系白崇禧的爱将,当然不会卖力气,就在电报上扯皮。那边黄百韬也一样,张灵甫向他喊话时,黄百韬竟然还引用曾国藩的话教育张灵甫要先求稳当、次求变化。李天霞与张灵甫素有矛盾,所以,在蒋介石的催逼下,他的整编八十三师只派出一个团的兵力驰援,以致张灵甫直接向外围的嫡系第八军和整十一师求援。但远水解不了近渴,整编七十四师的覆没就这样成为了定局。荒唐的是,在战后的检讨会议中,负有责任的李天霞、黄百韬不仅没有受到处罚,还在半个月后被分别授予三等和四等云麾勋章。后在舆论以及阵亡将士眷属的压力下,才将李天霞调为第一绥靖区附员,黄百韬则被撤职留任。用"友军有难,不动如山"这句话来形容这几个战例中的国民党军队,实在是太贴切了。

国民党军的大派系之间也是如此。从民国成立即盘踞山西的晋系军阀阎锡山,为保地盘稳定,只允许南京中央的军队在晋南驻军,其余地方不得涉足。而阎锡山本身兵力不足,加上他历来只要部队番号不管部队实力等因素,只能是接连战败,最终扔下太原一座孤城只身逃往广州。盘踞青海宁夏的马步芳、马鸿逵("二马")两派,面对指挥陕西战局的西安绥靖公署主任胡宗南的命令阳奉阴违。马鸿逵多次指示部队:宁夏军队到达咸阳,就算完成任务,决不过咸阳河。对共产党不打硬仗,要保存实力,就是将来投降共产党,也有资本。1949年7月间的扶眉战役中,彭德怀亲自指挥第一、第二、第十八三个兵团围歼胡宗南部。马步芳、马鸿逵在我十九兵团钳制下不敢前往救援,坐视胡宗南部被歼,并悄悄从礼泉、乾县地区撤退。我军将胡宗南部 4 个军 4 万余人聚歼于扶风、眉县地区,解放宝鸡等 18 座县城,取得了扶眉战役的巨大胜利。

同时,在"二马"内部也存在着派系之争。1949 年 4 月,张治中作为国民党方面和谈首席代表到北平与中共谈判,遗下西北军政长官一职,成了马鸿逵与马步芳争夺的目标。5 月上旬,马鸿逵约马步芳到西宁与兰州之间的享堂会面,经过讨价还价,双方达成"君子协定":马鸿逵保举马步芳为西北军政长官,马步芳保举马鸿逵当甘肃省政府主席,并且将宁夏兵团开赴陇东,与马步芳之子马继援率领的青海兵联合作战,阻止人民解放军西进,以保住甘肃、宁夏、青海。于是双方各怀鬼胎分了手,马鸿逵回到兰州后,一面致电国民党中央保举了马步芳担任西北军政长,一面电令宁夏第一二八军军长卢忠良出兵陇东,与青海兵团组成宁夏联合兵团合力进攻陕西。5 月 18 日,国民党行政院明令发布马步芳代理西北军政长官(不久又实任)。马步芳率领自己的一套班底从西宁赶到兰州上任,原长官公署的要员几乎全部撤换,只留下属桂系的副长官兼参谋长刘任等人。另外,马步芳故意留下甘肃省政府主席郭寄峤,以抵制马鸿逵,等时机成熟再逼他让位。与此同时,马步芳还发动各地大肆献马献旗,派代表来兰州祝贺,为自己大造声势,完全把马鸿逵撂到一边。马鸿逵在兰州左等右盼,也不见马步芳保举自己当甘肃省主席,一怒之下电令宁夏兵团往后撤,结果,很快丢失了长武、泾川、平凉等重镇。马步芳、马鸿逵也因胡宗南的落败而成为孤军,最后被各个击破,落得流亡海外的命运。

同中原、西北两战场的僵局不同的是,在东北战场,国民党军队本已占据优势,但因其他战场的失利,迫使东北国民党军队停止攻势,从而给了林彪重整旗鼓的机会并进而实施反攻。值此关键时刻,南京国防部不仅不体谅杜聿明,反而转派陈诚接替指挥。而陈诚一到东北,以东北战局失利为原因,大肆撤换他系将领,转而扶持自系将领,结果导致原有将领不服,新升将领又缺乏威信,使得战局急转直下。陈诚最终落得借"病"辞职落魄地离开了东北。此后接管东北的卫立煌只能弃攻为守,勉力维持。但蒋介石并不满意非黄埔出身的卫立煌,再次以杜聿明接替指挥。如此朝令夕改,国民党军队在东北又怎能不败?

辽沈战役结束时,淮海战役正进行得如火如荼。先是遭到中央军歧视的第三绥靖区,在中共地下党员副司令官张克侠、何基沣的指挥下宣布起义,又有邱清泉等坐视黄百韬第七兵团覆没于碾庄而不救。决战未开,就失去了两个作战集团,国民党军队在淮海战役一开始就注定了失败的命运。

主持华北军政的傅作义出身晋军,但又自成一系。东北国民党军队覆没后,蒋介石要傅作义将华北国民党军队撤往长江以南,以加强长江防线,于是以委任傅为"东南军政长官"相诱。然而傅作义则顾虑重重,担心南撤后自己的嫡系部队被蒋介石吞并从而成为光杆司令,遂提出坚守平津的主张。因为,傅作义明白自己的地盘在绥远、察哈尔,失去地盘等于失去了自己的军权,他宁愿选择困守华北也不愿意南下,蒋介石对此也无可奈何。随着北平的解放,蒋介石能赖以作战的精锐损失殆尽。

国民党实质上是松散的联合体,就是在蒋介石被赶出大陆之日,他也未能将所有的地方实力派真正统一于其政权之内。国民党的主要派系有李宗仁、白崇禧的桂军,何建的湘军,朱培德的赣军,刘湘的川军,龙云的滇军,张学良的东北军,冯玉祥的豫军,阎锡山的晋绥军。各派系之间的矛盾此伏彼起,在各种矛盾中,蒋介石嫡系与非嫡系(主要为以李宗仁、白崇禧为代表的桂系及西南诸地方实力派)间的矛盾居于主要方面。过去,双方之间的控制与反控制、吞并与反吞并的斗争从未间断,只不过由于蒋介石的力量过于强大,对方只好忍气吞声,暂时忍让。尽管经过8年抗战的"整合",国民党的军事系统,虽然公然能与蒋介石兵戎相见的军阀没有了,可是从1927年南京政府成立时就存在的军阀基因,却始终没有消失过。毛森在《孟良崮会战追忆》中说,第七军及四十八军编成一纵队,受张淦指挥,此军乃李宗仁基本部队,作战经验丰富,但与中央互相猜忌,军心不服,指责当局待遇不公,没有与蒋嫡系同样补给。如令进攻或应援,懒洋洋不肯尽力;遇敌来袭,才肯奋力拼战。毛森听到他们的论调:硬仗总是我们担当,补给总轮不到,没有美式装备;所有的枪械,自北伐用到现在,口径愈打愈大,已自七九变成九七了。但到了1949年,嫡系军队在内战中损失殆尽,非嫡系的离心力愈来愈大。大家对蒋介石或虚与委蛇,阳奉阴违;或见危不救,以泄旧怨。即使在嫡系军队内部,也不是铁板一块,同样有着各种矛盾和对立。比如胡宗南集团,其第七兵团司令官裴昌会、第十八兵团司令官李振,前者是原北洋军阀孙传芳的部下,后者属粤系,都因胡宗南的歧视,积怨甚深;再加上中共党组织的争取,最后在川西游离而出,义举反蒋之旗。

三大战役结束后,国民党军队将士人人自危,士气也随即衰落到低谷。在此危急时刻,国民党内部理应抛弃前嫌精诚合作,但是派系在军内的根深蒂固,使得这些将军已经无法看清症结所在。解放军发起渡江战役后,国民党军队各自为"战",根本不听统一指挥。嫡系部队还能稍事抵抗,杂牌部队则是一路从长江南岸"转进"到福建广东,其行军速度倒是堪称一流。而同时,蒋介石对李宗仁、白崇禧的"逼宫"深怀愤恨。本来,解放军渡江以后,国民党军的主力部队嫡系汤恩伯集团和桂系白崇禧集团,如果二者能和衷共济,携手合作,也许尚可苟延残喘于一时。但蒋介石为报一箭之仇,不惜处处拆李宗仁、白崇禧的台,使原本就已支离破碎的防线变得更千疮百孔。1949年5月,当解放军二野部队渡江后出皖南挺进浙西、赣东,有一举切断浙赣线的意图时,国民党南京政府国防部本应在赣江上游地区凭险据守,以阻解放军西入赣南,下粤东。但蒋介石却密令胡宗南兵团撤往潮汕地区,致战局更加不利。9月,衡宝战役前,已退至湘南一带布防的白崇禧集团,为保障右侧后的安全,将自青岛南撤至闽的刘安琪兵团调往粤北大庾岭布防。蒋介石却反其道而行,将该兵团调往海南岛。这样,就为解放军第二、第四野战军入粤作战扫除了障碍。胜利之师加上无防之地,解放军如虎添翼,数日之间席卷粤北、粤中,不战而下南国重镇广州,为最后围歼白崇禧集团奠定了基础。

旧军队等级森严:国民党旧军队残酷肉刑

自古以来中国民间就有"好铁不打钉,好男不当兵"的说法,这当然和千百年来战祸频仍、多灾多难的历史环境有关。尤其是近代以来,列强侵略,军阀混战,穷人家的孩子动辄就被抓去做壮丁,饱受长官和老兵的欺凌压迫,平日做奴仆,战时当炮灰,谁又想当兵,谁又敢当兵呢?据改造过来的国民党士兵的血泪控诉,旧国民党军队里的肉刑真是残酷至极。

早在井冈山时期,毛泽东就提出了军官不打骂士兵、官兵平等等要求,确立了人民军队的新型关系。但在国民党旧军队里,士兵挨打那可是家常便饭。军官带兵,有一句很流行的话,叫不打不成兵。国民党暂编第二十一师第二团在越南时,一个团长的收音机坏了。那时,收音机很金贵。团部的副官将团部传达班12人全喊到院子里站成一列,然后逐一追问:"说!收音机是谁整坏的?"12个兵你看看我,我看看他,无一人吱声。没吱声是没吱声,心里都在嘀咕:"团长大人的房间,除了你们当副官的和团长贴身勤务兵,谁敢进?"胡副官见没人说话,脸一沉,说:"哼!不说?好,让大家都陪着你受罪!"这副官亲自找来一根扁担,让全班人员一个个把手伸出来,从正副班长开始,各打20扁担,其余士兵各打10扁担。有一位叫刘金有的士兵是第9名,打到他时,扁担已经断了两根。这副官下手之狠是难以想象的。比挨打更为悲哀的,是习以为常任人宰割的顺从和奴性。士兵刘金有被打后,手痛得好几天不能干活。老兵告诉他:"你挨打时,手掌是伸平的。应该放松肌肉,窝起手掌。"张珩被打后,有位老兵教他:"你得用你自己的手,接你自己的尿,然后,使劲用尿揉手。再疼,你也得照我说的去做,不然,你的手就废了。"据查,健康人尿的自然沉淀的固体物中医称之为"人中白",具有清热、降火、消淤功效。在旧军队,比打手板更重的,是打军棍。士兵被打了军棍后,屁股和大腿的皮下会出现大量淤血,如不及时将淤血排出来,皮下淤血和坏死的血液便要经机体代谢吸收,再通过肾脏从泌尿系统排出体外。这不仅会增加肾脏负担,受伤肌肉还会分解出一种毒素,造成微循环障碍,影响肾小管的吸收和排泄,而一旦肾功能异常,其中严重者将发生以急性肾功能衰竭为特征的继发性休克,并会在抢救不及时的情况下导致死亡。这在医学上,又叫"挤压综合征"。对上述医学常识,旧军队的士兵虽然不懂,但是,在老兵中却流传着一些民间治疗土方。通常,士兵们将挨打者抬回去后,先往伤口上喷烧酒,或用盐水洗,或抹上老百姓家的"锅烟子",也就是锅底的黑灰,用以消毒。如果受伤处没怎么破,就用新瓦敲成大小均匀的瓦块,垫上去使劲用脚踩,让碎瓦划破皮肤的同时吸去污血。如果受伤处破了,就直接排挤淤血。先买点草纸垫在伤口上,人再站上去,踩几下后,把浸透了淤血的草纸扔掉,换上新草纸又继续踩,以此方法把污血排出来。不管采取哪一种方式治伤,对受伤者来说,都比挨打还痛苦,哭喊声、惨叫声能传得很远。当官的打完士兵后,通常叫人抬回去就不管死活了,少一个兵以后还能去抓,治伤的事谁爱管谁去管。棒伤经过上述治疗后要等烂肉全部结痂,新肉长出来以后才能痊愈。这个过程,少则个把月,多则两三个月。如果不治,受伤之处就要腐烂生蛆,用老兵的话说,人就要"被蛆吃死"。

据有关资料统计,国民党第一四四师 2451 名士兵中,有 345 人被吊打过,289 人被捆打过,1238 人被棒打过,13 人被刺刀打过,677 人被枪托打过,1362 人被打过耳光,945 人被皮带打过,991 人被拳打脚踢过,53 人曾被打得昏死过去,20 人被打得吐了血,22 人被打残废,1298 人被罚过跪,535 人被罚过冻,128 人被罚过晒,1302 人被罚过挨饿,1 人被罚过喝尿,1 人被罚过吃痰,被枪毙未死的有 33 人,被活埋未死的有 24 人……

由于国民党军队实行高压统治,当官的随便打兵,有些士兵确实受不了就跑,这些士兵一旦被抓回来就会被处死,且处死的方式极为残暴,令人胆战心惊。后来被改造过来的士兵曾这样回忆:

抗战末期,国民党某团驻防云南屏边时,有一次抓住了 3 名逃兵。那天早操,全团官兵集合在一个大操场上,前台上是杀气腾腾的值班员,两侧是荷枪实弹的团部特务排警卫。新兵站在前排,老兵和军官站在后面。显然,这种刻意的安排是要给所有不知军营深浅的新兵们一个下马威:看以后谁还敢开小差!值班员集合整队完毕,团长亮开了洪钟般的大嗓门:"把三个怕死鬼拉上来!"话音刚落,执法队一帮彪形大汉将 3 名早已吓得魂不附体的逃兵拖上前台。由于害怕,3 名逃兵瘫在地上,执法队员只好将他们再从地上提起来。团长朝他们鄙视地扫了一眼,随即下令暴打,几位大汉一拥而上,有人按手,有人按脚,每个逃兵身体两侧各站一人,抡起军棍"噼啪噼啪"对打。逃兵先是哭爹喊妈向团长求饶,惨叫声一声比一声大。打了一阵子后,惨叫声越来越小。到后来,只剩下"噼啪噼啪"的军棍击打声了。也不知打了多少军棍,团长喊了一声:"停!"接着,叫人抬走了其中两位。台下的士兵都以为留下来的一位要枪毙示众。没想到团长竟然命令逃兵所在新兵连 100 多名新兵每人都要端起步枪去捅逃兵一刺刀,不捅就得受处罚。第一名新兵上去,照逃兵的非要害部位捅了一刺刀,逃兵惨叫一声。第二名新兵的一刺刀还是捅在逃兵的非要害部位上,逃兵又惨叫了一声。100多名新兵,以他们最不忍心的刺杀方法,使逃兵承受了最难以忍受的死亡过程。按照团长的吩咐,死去的逃兵"脸朝下埋掉"了。"怕死鬼"是不能再见天日的。逃兵的命运还有比这更惨的,有的甚至因此丧命。

其实在国民党旧军队里,被虐被杀的不仅是逃兵,对他们来说,有些没有用的或者病号一点也不顾惜就扔掉了。有一位起义的士兵在采访中回忆,他所在连队赴越南受降途中,军官克扣士兵粮饷非常严重,加上热带地区疾病流行,致使相当一部分士兵体质极度衰竭,而当官的只要见到士兵走不动路了,便一刺刀捅死,再一脚踹下河。这样的经历对士兵来说是莫大的灾难。

黑人连队成建制投降:美军种族歧视之祸

在抗美援朝战争中,曾有一支美军连队成建制地向中国人民志愿军投降,这是美国独立战争以来第一支向外国军队投降的整编连队,也是抗美援朝战争中唯一一支向志愿军集体投降的美军建制连。他们为什么会成建制投降呢?原因竟是这支连队是黑人连队!他们在美军中因为是黑人而备受歧视。

在朝鲜战场上集体投降的这支队伍是美军第二十五步兵师第二十四团C连,该连队90%以上士兵是黑人。二十四团别号"金龙团",其历史可以追溯到美国南北战争时期。在19世纪70~80年代对印第安人的战争中,二十四团的勇敢作风备受称赞。二十四团对中国并不陌生。1900年八国联军侵华时,该团就自称首先攻入北京。50年后的朝鲜战场,它又和中国人遭遇,而此时情境已经大为不同。一方面,中国人民志愿军勇猛顽强,而美军的多次失败令其官兵士气低落;另一方面,当时美国社会种族歧视严重,黑人士兵在美军中也低人一等,辛苦送命的事往往让他们冲在前面,荣誉奖励却很少得。黑人士兵对此非常不满。因此,二十四团消极情绪相对较浓。自投入朝鲜战场后,该团经常有士兵开小差。在扼守醴泉及尚州时,二十四团闻风而溃,甚至将枪炮辎重遗弃在阵地上,所以二十四团有个外号叫"逃窜"。白人士兵还专门编了个"逃窜舞蹈"的小调:中国人的迫击炮轰轰叫,二十四团的老爷们撒脚跑。

1950年11月,第二次战役打响。25日,志愿军三十九军以猛虎下山之势,向云山以南九洞地区的美军第二十五师发起进攻, 将美第二十五师第二十四团分割成三段。经过一夜激战,美军伤亡过半。在夜间攻击中,志愿军与二十四团C连遭遇,随即展开猛攻。C连仓皇逃入九龙江边的一个凹形树林中。为了突围,C连组织了两次反扑,企图夺回由志愿军占领的小高地,但都被打了回去。

天亮后,志愿军侦察员发现被围美军多是黑人,且个个惊恐万状,一片混乱。指导员周凤鸣判断敌人已经发生动摇,于是决定在阵前喊话,瓦解敌人。会讲英语的两名志愿军战士向敌军不断宣传我军的俘虏政策,喊着喊着,忽然看见美军阵地有两个黑人士兵举着一面白旗战战兢兢地走过来。敌人投降了。四班班长董永和站起来迎过去。结果刚走两步,敌人阵地里突然打出一梭子弹,董永和应声倒地。与此同时,敌人以一个排的兵力隐蔽地向志愿军左翼逼近,企图攻占该处高地。然而,在我军手榴弹的轰炸下,这伙敌人不得不狼狈逃回。至此,黑人连已经四面楚歌,走投无路。

志愿军战士仍不失时机地喊话:被压迫的黑人兄弟们,你们在美国社会中是受种族歧视的,在美国军队中你们仍然受种族歧视。我们中国人民志愿军的俘虏政策,是对白人和黑人俘虏同等待遇。黑人兄弟们,你们不要继续为华尔街的老板们卖命当炮灰了,赶快投降吧!

又过了一会儿,树林里走出一个高个子黑人,举着一张白纸,上面画着一个做投降状的美国士兵。通过翻译,志愿军得知此人是黑人连的连长斯坦福,并说刚才诈降的原因是白人士兵反对投降。在斯坦福的命令下,黑人连其他士兵纷纷走出树林,向志愿军投降。

斯坦福之所以决定投降,是因为之前他曾看到过志愿军优待俘虏的传单,听说过志愿军给美军受伤战俘包扎伤口,还给他们饼干。斯坦福明白,只有做志愿军的俘虏,才能使全连官兵保住性命,将来回国与家人团聚。但在投降的过程中,却发生了一件让黑人战俘们胆战心惊的意外之事。

黑人连走出树林后,志愿军开始清点被俘人员,没收其武器。由于一个美军士兵过于紧张,枪支走火,一名志愿军战士当场被击倒在地。这一枪使所有的人都怔住了,一时不知怎么办好,俘虏们更是紧张万分。他们意识到,这一枪可能会让他们全体毁灭。出人意料的是,志愿军并没有责罚他们,反而尽量稳定他们的情绪,上去与他们握手,并给伤员包扎。这一大度行为赢得了黑人士兵的信任。他们感动得或热泪盈眶,或大声叫喊,或跪在地上拼命祈祷。

至此,战斗全部结束,人民志愿军仅以伤亡一人的代价,采取军事打击和政治攻势相结合的方式,俘敌115人,毙伤敌人33人。当该连投降的消息传到美国军方时,军方高层震惊不已。3个月后,根据美军第二十五师师长基恩少将的建议,经美国国防部长批准,美军宣布了一项改编计划:解散黑人步兵二十四团。从此,美军开始实行黑人和白人混编体制。

被俘初期,这些战俘被安置在前线临时战俘收容所。随着前线部队连续作战,战场上的俘虏越来越多,管理愈加不方便。因此,志愿军决定把这些俘虏转移到后方的碧潼战俘营。碧潼战俘营距离前线约 500 公里,再加上天寒地冻,路上还常常遭到美军飞机不分青红皂白的滥炸,战俘们难免会恐惧与疲惫。一路上多亏负责押送的志愿军战士的劝解与照顾,他们才平安到达碧潼。当押送的战士要返回前线时,俘虏们紧紧握着战士们的手,一再表示感谢。

碧潼战俘营地处鸭绿江边,三面环水,一面靠山,风景十分秀丽。警卫只在营区外与外界相通的路口设立岗哨,战俘营里没有看守楼、堑壕和电网,也没有荷枪实弹的巡逻士兵,再加上志愿军处处为战俘着想,使得这里根本不像一个关押战俘的地方,倒像一个学校。对于 C 连的战俘们来说,这里是一个他们从来没有见过的新世界,这里没有虚伪,没有压迫,最重要的是没有种族隔离。他们在美国国内备受种族歧视之苦,为摆脱困境参军赴朝作战,却仍摆脱不了种族歧视的梦魇。

一个叫霍尔的士兵说,也就是从这时起,他第一次认识了中国人民。以后经历的一件件事情,使他越来越明确地认识到,中国人民是了不起的人民,伟大的人民……下面就是这位美国黑人士兵发自内心的声音:

中国志愿军一直对我们俘虏很客气,称呼我们"先生",但在我的内心里,却不仅仅把他们看作热情的朋友,而且看作战斗的同志。我觉得,在当今世界上,只有他们才是最理解我们黑人痛苦的人。也正是在志愿军的战俘营里,我有生以来第一次被作为人来看待,被作为同志来看待,而不是作为一个动物来看待……我的一生都充满屈辱和苦难。我认为,我最大的罪过就是生为美国的黑人。我的肤色就是我一切不幸的根源……当我还是一个不懂事的小孩子的时候,走在街上,母亲就紧紧地拉着我,不准我离开一步,唯恐我冲撞了白人,招来灾祸。由于家庭贫困,父母不得不把我放在孤儿院里。有一次,母亲给我送来一件新上衣。她刚一离开,白人的孩子就命令我把上衣脱掉,换上破的。当时我哭了。哥哥也用小手臂搂着我流下了眼泪。别人把他拉开,围上去揍他耳光,打得他后来成了聋子。这就是我童年的遭遇。后来我长大了,当了一名工人,情况也没有改变多少。为了进饭店和咖啡馆,我受到不少侮辱和打骂。渐渐我学乖了,如果半小时之内没有端上食物,我就得起身离开。有一次乘公共汽车,我和一个白人坐在一起。他命令我离开,我就向旁边让开身子。那个白人竟愤怒地说:"我已经说过,我们之中必须有一个离开!"我忍耐着又向旁边让了让。这时那个白人就站起来,一脚把我从椅子上踢下来,其他白人哈哈大笑。侮辱像无数条鞭子抽打着我的心,我的头像要裂开似的,我的整个身子也像要立刻爆炸一样。我就把那个白人拖倒在通道上,这是我第一次敢于反抗一个白人。我被辞退了。后来我又去当农业工人。在那里,我跟白人干同样的活,但是却不能和白人一起在屋子里吃饭,白人对待我完全像对待一个动物。不久,我又失业了。我在外流浪了一年,在一个游艺场和廉价的体育馆搞拳击,实际上不过是用挨打来换得别人的笑声。有一次我和一个白人比赛,比赛之前,一个人塞给我 100 元钱,叫我输给那个白人,否则就要杀死我。这是我有生以来挨的最重的一次痛打,我因此卧床半月之久。我结了婚,但是我无法养活我的妻儿。我勉强能够起床,就又去参加拳击,以便挣些零钱。钱是那样的少,我把买来的东西给老婆孩子吃了,自己和饥饿做斗争,有时一天一餐,有时数日一餐。这一切,我都是瞒着他们干的。就是在这种情况下,我才参加了军队……这就是我作为一个黑人的生活。这样的生活使我饱尝了屈辱、悲伤、失望和痛苦。它使我不止一次地向自己发问:为什么我要如此受苦?为什么有些人如此贫困而有些人又如此富有?为什么人的肤色就是一种耻辱?世界上有没有不歧视黑人的地方……我没有得到答案。我想,人类也许从来就是如此,不歧视黑人的地方是不存在的。但是,我终于找到了这些问题的答案,我找到了真理。世界上究竟有没有不歧视黑人的地方呢?是有的。这就是在中国,在志愿军这里。也唯有在这里,我看到了一个我从来没有见过的新世界……当然,坦白地说,在我被俘之后,我首先注意观察的,就是看看中国人是不是也歧视黑人。从志愿军的行动、言谈甚至眼神,我都进行了精细的观察。确实,志愿军对我们黑人是真诚的,同情的,并且是热爱的。像我们国家那种可诅咒的现象是根本不存在的。而且每当白人对我们不礼貌的时候,每当他们拒绝和我们一起游戏,拒绝和我们在一个火盆烤火的时候,志愿军总是耐心地、善意地用他们的思想来教育白人,说服他们。也就是从这个时候起,我们之间的万丈高墙,才逐渐拆除;我们之间的友谊,就像一粒健康的种子,通过中国志愿军的手,很快地发芽成长起来。也许这些在志愿军看来都不过是些小事,但它们对我们来说却是无限珍贵的。因为在我的一生中,在我的不幸的黑人兄弟的一生中,都是第一次过上人的生活。

我还想谈一件令我十分感动的事。去年夏天,一个黑人伙伴到河里游泳发生了危险。这时候,俘虏营里的一位体质单薄的教员,立刻跳到河里,不顾自己的生命危险,游到激流中去救他,终于把他救了上来。当我们看到教员那单薄的身子,所有在场的黑人都哭了。要知道,在美国,谁也不会在乎一个黑人死掉。而在这里,教员却把一个黑人看得比自己的生命还要重要。所以我说,中国人民是了不起的人民,是高尚的人民。我认为中国共产党和中国人民为之奋斗的理想,是完全有根据的,是真正能够消灭剥削,消灭压迫,改变黑人不幸命运的。在俘虏营里,我还认真阅读了一些马列主义和毛泽东的书籍,我认为只有这些才是黑人取得彻底解放的武器。我还认为,毛泽东是一位十分卓越和伟大的人物。在他的领导下,中国人民志愿军是会取得彻底胜利的。我今生的志愿,就是同中国人民并肩战斗,作为中国人民的一个忠实同志,为无产阶级和黑人的彻底解放而斗争!

以上这个黑人士兵的心声充满了对志愿军的感谢之情，也从一个侧面道出了他在美国军队里所处的一种极端恶劣的环境。在这样一个充满歧视和压迫的军队里，对于黑人而言是没有和谐可言的，有时候连人的尊严都没有，他们怎么能为这样的军队卖命呢?这样的部队还怎么能相互配合，相互支援?于是他们选择了投降，选择了新生。

1953年《朝鲜停战协定》签署后，碧潼战俘营的美军战俘陆续被遣返。由于政治上没有歧视，黑人战俘们心情舒畅，加上伙食良好，所以到停战时，他们个个长胖不少，精神抖擞。在俘虏营期间，他们很多人与中国人民产生了友情。黑人连副连长杜尔夫表示："你们对我们的宽待非一般言语所能表达出来。事实使我相信你们是对的。"在遣返回国时，这些战俘恋恋不舍，有些人甚至决定留下来并要求到中国去。在经过多次劝说之后，他们才最终回国。

第五章
规范军事活动的制度文化

军事法制："师出以律"得胜多

"师出以律"，指的是军队只有遵守军规军法，才可"用"于战争，才能增加取胜的概率。战争实践也证明，一支军队要想打胜仗必须有铁的纪律。这也正是千百年来军事法制文化不断发展繁荣的重要原因。

军事法是我国最早出现的法律之一，渊源主要有"誓"、"律"、礼等几类。早期的军事法主要体现在临战前作战双方发布的誓命文诰中。春秋至秦汉时期是封建军事法制的产生和确立阶段。春秋战国时期是奴隶制向封建制转变的时期，战争连绵不断，法制思想日益盛行，调整军事领域各种关系的法律规范得以发展。战国时期，战争发生次数频繁，军队进一步职业化，"缘法而治"成为普遍现象。大约成书于战国初期的《司马法》，就是专门规范军人主要是军官行动的战斗条令。当时，根据军事教育训练对象扩大的需要，专门制定有士兵训练的军法。在中国现存的第一部比较完整的刑事法典——李悝的《法经》中，专门规定有军事刑法的内容。秦朝推崇法家，军事法制获得长足进展。秦朝除了将统一六国前颁布实施的军法推行全国之外，又进行了大规模军事立法活动。汉朝除了继续丰富、完善各个领域的军事法之外，还制定了地区性、细则性的具有"律"的功能的军法令、品约等。秦汉时期，军事法制的职官和机构开始分级设置，各司其职。为保证各级官员严格执法，确保国家的军政大权牢牢控制在皇帝手中，秦汉两代还发展了萌芽于春秋之际的监军制度。秦代的《除吏律》《军爵律》《中劳律》《屯表律》《戍律》《公车司马猎律》《徭律》和《秦律杂抄》等，详细地规定了军事活动方面的问题。这些法律对军队体制、将官职权、戍役征兵、兵员补充、士卒训练、军事检阅、战斗指挥、军队纪律、功劳计算、军马饲养、战争勤务和军事劳役等，都作了比较具体的规定。在中国历史上第一次农民大起义的烽火中取代秦朝的汉朝,除了大量承袭秦制外,汉高帝刘邦还命萧何颁布律令,韩信申军法,并加强军事学术研究,从而进一步推动了封建军事立法。汉朝《九章律》中的《兴律》和《厩律》就是专门规定军事制度的法规,为后世建立完备的军事法提供了蓝本。作为封建社会的汉朝军法,基本属于刑法性质,它主要规定军人违反职责构成的犯罪及其处罚规定。《兴律》和《厩律》规定有"擅发兵""擅兴徭役""乏徭稽留""逗留和失期""逃亡""乏军兴""告反建受"等犯罪行为,通过对这些犯罪行为的惩罚,以确保汉皇帝对军队的绝对统治权,从而维护军队纪律和秩序,增强军队的战斗力。至此,不仅临时性的军事誓言已被稳定的成文法所取代,军事法的主要形式发生了根本改变,而且军事立法、司法以及监督制度均已初具规模,这表明中国封建军事法制已经基本形成。但此时的军事法,包括三国、两晋、南北朝至隋唐及宋、元时代的军事法仍是列于多篇之中,没有成套的法律。

到了明代,按律者常经也,条例者时之权宜的原则,建立了层次门类较齐全的军事法体系。《大明律》打破了秦汉以来将军事法列于多篇之中的做法,专列《兵律》一篇,包括宫卫、军政、关津、厩牧、邮驿五章,章下又分若干条目,突出了军政方面的内容,成为覆盖整个军事领域的基本法。在司法方面,兵部掌赏功,五军都督府掌军内刑狱。这种分工适应了兵部执掌军政、都督府统领军旅的军政军旅分离的军事领导体制,有利于强化部、府之间的相互制约,加强封建皇权统治。清代前期注重构建严密的军事法体系,以明律为蓝本制定了《大清律·兵律》,参考以往的作战法规制定了《军令》,并定期纂修《则例》,使军法的卷本不断增加,最终成为应时性极强的军事法律规范。

我国古代军事法经历了由"誓"为形式的临时性军事法到相对稳定的成文法,由奴隶制军事法到封建制军事法的发展演变过程。其形式由单一到多样,其内容由简至繁,并逐渐趋向于规范详备而科条简约,至明清最终形成以《兵律》为主,各种专门军事法为辅,门类齐全、详明严密的封建军事法体系。

在国外,最早的军事法要数由古巴比伦王国汉谟拉比国王制定的成文法典——《汉谟拉比法典》中的军事法条文。这一法典共用 15 个条文来规定兵役义务、军人权益、奖惩措施等,为保证军队的来源和装备的提供,加强国防力量和军事实力,维持业已建立的数目可观的常备军,提供了法律基础。在古希腊法律体系中,斯巴达的军事法最为发达。公元前 8 世纪左右,斯巴达国王制定了《国民军事教育法》,规定在全体公民中实行严格的军事训练和军事纪律。儿童从 7 岁就受严格锻炼,20岁至 30 岁男子,每天必须参加军事训练;30 岁至 60 岁的男子都得服常备兵役;青年妇女在出嫁前也接受跟男子一样的体育锻炼。在古代印度法律体系中,军事法亦有了一定的发展。编纂于公元前 3 世纪,集宗教、哲学和法律于一身的《摩奴法典》,在其第 7 章专门有教导国王如何统率军队进行战争等内容,如教导国王如何组织指挥军队,如国王应该始终使军队常备不懈;教导国王要充分运用人道主义的战争法则,如不用暗器、有毒的武器杀伤敌人,不杀已投降、重伤等各种没有反抗之意的敌人;教导国王运用奖惩措施来治理军队等。

公元前 5 世纪古罗马帝国的崩溃,标志着西欧封建社会的开始,亦标志着中世纪封建军事法的诞生。在欧洲封建社会时期,最注重成文性军事法制定的要数俄国统治者。在俄国封建法律体系中,军事法规占有十分突出的位置。1621 年,俄国颁布了第一个军事法令——《民兵总队、炮兵和其他有关军事的勤务令》。1649 年颁行了具有兵役组织法特色的《宗教法》。从 1649 年《宗教法》颁布一直到 17 世纪末,期间颁布了各种法令和敕令,大部分是为了防止军人潜逃和缺勤而颁布的。进入 18 世纪,俄国军事法得到了进一步发展,颁布了《水手法》《由古代宗教军法中选择的各种条例汇编》《俄罗斯海军训令和规程》《陆军勤务令》《海军勤务令》等军事法令。1839 年颁布了 19 世纪俄国最重要的军事刑事法规——《军事刑法》。这部刑法分上下两部,上部为军事刑法条例,下部为军事诉讼法。这部军事刑事法典还在俄国军事刑事立法史上首次规定了军事刑法总则。其后,俄国又颁布了《军事刑事惩罚及感化制度条例》《军人惩罚条例》《海军惩罚条例》等。较为详细完备的军事立法在当时俄国建立强大的、纪律严明的军队过程中及实施军事侵略和扩张的过程中,都发挥了重要作用。

在资产阶级革命较为彻底的法国,由于比较重视成文法的制定工作,使得法国近代、现代军事法远比英、美等国的军事法发达。1789 年 8 月 10 日,法国就颁布了《组织国民卫军的法令》;同年 10 月 21 日,又颁布了《禁止聚众的戒严法》。这两个军事法规的颁布,为壮大革命力量,最终推翻封建专制统治,取得资产阶级革命的胜利,奠定了良好的基础。在法国雅各宾派专政时期,为镇压反革命,军事法制建设被置于十分重要的位置。在这一时期,法国先后制定了《关于驻在军中代表的法令》《全国总动员法令》《创设革命法庭的法令》《创立公安委员会的法令》《宣布革命政府的法令》《有关革命政府组织的法令》等军事法规。其中,1793 年 8 月 23 日颁布的《全国总动员法令》在历史上第一次建立了全国义务兵役制,号召全体法国人民都应征服兵役,"直到把敌人驱逐出共和国的疆界"。1848 年,法国统治者为实施对内对外的军事镇压,在 1848 年宪法中对戒严事项进行了明示。值得一提的是,在 1871 年 3 月 18 日巴黎公社起义以后,就在打破旧的军事机器,建设起新的军事组织时,在人类历史上首次建立了无产阶级法制(包括军事法制)。巴黎公社于 1871 年 3 月 29 日颁布了一项关于废除新兵的招募和以武装起来的人民代替常备军的法令,规定一切能够拿起武器的人都应应征加入国民自卫军的队伍。

鸦片战争后,西方资本主义法律思想进入中国,中国固有的诸法合体的法律形式逐渐瓦解,出现了半殖民地半封建社会性质的独特法律形式,这就使近代中国军事法亦具有此特点。面对救亡图存的时代主题,精英阶层主张模仿西方国家的法律进行变革,但清末统治者竭力遏制革新,因此清末的革新立法很有限,在军事立法上也没有出现具有近代意义的法律法规。1905 年,孙中山领导建立同盟会后发布了《军政府宣言》,其中涉及"军法之治"。辛亥革命胜利以后,政府在各省军政府制定的军令或军律的基础上颁行了临时《军律 12 条》,以后又制定了《陆军刑律》《国民革命军总司令部组织大纲》等具有资产阶级性质的军事法规。国民党政府统治时期,制定了融封建军事法和资本主义军事法为一体的较完整、数量较多的军事法。

军事法制作为一种文化,发展到今天,虽说在不同的国家有不同的形式,但在内容上却具有较强的一致性。它既包括专门的军事法律制度,如国防法、兵役法、军官法等军事法律制度,也包括相关的军事法律制度,如宪法、刑法、婚姻法等部门法中涉及军事的相关法律制度;既包括国内军事法律制度,也包括国际军事法律制度。

国防法律制度是调整国防领域各种军事关系的法律和制度的总和,主要包括以下方面的内容:

(1)国防基本法律制度。国防基本法律制度是调整国防领域基本军事关系的法律和制度的总称,主要规范国防活动的性质、目标、建设等方面的基本原则,武装力量、领土防卫、国防资产、国防生产、国防动员、国防教育、国防外交等方面的基本制度,国家机构的国防职权、组织和公民的国防义务与权利、军人的义务与权利等基本规则,如《中华人民共和国国防法》《法国防卫总组织法》《澳大利亚国防法》《蒙古国国防法》等。

(2)兵役法律制度。兵役法律制度是调整国家兵役活动中各种社会关系的法律和制度的总称,主要规范兵役活动的领导管理体制,服兵役的条件和形式,兵员的征召和动员,公民的兵役义务与相应权利、相关法律责任等,如《中华人民共和国兵役法》《美国义务征兵法案》《俄罗斯联邦兵役义务与服役法》《俄罗斯联邦征兵条例》《法国国民兵役法》《法国征兵法》等。

(3)军人优抚法律制度。军人优抚法律制度是调整军人优抚活动中各种社会关系的法律和制度的总称,主要规定优抚对象、优抚办法、经费保障、法律责任等,如中华人民共和国《革命烈士褒扬条例》《美国军地补差法》《美国军人待遇法》《美国退伍军人安置法》《俄罗斯联邦军人地位法》《英国皇家军人抚恤条例》等。

(4)军人保险法律制度。军人保险法律制度是调整军人保险活动中各种社会关系的法律和制度的总称,主要规定军人保险的对象、范围、经费、标准、赔偿等,如《中国人民解放军军人伤亡保险暂行规定》《俄罗斯联邦军人、应召参加军事集训的公民、内务机关人员及联邦税警机关工作人员强制性人寿与健康保险法》、德国《军人养老保险法》等。

(5)国防动员法律制度。国防动员法律制度是调整国防动员活动中各种社会关系的法律和制度的总称,主要规定国防动员的条件、国防动员的准备、战略物资储备、国防动员主体的责任、国防动员的征用等,如《中华人民共和国国防动员法》《美国战争动员法》《俄罗斯联邦动员准备与动员法》《德国国家总动员法》《法国总动员法》《日本国家总动员法》等。

(6)国防教育法律制度。国防教育法律制度是调整国防教育活动中各种社会关系的法律和制度的总称,主要规定国防教育的组织体制、国防教育的原则与内容、国防教育的保障机制等,如《斯巴达国民军事教育法》、美国《1958年国防教育法》、《中华人民共和国国防教育法》等。

(7)民防法律制度。民防法律制度是调整民防活动中各种社会关系的法律和制度的总称,主要规定民防的组织领导体制、民防工程和设施的建设与管理、民防的训练与实施、法律责任等,如《中华人民共和国人民防空法》《英国空袭警戒法》、俄罗斯《民防法》等。

(8)军事设施保护法律制度。军事设施保护法律制度是调整军事设施保护活动中各种社会关系的法律和制度的总称,主要规定军事设施保护的方针与原则、军事设施的分类保护、军事设施保护的组织体制、法律责任等,如《中华人民共和国军事设施保护法》《关于在俄罗斯联邦武装力量、其他部队、军事单位和机关的军火库、基地和仓库周围建立军事禁区的条例》、美国《国防设施法》、越南《保卫国防工程和军事区规定》等。

(9)国防科技法律制度。国防科技法律制度是调整国防科技活动中各种社会关系的法律和制度的总称,主要规定国防科技的目标与任务、国防科技的组织领导体制、国防科技活动的管理与监督、国防科技的相关标准、国防科技人员的使用与保护等,如中华人民共和国《国防科学技术情报工作条例》、《俄罗斯联邦对外军事技术合作法》等。

(10)国防经济法律制度。国防经济法律制度是调整国防经济活动中各种社会关系的法律和制度的总称,主要规定国防经济活动的组织领导体制、国防经费的保障、国防生产的方针与能力要求、国防生产的发展重点、军事订货等,如《中华人民共和国军品出口管理条例》、《美国国防拨款法》、俄罗斯《国家国防订货法》、《日本陆上自卫队补给管理小六法》等。

(11)紧急状态法律制度。紧急状态法律制度是国家应对紧急状态的各种法律和制度的总称，主要规定紧急状态的批准程序、紧急状态的宣布、紧急状态的领导体制、紧急状态实施主体的责任、紧急状态的法律措施、紧急状态的解除等，如《中华人民共和国戒严法》《美国全国紧急状态法》《俄罗斯联邦战时状态法》《法国戒严法》《日本治安维持法》《日本战时管制法》等。

军队法规制度是调整军队建设与作战中各种军事关系的法规和制度的总和。由于各国武装力量构成和军队编制体制不同，各国军队法规制度也不尽相同。一般来说，军队法规制度主要包括以下方面的内容：

(1)军队军事工作法规制度。军队军事工作法规制度是调整军队军事工作和作战中各种军事关系的法规和制度的总称，主要规定司令机关的职权、军事工作的各项制度与规则、作战和军事任务的指挥与进行等，如《中国人民解放军司令部条例》《中国人民解放军军事训练条例》《俄罗斯陆军法令》《英国军事武装法令》《法国军人条例》《日本野战条令》等。

(2)军队政治工作法规制度。军队政治工作法规制度是调整军队政治工作中各种军事关系的法规和制度的总称，主要规范军队各级政治机关的职权、军队中各级组织活动的制度与规则、政治工作各项制度与规则、战时政治工作的实施等，如《中国人民解放军政治工作条例》等。

(3)军队后勤法规制度。军队后勤法规制度是调整军队后勤工作中各种军事关系的法规和制度的总称，主要规定军队各级后勤机关的职权、后勤工作的各项制度与规则、作战中后勤保障机制等，如《中国人民解放军后勤条例》、美军《作战后勤保障》等。

(4)军队装备法规制度。军队装备法规制度是调整军队装备工作各种军事关系的法规和制度的总称，如《中国人民解放军装备条例》、俄罗斯《武器法》等。

军事刑事法律制度是关于军事犯罪和军事刑事诉讼程序的法律和制度的总和。从各国现行的军事刑事法律制度看，主要包括以下方面的内容：

(1)军事刑事实体法律制度。军事刑事实体法律制度是有关军事犯罪及其刑罚的法律和制度的总称，主要规定军事犯罪的各种罪名、军事犯罪适用刑罚的种类等，如《中华人民共和国刑法》第7章关于危害国防利益罪和第10章关于军人违反职责罪的规定，以及《美国陆军刑事条例》《俄罗斯军事刑法典》《俄罗斯军事刑罚条例》《德意志联邦共和国军事刑法》《意大利军事刑法典》、日本《战时刑事特别法》等。

(2)军事刑事程序法律制度。军事刑事程序法律制度是有关追究军事犯罪责任诉讼程序的法律和制度的总称，主要规定对军事犯罪进行侦查、起诉、审判、执行的制度与程序，如《关于军队执行〈中华人民共和国刑事诉讼法〉若干问题的暂行规定》《美国军事诉讼证据规则》《法国军事司法法典》等。

党委制："党指挥枪"的根本制度

1938 年 11 月 6 日,在中共六届六中全会上,毛泽东针对张国焘同党争权的历史教训提出,共产党不争个人兵权,不要学张国焘。但要争党的兵权,争人民的兵权,并形象地将党对军队绝对领导原则表述为我们的原则是党指挥枪,而决不容许枪指挥党。怎么实现党指挥枪呢?要靠党委制这个根本制度。

我军的党委制是随着人民军队的组建而形成的。1927 年 8 月 1 日, 根据党中央决定,以周恩来为书记的党的前敌委员会,举行了武装反抗国民党的南昌起义。起义前后,为加强党对起义部队的领导,确定各军设军党委,各师设师党委,各团有党总支或党支部及分支部小组,团以上各级部队设党代表。中央对此予以充分肯定, 在致起义部队之第二十五师的指示信中强调: 军中党的组织是一切组织的根源,党组织必须执行党的决策,监督军队行动。南昌起义受挫后,起义的主要领导人之一李立三认为,究其原因,除其他主客观因素外,党的组织上一个很大的弱点,是表面上看起来,部队似乎完全在党的指导之下,实际上不过是许多共产党分子的个人指导,前委和各军军委组织薄弱,系统不明,权力不聚,责任不专,已失掉了领导暴动的重心,所以党的政治方针很难深入到军队的同志中去。

毛泽东从南昌起义和湘赣边界秋收起义相继失利中, 悟出是缺乏革命中心力量招致革命失败的血的教训。他在率部进军井冈山,途经江西省永新县时,进行了著名的"三湾改编",重建了各级党组织,即班排设党小组,支部建在连上,营和团建党委,规定部队重大问题由党组织集体议决。秋收起义部队党的前委还向连、营、团委派了专事党的工作和政治工作的党代表, 从而在部队建构起比较严整的党组织体系。秋收起义部队与朱德率领的南昌起义部分军队合编为红四军后,又选出军委会,进而健全了红四军的党组织体系。

1929 年 12 月,红四军第九次党代表大会形成的《古田会议决议》,阐明了党对军队的领导原则,强调在红军中建立党的领导中枢,实行党委制等一系列建党建军的重要问题,从而奠定了党委制的基础。党中央高度评价了红四军的这些经验,认为这在中国是独一无二的,要求各地红军都要学习《古田会议决议》和朱德、毛泽东领导红四军所创造的经验。这就促进了党委制在全军的普遍建立。这个时期,随着红军党委制的建立和发展,党委制的理论原则已具雏形。如在党委职权上,规定一切权力集中于前委和党的各级委员会,但又并非党管一切,党只能经过党团作用作政治的领导,前委应着眼在红军的政治、军事、经济及群众斗争的领导上。在党委领导原则上,提出要注意集体领导三原则:党内一切重要问题均应召集各级委员会讨论解决;临时问题及日常细小问题可由书记解决,并向各委员报告;委员都应经常注意党的工作,不可一切问题都推向书记。在党委组织原则上厉行集中指导下的民主,明确了少数服从多数的原则。被否决意见的少数人可以保留意见,但须拥护多数人通过的决议。党委要有正确的指导路线,遇事才拿出办法,以建立领导的中枢。党委决策要慎重,一成决议就须坚决执行。在红军军政机关之间及其与党委的关系上,确定军政机关在前委指导之下,平行地执行工作。党委经过军部指挥军事工作,经过政治部指挥政治工作。这些原则的规定和执行,有力地加强了党对红军的领导。

由于当时部队缺乏经验和健全的法规,有些部队在实行党委制的过程中,在克服军阀主义、家长制习气后,又出现党委包办一切及事务主义的苗头,党委成为处理红军中日常事务的部门,以致削弱了首长的职权和机关独立工作的职能,模糊了党委的政治领导作用。对此,中央和军委曾给予批评和纠正。

受"左"倾教条主义及冒险主义影响,政治委员制逐渐开始全权代表党委制。由于担任党中央主要负责工作的领导人李立三、向忠发等人受"左"倾教条主义影响较深,从而不顾中国革命实际和我军实际,在建军问题上一而再、再而三地照搬苏联建军的经验和模式,而对实行不同于苏军领导体制的党委制度,初则观望,继则怀疑。他们把一些部队实行党委制中反映出来的问题看得很重,很危险,因而从1928年五六月间起,多次提出要在红军中普遍实行苏军式的政委制,扩大政委的个人权力。从1930年夏天起,随着李的"左"倾,"立三路线"占据了中央领导地位。"左"倾盲动主义、教条主义思想严重的中央主要负责人,也将他改造红军和根据地的设想付诸行动。如1930年7月党的全国组织会议通过的《中央通知第一百四十七号》就规定:红军本身的指导机关由政委、党的书记、军事主官三人组成军事政治苏维埃(即现在的前委),以政委为主席,决定一切工作。1930年底经党中央批准颁布的《中国工农红军政治工作暂行条例(草案)》,则进一步规定:政治委员有监督一切军事行动军事行政的权力,政治委员在与同级军事指挥员有争执时,政治委员有停止军事指挥员命令之权,军事指挥员必须依照政治委员的意见执行;团委与政治委员发生争执时,团委应当执行政治委员的指示等。至1932年10月宁都会议时,各地红军先后用政委全权代表制取代了党委制。

第二次国内革命战争时期用单一的政委制取代党委制的后果,后来集中地表现为张国焘在红四方面军培植个人势力,树立个人权威,建立个人的领导权势,飞扬跋扈,独断专行,践踏党内民主,破坏正确的党内集中,直到长征中公开分裂党和红军,给党的事业和红军建设造成难以挽回的重大损失。

1935年1月,遵义会议召开。这次会议实际上确立了毛泽东在党内和红军中的领导地位,结束了"左"倾冒险主义的错误领导。会议决定首先重建中央军委的集体领导。党中央采取成立革命军事委员会分会等多种形式,逐步恢复党的集体领导,明确一切重要的军事问题,应经过军委讨论。中央红军各军团也重建了党委。党的集体领导制的重建,对长征胜利起了重大作用。正是依靠中央和军委集体领导的智慧和力量,党和红军摆脱了数十倍于我军的国民党军队围追堵截,战胜了张国焘分裂主义路线,排除千难万险,完成了战略转移任务。

在党委制中断后,1937 年 5 月 17 日,党的苏区代表会议决定,在军师及独立行动之单位组织军政委员会⋯⋯指导军队的全部政治和军事及党的工作,并向上级军政委员会或向党中央负责;凡关系全局的军、政、党、后勤等一切工作,均应由它讨论决定,然后交各部门执行之。军政委员会具有与党委制相似的特点,但又不是完全意义上的党委制。贺龙认为,军政委员会的形式实际上是恢复了党委制。与党委制不同的是,军政委员会成员由上级指定而非选举产生;军政委员会与首长关系不明确;各级军政委员会之间也未构成上下级关系;营的总分支、连的党支部都不是该级最高领导机关,只起保证监督作用;军政委员会是秘密组织,其决定只用机关名义下达上报;关于紧急问题,司令员与政委如有不同意见可向上级报告,而不必再经所在委员会讨论。可以看出,军政委员会是在特殊条件下党对集体领导的一种组织形式。在当时环境中,这种组织对克服单一首长制的弊病,保证党的集体领导,增强干部团结,起过重要作用。

随着革命斗争的发展和我军成长壮大中出现的一些新情况新问题,党在领导军队建设的实践中,越来越感到原先的部队领导体制需要加以改革。经过反复认真的比较、探讨,党的"七大"在总结我党建党建军历史经验的基础上,原则确定根据《古田会议决议》的原则,在军队恢复党委制度。晋冀鲁豫军区响应"七大"号召,率先在所属团以上部队中恢复了党委制,并进行了富有成效的探索和总结。党中央充分肯定了他们的经验和作法,于 1947 年 2 月指示全军团以上部队恢复党委制度。同年 7 月,总政治部制定颁发了《中国人民军队党委员会条例草案》,首次用比较完备的军内法规形式,规定了军队党委的性质、地位、职责、组织规则等项内容,为全军部队恢复党委制提供了基本法规依据。党委制在解放战争时期的恢复,并非简单地回归到初创时的水平,而是有自身的主要特点。全军营以上部队和单位均设公开活动的党委会,并构成上下贯通、层层负责的严密的组织体系,党委成为军队一切领导与团结的核心;党委成员的产生和罢免,开始由上级确定向党代会选免过渡;党委职权更为具体,包括有关作战、教育、党的政策、干部升迁调动奖处、经济生产与财政开支等重大问题;明确党委决定应通过首长制去实施。这些条例使部队自上而下开始重视党委建设,提高了党委的领导水平。

新中国成立后,中国人民解放军开始向现代化正规化建设新阶段过渡。但是,新中国成立初期在学习苏军经验时,围绕军队现代化建设还要不要坚持党委制等问题,军内曾发生过一场争论。多数同志认为,军队现代化应从我军的军情出发,把学习苏军经验和继承我军建军原则与优良传统相结合,更好地坚持党委制;也有些同志认为,党委制已难适应现代战争的需要,应实行苏军式的一长制,政委改作各级军事首长的政工副职。从 1951 年秋发布陆军训练计划起,争论开始表面化。1953年颁发的《中国人民解放军内务条令》,只规定营长、连长是营、连一切人员的直属首长,而对教导员、指导员的首长地位却未明确。陈毅在 1954 年年初的一次发言中指出,颁发共同条令却未颁发政工条例是助长了一面,打击了一面,批评了借口学习苏联而削弱政治工作的暗流。这期间有的部队还出现了军训和演习计划不让党委过问,下达命令不要政委签名,演习没有政工人员位置等问题。

为统一全军的思想和行动,中央军委于 1953 年年底至翌年 1 月,在北京举行了全国军事系统党的高级干部会议。会议认真总结了我军领导制度沿革的历史经验,强调各级党委是各部队的领导核心,提出"党委统一(集体)领导下的首长分工负责制","是我军的根本领导制度"。彭德怀在向会议所作的报告和总结中,批评了一提正规化就以为要实行单一首长制、单纯提高军官权威的误解,和有些干部凌驾于党委之上、有些党委包办事务而失去工作中心这两种错误倾向,正确地阐述了坚持和改善党委制的必要性和方法。1954 年 4 月,党中央和中央军委正式颁发的《中国人民解放军政治工作条例(草案)》明确规定,党委统一的集体领导下的首长分工负责制,是党对军队的领导制度;军政主官同为部队首长,对部队的各项工作共同负责;在贯彻党委决定时,属于军事方面的由军事指挥员组织实施,属于政治方面的由政委组织实施;政委一般又是党的全盘工作的主持者。条例首次把正确实行党委制提高到是我军完成一切政治任务和军事任务的保障之高度。这就为中国人民解放军在现代化正规化建设中坚持党委制提供了基本遵循,统一了全军的思想。

党委制有效地保证了"党指挥枪",但一些人为了实现其野心想要掌握军队,总是妄图"枪指挥党"。在"文化大革命"中,林彪、江青反革命集团趁机掀起反军乱军狂潮,并把矛头直指军队各级党委。他们鼓动狠批"带枪的刘邓路线"及其各级"代理人";污蔑总政治部为"阎王殿";煽动官兵"矛头向上夺军权""踢开党委闹革命"等,企图乱中夺权,以一己一帮取代党对军队的领导,军队的党委无法有效地行使领导职能,部队的正常工作和生活秩序被打乱。

面对林彪、江青反革命集团反军乱军的倒行逆施步步升级、愈演愈烈之势,面对军队濒临被搞垮的危局,老一辈革命家为坚持"党指挥枪"的原则,为坚持党委制度等我军政治工作的一系列制度法规,与他们进行了坚决的斗争。早在 1966 年林彪煽动群众"大闹三个月"时,陈毅、叶剑英、贺龙、徐向前、聂荣臻等老帅,就对这种乱军行为深为不满,坚决反对。中央军委 1967 年 1 月 28 日发布的命令(又称"军委八条"),对阻遏乱军狂潮的蔓延,维护党委对部队的领导,保证军队稳定和统一,起了一定作用。1975 年年初,邓小平主持军委日常工作后,针对部队党委建设中的问题,提出军队要整顿,强调首先整顿党委班子,要使党委做到一不软、二不懒、三不散。总政治部发出通知,要求各级党委重新学习《党委会的工作方法》等文献,并安排部署了党委整顿工作。正当全军各级党委着手进行整顿时,又因"四人帮"的干扰和破坏而被迫中断。

粉碎"四人帮"后,特别是党的十一届三中全会以来,中国人民解放军贯彻"坚持党的领导,改善党的领导"的原则,在拨乱反正,消除林彪、江青反革命集团对部队党委建设上的流毒影响,抓好部队党委整顿的同时,重视党委制度建设,不断健全党委活动的各项秩序。1978 年修订颁布的《中国人民解放军政治工作条例》和1983 年修订颁布的《中国人民解放军政治工作条例试行本》,增写和充实了加强党委自身建设等内容,之后还陆续颁发了健全党委制的若干文件。各级党委也普遍加强了党的制度建设,通过制度法规保证民主集中制的贯彻,规范党委行动,加强自身建设,提高领导水平。

支部建在连上:红军所以艰难奋战而不溃散的重要原因

《中国人民解放军政治工作条例》明确规定:中国共产党在中国人民解放军连中建立的支部,是党在军队中的基层组织,是党联系广大战士的基本纽带,是连队统一领导和团结的核心。对"支部建在连上"这一制度的重要性,毛泽东曾指出,红军所以艰难奋战而不溃散,支部建在连上是一个重要原因。

"支部建在连上"制度的确立不是偶然的,而是有着深厚而特殊的历史背景。1927 年大革命失败后,党的八七会议确定了土地革命和武装反抗国民党反动派的总方针,并委派新当选的政治局候补委员毛泽东到湖南领导秋收起义。毛泽东到湖南后,制订了湘赣边界秋收起义计划,成立了以他为书记的前敌委员会,并将参加起义的原武汉国民政府警卫团和各地工农武装合编为工农革命军第一军第一师,由卢德铭任总指挥,余洒度任师长,下辖 4 个团,总计 5000 余人,准备兵分二路会攻长沙。

1927 年 9 月 9 日,秋收起义爆发。按计划,一团、四团在师长余洒度的率领下,从修水出发向赣南平江进发,这一路虽龙门厂首战告捷,但路经金坪准备对平江之敌发动进攻时,从黔军收编不久的四团邱国轩部突然临阵叛变倒戈,一团腹背受敌遭重创,牺牲官兵 100 多人,两个营被打散,团长钟文璋丢下部队当了逃兵,余部被迫退回修水,整个计划失败。二团从安源出发,先攻萍乡不克,转而一举攻占了醴陵,后又趁敌兵力空虚轻取浏阳,但很快陷入敌人的包围之中。虽经浴血奋战突出重围,兵力却损失三分之二。在之后的撤退途中,官兵离散,团长王兴亚也开了小差,整个二团几乎全军覆没。三团在毛泽东的亲自率领下从铜鼓出发,一举攻克白沙和东门市,但胜利后团长苏先骏疏于防范,部队被敌突袭包围,激战 6 小时,损失惨重,部队被迫撤退。

鉴于起义严重受挫,9 月 14 日,毛泽东命令各起义部队向浏阳文家市集中。但师长余洒度拒不执行命令,直到毛泽东去信严厉批评,他才勉强率部南下。9 月 19 日,秋收起义各部在文家市会合当晚,毛泽东主持召开了前敌委员会议,分析形势,讨论部队去向问题,会上意见分歧严重。余洒度等不顾形势的变化,坚持执行原计划不变。毛泽东则主张在敌强我弱、敌人占据中心城市的情况下,改变会攻长沙的计划,到敌人统治比较薄弱的湘赣边界山区农村建立根据地,保存和积蓄革命力量。经过激烈争论,毛泽东的意见被绝大多数委员接受,于是会议决定起义部队向罗霄山脉中段进军。22 日,部队行进到江西萍乡的芦溪时又遭到敌人的伏击,总指挥卢德铭为掩护部队突围壮烈牺牲。29 日,历经磨难的秋收起义部队到达江西永新县的三湾村时,实际人数已经不足 1000。

自秋收起义以来,战斗激烈频繁,部队一再失利,革命遭受严重挫折,加之白色恐怖、强敌环伺、生活艰苦、疾病流行,严峻的斗争环境考验着每一位官兵。令人担忧的是,这支起义队伍虽在起义前统编为工农革命军,但成分复杂,思想混乱,组织涣散,纪律松弛,战斗力差,拉小山头、不服从命令的现象司空见惯,打骂体罚士兵和做官当老爷等军阀作风盛行。还有一些旧军官包括余洒度、苏先骏等把所属部队看成是自己的私人领地和势力范围,不愿服从党的领导。随着部队不断向偏僻的山区、农村前进,逃兵越来越多,从国民党分化出来的旧军官越来越桀骜不驯,部队很难掌控。事实上,相同的一幕也出现在了朱德、周恩来等领导的南昌起义后的部队中。1927 年,南昌起义部队南下广东途中失败,两万多人的起义部队困难重重。10 月 3 日前敌委员会的流沙会议,是起义后最后一次会议。会议期间,村外山头上发现敌人的尖兵,会议匆匆散了。分头撤退途中,连给重病中的周恩来抬担架的队员也在混乱中溜走,周恩来的身边只剩下叶挺和聂荣臻。朱德率领 4000 余人担任断后阻击任务,完成任务后成了一支孤军。有人回忆当时的情况:"每个人都在考虑着同样的问题:现在部队失败了,到处都是敌人,我们这一支孤军,一无给养,二无援兵,应当怎么办?该走到哪里去?"是朱德,带领身边仅存的两位团级军政干部——团级政治指导员陈毅、七十四团参谋长王尔琢,稳住了最后一群人,部队被改编为一个纵队。朱德任纵队司令员，陈毅任纵队政治指导员，王尔琢任纵队参谋长。下编一个士兵支队，辖三个大队；还有一个特务大队，一个机炮大队。多余下来的军官编成一个教导队，直属纵队部，共计800人。这支部队后来成为中国人民解放军的建军基础，成为我军战斗力的核心。

在三湾村的一天晚上，毛泽东察看部队途中，遇见一个连队有个干部在捆打一名战士，立即喝令："不许打人！"那干部说："这个鸟兵要逃跑。""对逃兵也不能打骂。"毛泽东一边说一边走上前，亲手解开战士身上的绳子，和气地问道："你为什么要逃跑？"那战士回答："我家有70岁的老母，还有妻子和两个孩子，我放心不下，我要回家。"毛泽东说："那好，我们给你路费，让你回家，到你在家过不下去的时候，你再来找红军，找我毛泽东，我们还要你，好吗？"那个战士听了，立即跪倒在地，哭着说："啊！你就是毛泽东首长呀！我不走了，不走了！我跟红军，跟首长闹革命，打仗打死了也不后悔！"毛泽东继续往前走，看到前面一棵大樟树下有一群人，以为又有人在打战士，走近方知是在开会。毛泽东问："你们这里有没有跑人？"有个干部站出来，响亮地回答道："我们没有一个逃兵！"毛泽东忙问："你们是怎么搞的？"那干部又报告："我们发挥党员的作用，开展思想政治工作，连队建立了党支部。"听到这里，毛泽东若有所悟，问那干部："你是干什么的？你的尊姓大名？"那干部回答："本人罗荣桓，是连队的党代表。"毛泽东听了，深深地"唔"了一声。很快，毛泽东便在三湾主持前委会议，决定对部队进行整顿、改编，史称"三湾改编"。

为了统一思想，1927年9月29日晚，毛泽东主持召开了前委扩大会议。余洒度、苏先骏等少数投机革命的军官竭力反对毛泽东的改编主张，毛泽东严厉驳斥了余洒度等人的错误论调，阐明了改编的必要性和重大意义。经过激烈的思想斗争，最后终于通过了毛泽东提出的改编方案。三湾改编的内容除了精简部队，将原来的一个师缩编为一个团（到三湾时起义部队仅剩下700余人），以及扩大军内民主，充分调动士兵的革命积极性外，最主要的就是完善党在军队的各级组织，尤其是确立"支部建在连上"的原则，从根本上确保党对军队的绝对领导。会议决定：前敌委员会乃是部队的最高领导机构，负责部队中党和军队的一切工作；在营、团设立党委，连上建立支部，班、排建立党小组，凡重要事宜皆由党委或支部集体讨论决定；从普通士兵中发展党员，官兵党员混合编入党小组，一起过组织生活；连以上各级设立党代表，专门做党的工作、官兵的政治思想工作和指导官兵做群众工作；连一级的党代表同时担任支部书记。这样就在部队上下建起了严密的党的组织体系。

三湾改编是我军发展史上极其重要的一页，它不仅挽救了秋收起义部队，为我党保留了一支重要的武装力量，更重要的是这次改编在军队中建立健全了党的各级组织,使得营、团有党委,连队有党支部,班排有党小组,尤其是首次创造性地规定了"支部建在连上"的基本制度,进而从组织上、思想上确立了党对军队的绝对领导,保证了工农革命军的无产阶级性质和马列主义方向;再加上新型官兵关系的建立,就从根本上奠定了新型人民军队的基础。

"支部建在连上"这一制度确立后,工农革命军的面貌焕然一新。毛泽东正是带着改编后的人民队伍,离开三湾村踏上新的革命征途的。1927年10月,部队行进至酃县(今湖南衡阳县东)水口村整训期间,毛泽东亲自领导部队党员发展工作,从经受住战火考验的官兵中发展了第一批共6名新党员。他解释了入党誓词,主持宣誓仪式,对新党员提出了殷切希望。到当年年底,部队基本实现班有党员,排有小组,连队有健全的党支部。党支部普遍建立后,主要布置党员做好三件事:学习目前的形势;了解群众思想情况,帮助其打消顾虑;培养和发展新党员。党支部在作战和工作中充分发挥战斗堡垒作用,极大地提高了党在部队中的威望,部队上下面貌一新,凝聚力、战斗力空前增强。赖毅将军几十年后回忆亲历三湾改编的情景时说:支部一建立,连队似乎立刻有了灵魂,各种工作迅速地开展起来……由于支部设在连里,指挥灵活,解决具体问题,又通过党员和连内群众保持密切联系,因而工作十分活跃。连里的政治空气也逐渐浓厚,党员数量逐渐增多。这样,支部就真正形成了连队的核心和堡垒……我们的连队,也由于党的基层组织的建立和作用的发挥,变得更坚强了。

之后,毛泽东就是依靠这支党绝对领导下的革命武装,创建了我党第一个农村革命根据地——井冈山革命根据地。1928年4月,朱德、陈毅率领的部分南昌起义部队辗转到达井冈山,与毛泽东领导的秋收起义部队会师,两军合编为工农革命军第四军(不久改称红四军)。朱德任军长,毛泽东任党代表,王尔琢任参谋长,陈毅任士兵委员会主任(发挥政治部功能)。同时成立了以毛泽东为书记的中共红四军军委会,全军建立健全了各级党委、支部,建构起完整的党组织体系和相关组织制度。"支部建在连上"的制度被坚持下来,部队的凝聚力和战斗力也因此大大增强。在成立中共湘赣边界特委和边界苏维埃政府后,红四军继续贯彻毛泽东确定的建党、建军、建政原则,党员人数发展到约占全军总数的四分之一。在接连击败国民党军三次"会剿"后,部队和根据地均得到发展和巩固。对于这一点,毛泽东在1928年11月写的著名报告《井冈山的斗争》中总结说:红军所以艰难奋战而不溃散,支部建在连上是一个重要原因。12月上旬,彭德怀、滕代远、黄公略带领由平江起义部队为主组成的红五军主力上井冈山与红四军会师,壮大了红军的力量,开创了以"工农武装割据"为基本斗争形式的井冈山革命根据地的全盛时期。欧阳毅将军在回忆录中说,"支部建在连上"是保证党对军队绝对领导的一个重要制度。当时,党支部要管思想,管工作,还要管作风,管学习。党员和群众有了思想问题,或在党小组会上谈心解决,或在连队党支部会上解决,基本上做到了"小问题不出班,大问题不出连",在艰苦卓绝的革命斗争中,红军未见削弱反而打了许多胜仗,获得很大发展。

"支部建在连上"的做法,对中央指导红军军事工作,产生了十分重要的影响。1929 年 5 月,中央派到井冈山巡视的特派员给中央的报告中亦认为:"支部建在连上",我们觉得这个组织很便当。因为作战单位大都以连为单位,每个作战单位有一个支部,去处理和指挥一个作战单位的事。军队之所以不溃散,这个组织的好处,应为重要的原因。后来,经过中央的认可和进一步完善,"支部建在连上"被推广到各地红军,纳入红军政治工作条例,成为红军建设中的一种定制。

1929 年 12 月,著名的红四军古田会议在决议案中再次重申:每连建设一个支部,每班建设一个小组,这是军中党的组织的重要原则之一。《古田会议决议》得到了党中央的充分肯定,毛泽东开创的"支部建在连上"等制度开始在全国各地红军中推广实施。为了进一步规范和巩固这一制度,1930 年 10 月,党中央制定颁发的《中国工农红军中党的连支部及团委工作暂行条例(草案)》规定,支部是党在红军中的基本单位的组织,每连中有党员三人以上者均设组织支部,从而把"支部建在连上"的制度以法规的形式确定下来,并对连队党支部的组成、任务和活动办法做了明确规定。之后不管我军名称怎样变更,这一制度始终作为我军建设的一项根本制度得以传承。进入新世纪后,为了适应全面建设小康社会和推进中国特色军事变革的要求,2005 年 12 月 1 日,中央军委颁布了《中国共产党军队支部工作条例》,再次明确规定,连队及相当的基层单位和各级机关,凡有正式党员三人以上的,都应当设立党支部。可以看出,从初期定位的"连队中的战斗堡垒"和"完成连队各项任务的保证",到 1947 年 7 月《中国人民解放军党委员会条例草案》明确的"全连的最高领导机关",再到 1949 年 12 月《中国人民解放军连队支部工作条例(草案)》中的相关规定,直至 2005 年 12 月《中国共产党军队支部工作条例》规定的"连队统一领导和团结的核心",党支部在连队中的地位和作用日益重要。

政治委员制:经验证明不能废除

政治委员制度始于 18 世纪意大利共和国雇佣军,其当时的职能是作为政府的特别全权代表监督部队的行为。法国资产阶级大革命时期,政治委员制度成为法国雅各宾派专政时期同反革命做斗争的最重要手段之一。后来,列宁在领导俄国革命中创造性地借鉴了这一制度,开创了无产阶级军队中的政治委员制度,并广泛被其他社会主义国家所借鉴,如我国、越南组建军队之初就借鉴了这一制度。但对于政治委员制这一制度总是存在着这样或那样的看法,苏军在 20 世纪 40 年代后期就取消了政治委员;越南于 1982 年也取消了政治委员制度,后又于 2006 年恢复了政治委员制。

我军的成长史证明政治委员制度不能废除。我军创立之初,毛泽东、周恩来等借鉴苏联红军的做法,吸收我们党在国民革命军中设立党代表的经验,在这支新型人民军队中着手建立政治委员制度。我军的政治委员制初称党代表制,萌芽于第一次国内革命战争时期。1924 年,孙中山在建立黄埔军校的同时,根据苏联红军经验,在军校设立了党代表,这是中国军队实行党代表制度的开始。同年 10 月,黄埔军校增设教导团,先后在教导第一团与第二团的团、营、连三级设立了党代表。以后,在国民革命军中全面推行了党代表制,这为在我军建立党代表制度积累了实践经验。

1927 年,党发动了南昌起义,开始创建革命军队,我军的政治委员制随之发展起来。起义准备过程中,党即在军、师两级设立了党代表,起义前后又在团、营、连三级设立了政治指导员,确保了起义的顺利进行。当起义部队转战至江西大庾后,朱德、陈毅根据当时的实际情况,对部队进行了整编,朱德任司令员,陈毅任政治指导员,在整顿党团组织的基础上,为各个连队配备了政治指导员,专门负责部队的思想政治教育工作。经过一段时间的工作,部队逐渐活跃起来,"使一股充满希望的精神代替了绝望和涣散"。1927 年 9 月秋收起义后,毛泽东率领部队向井冈山转移途中,在江西永新县三湾村进行了三湾改编。在部队改编时,营、连一级设立了党代表,由党代表任党支部或党委书记,负责领导所属部队党的工作和政治工作。这就由上到下确立了我军的党代表制。至于当时为什么称为党代表,而不叫指导员,毛泽东曾指出,改称指导员,则和国民党的指导员相混,为俘虏兵所厌恶。且易一名称,与制度的本质无关。故我们决定不改。

1928 年 4 月,朱德、陈毅率领南昌起义部分部队与毛泽东的秋收起义部队在井冈山会师后,改编为中国工农红军第四军,朱德任军长,毛泽东任党代表,在军队中建立了连支部、营委、团委、军委四级党的组织,并设立了党代表,并于 1928 年六七月间制定了《红军党代表工作大纲》。《大纲》明确了党代表的性质、地位,规定了党代表的职责、任务,提出了党代表工作的原则、方法,使党代表制度的建立与实行有了基本的依据。1928 年 7 月,党的"六大"决定,军队实行政治委员制度。1931 年起,营、连政治委员分别改称政治教导员和政治指导员。此后,政治委员制度始终为红军、八路军、新四军和人民解放军所沿用。

　　西安事变后,国共两党合作共同抗日。国民党提出的条件就包括:红军改编为八路军、新四军,执行国民党军队的编制,取消政治委员。1937 年 6 月,总政治部公布的红军改编后干部职务为:师长、副师长、政训处主任,取消了政治委员,将其改为军事副职(但仍坚持"营设政治教导员、连设政治指导员,负责政治教育,并依靠着支部进行一般的政治工作")。1937 年 8 月 25 日,中央军委主席毛泽东与副主席周恩来、朱德发布命令,任命八路军总部及各师领导干部,未设政治委员。1937 年《总政治部关于军队政治工作的决定》中指出:"改编之后,制度将有所变动,可能造成政治工作地位在组织制度上的降低。"实际上,政治工作地位不仅在组织制度上降低了,而且实践过程中也降低了,这就影响了党对军队的绝对领导。部队中出现了"轻视党和政治工作""建立个人系统""忽视群众利益""侮辱战士"等新军阀主义倾向。同年 10 月,黄克诚在深入部队检查政治工作时发现,红军改编后,由于取消了政治机关和政治委员制度,政治工作削弱了,军队建设受到影响。他敏锐地意识到,这事关党对军队的绝对领导,立即向政治部主任任弼时汇报这一情况,并受命起草了建议我军恢复政治部和政治委员制度的报告。报告写好后,以总司令朱德、副总司令彭德怀和总政治部主任任弼时 3 人的名义于 1937 年 10 月 19 日上报中共中央和毛泽东。10 月 22 日,张闻天、毛泽东复电朱德、彭德怀、任弼时及邓小平和周恩来,建议恢复政治委员和政治机关等原有制度。随即,中共中央便任命聂荣臻为一一五师政治委员(后由罗荣桓继任),关向应为一二〇师政治委员,张浩为一二九师政治委员(后由邓小平继任)。由此,全军开始恢复政治委员制度。1937 年 10 月 25 日,毛泽东和英国记者贝特兰谈话时强调,在 1924 年到 1927 年的时代,中国共产党和国民党合作组织新制度的军队中设立了党代表和政治部,这种制度是中国历史上没有的,靠了这种制度使军队一新其面目。1927 年以后的红军以至今日的八路军,是继承了这种制度而加以发展的。1938 年 12 月,中央军委批准颁发了《国民革命军第十八集团军政治工作暂行条例(草案)》,从法规上明确了政治委员的地位和职权。1942 年又再次修订颁发了《政治委员工作条例》,从而使政治委员制度更趋完善。1944 年 4 月,我们党在总结我军政治工作经验教训时明确指出:"在抗日初期,曾经一时迁就国民党,取消了政治委员制度,降低了政治工作的地位,这是错误的。后来改正了,恢复了政治委员制度,提高了政治工作地位,这是很对的。"这是因为,"政治工作在任何一部分革命军队中,都应有其适当的地位,都应适当地强调它的作用,否则这个部队的工作就要受到损失"。解放战争时期,我军继续实行政治委员制度。1947 年 7 月 28 日颁布的《中国人民解放军党委员会条例草案》规定了党委与政治委员的关系,明确规定党委书记一般由政治委员兼任。

　　80 多年来,政治委员制度由从外军移植到在我军生根发芽,由建立之初的稍显稚嫩到时至今日已成熟茁壮。土地革命战争、抗日战争及解放战争的洗礼,中国社会主义建设和改革开放的锤炼,人民军队建设实践的锻造,使政治委员制度成为我军一块不可缺少的坚固基石,在建设现代化正规化革命军队中发挥了无可替代的重大作用。

苏联解体的惨痛教训表明政治委员制不能废除。苏联红军是在俄国十月革命后建立起来的,列宁亲自领导了红军的创建,特别是红军中党的建设和政治工作的建设。1918 年,红军开始设立政治委员。在军队中设立政治委员,正如本节开头所说明的,并不是苏联红军的发明创造,而是借鉴了法国资产阶级革命的经验。1793年法国大革命时期,革命党的军队与保皇党的军队进行了殊死的斗争。由于当时革命党军队的指挥官多是从旧军队分化出来的,雅各宾党人对这些旧军官不信任,就派出政治委员监督。拿破仑建立完善的资产阶级常备军以后,不再沿用政治委员制度。俄国十月革命之后,也面临着类似的情况,为了监督多数从旧军官分化出来的军事指挥人员,红军设立政治委员。到了 1925 年,苏联红军的各级指挥官已大部分是共产党员,甚至有很多是由原来的政治委员改任,于是苏共中央作出决定,在红军中实行"一长制",开始逐步取消政治委员制度。但是到了 1937 年,联共再度恢复政治委员制度。1941 年 7 月 16 日,苏联最高苏维埃主席团颁布了《关于改组政治宣传机关及在工农红军中实行政治委员制度》的命令。命令指出,由于政治工作量加大和指挥员工作的繁杂,要求像在反对外国武装干涉的国内战争期间那样,提高政治工作人员的作用和职责,在红军中所有的团、师、司令部、军事院校和机关中实行政治委员制度。政治委员领导政治机关、党和共青团组织,维护革命秩序和军人纪律,奖励和表彰优秀战士和指挥员,培养全体人员的大无畏精神。苏联红军再次实行政治委员制,分队又恢复了政治指导员一职。政治委员制度的恢复保证了联共对红军的坚强领导,为取得反法西斯战争的最终胜利奠定了政治基础。

1953 年斯大林逝世以后,苏军又开始极大地削弱政治工作。1956 至 1957 年间,政治机关被砍掉了 1/3。当时国防部甚至规定,政工干部的最高军衔为上校。后来发现这样有问题,又有所纠正,一直到 1967 年苏军的政治工作体制才逐步固定下来。军队设总政治部,为党中央的一个工作部;各级设政治副职和政治机关,政治副职有的兼政治部主任;军事指挥员领导政治副职,政治副职领导政治机关;各级党委在同级政治部领导下工作,党委书记是政治部下属的负责党务工作的专职干部。这种体制一直延续到苏联解体之前。1985 年 3 月,戈尔巴乔夫上台,推出了他的所谓"新思维",用"新思维"取代马克思列宁主义,同时开始大量撤换共产党党员干部。截至 1988 年年底,国防部长、总参所有的第一副总长、华约部队司令及参谋长,所有的集团军群司令和舰队司令,以及所有的军区司令全都被撤换,有 150 名军官受到军法审判。这样，一批忠于党、信仰马列主义的共产党人被换下去。1990年，苏联实行总统制，总统是军队的统帅。戈尔巴乔夫既是总统又是总书记，他用总统对军队的统帅权，剥夺了党对军队的领导权。接下来取消了宪法第6条，否定了共产党的领导，实行所谓多党制。1990年秋，政治机关被撤，取而代之的是一个叫作"全军党委会"的机构。1991年，苏联解体！

越南人民军对政治委员制先取消后恢复也证明了政治委员制度不能取消。越南共产党自建立军队以来，一直把党对军队的领导作为军队建设的基本政治原则，强调军队必须置于党的绝对、直接、全面领导之下。一切有关军队和国防建设的重大问题均由中央政治局决定；指挥员必须服从上级首长和本级党委的领导等。在1947年2月召开的全军政工代表会议上，越共确定了军队政治工作制度和任务，并决定建立各级政治机关，设政治委员等政工系统。在1948年7月召开的军队建党会议上，又决定实行政委制，党政工作系统合并，由政治委员一元化领导，政治委员有最后决定权。

抗美战争结束后，1982年，越军对整个军队的领导与指挥体制进行了全面改革，在军队中实行"一长制"。在各军种、兵种、军区、军司令部及其下属指挥机构中取消了政委编制，规定由军事指挥官全权指挥所属部队。与此同时，在各级指挥机构中设立了政治副职，在兵种以上司令部（包括军和军区）设立军事委员会，以确保军队思想、组织以及其他各项工作的正常开展。1982年，越南军队在实行军队领导与指挥体制改革时，曾取消了中央军委和师以上党委，一度将国防委员会作为越军的最高统帅机构，用政治机关（隶属于各级司令部）代替党委领导军队中党的工作和政治工作。这种做法削弱了党对军队的领导，引起多方不满。1985年，越南对军队领导体制再次进行了调整，在越共中央政治局内设立军事和国防工作的常设机构，恢复中央军委；在各级军队组织中恢复党委制（但仍不设政委），实行党委集体领导基础上的"一长制"。

进入21世纪以来，随着越南国民经济的发展和新的历史时期的要求，越共中央于2006年决定恢复军队"军政双主官"体制，在军区级至连级单位设置"政委"，加强军队未来现代化建设。

三大民主制度：人民军队建设的伟大创举

中国人民解放军内部实行的政治民主、经济民主和军事民主三大民主制度，是中国军队建设史上的一个革命性变革，是中国共产党领导人民军队建设的一个伟大创举。在长期的革命斗争与和平建设过程中，我军的民主建设不断丰富和发展，并逐步形成了以三大民主为核心的一整套具有我军特色的民主思想、民主制度和民主形式,这对我军保持人民军队性质,密切官兵关系,增强军队内部团结,激发官兵战斗热情和创造精神,具有重要作用。

三湾改编标志着三大民主制度初步形成。南昌起义开创了我党独立领导军队的新时期,同时我党也开始了建设一支新型人民军队的探索过程。根深蒂固的封建思想,严酷的政治军事环境,艰苦的军队生活,致使1927年至1928年夏我党领导的部队人员锐减,如何巩固部队力量成为当时我党亟待解决的问题。1927年九十月间,在江西省永新县三湾村,毛泽东对湘赣边界秋收起义部队进行改编,主要采取了两项措施加强对部队的领导:一是把党的支部建在连上;二是在军队内部实行民主制度,规定干部不准打骂士兵,官兵待遇平等,士兵有说话的自由,废除繁琐的礼节,实行经济公开,士兵管理伙食。在团、营、连三级设立士兵委员会代表士兵利益,参加部队管理,确保士兵民主权利的实施。三湾改编废除了雇佣制,破除了旧军队的习气和带兵方法,确立了崭新的官兵关系,使军队的面貌焕然一新。

古田会议标志着三大民主制度基本形成。建设人民军队并不是一蹴而就的。在井冈山斗争时期,红军中极端民主化、绝对平均主义、报复主义、雇佣观念等各种思想逐渐显露出来,打骂士兵现象时有发生。为了有效解决这些问题,1929年12月,红四军召开古田会议,并形成《古田会议决议》。决议规定:红军中,官兵之间只有职务的分别,没有阶级的分别;实行集中指导下的民主生活,坚决废止肉刑、废止辱骂和优待伤病兵;让士兵有说话的权利,反对打击报复;克服极端民主化,保证民主生活的正常开展。要求军官关心战士,随时看望伤病兵,而且要把这些方法定为一种制度。同时,针对极端民主化和绝对平均主义倾向,强调指出,一定要厉行集中指导下的民主生活,克服农民和小资产阶级的自由散漫。这些民主措施的制定和实行,对扫除军阀主义影响,建立平等融洽、团结友爱的官兵关系发挥了积极作用,进而壮大了红军力量。1930年5月,毛泽东又深入红四军二纵队进行广泛的调查研究,总结经验教训,把民主思想与部队管理结合起来,创造性提出管理教育七条原则和方法,并在连以上干部会上逐条讲解。1930年9月,红一方面军总政治部正式颁发《红军士兵会章程》,以法规的形式规范了士兵会工作,士兵会得到了健全和发展。各地红军仿照红四军的做法,都在部队内部实行了民主制度。

抗战初期红军改编后,由于外部环境的变化和国民党军队的不良影响,军阀主义倾向在我军重新抬头,民主传统面临考验。1942年冬到1944年春,我军先后在陕甘宁边区部队范围内,开展以反对军阀主义和教条主义为中心的、规模空前的整风运动,运用民主整风的方法,检查官兵关系,纠正军阀主义倾向,开展尊干爱兵运动,增进亲密友爱的情谊,加强内部团结。通过整风运动,军队内部民主生活有了进一步发展。1944 年 4 月,谭政在《关于军队政治工作问题》的报告中明确提出,在军队内部关系上,"必须是团结的方针,必须是合作互助的方针",凡是存在缺点的,都应通过民主检讨大会加以揭露。陕甘宁晋绥联防军在学习谭政报告的过程中,普遍召开连队民主大会,通过批评和自我批评的方式检讨了官兵关系,并在此基础上提出"尊重干部、爱护士兵"的口号,制定了尊干爱兵公约。从此,尊干爱兵运动在陕甘宁边区各部队广泛深入地开展起来。1944 年 6 月,毛泽东为党中央起草了《关于整训部队的指示》,要求在一年内整训部队,为将来大发展准备条件,并提出打破老一套的练兵方法,在训练中实行群众运动,"从士兵中发现能手(练兵英雄),教育士兵群众,军官不如士兵者先向练兵英雄学习,然后教育士兵"。8 月 22 日,毛泽东、刘少奇、陈毅联名发出对华中整训部队的指示,再次肯定打破陈规,采取兵教兵、官教兵、兵教官的群众运动的练兵办法,这是突破历史的新创造。这次群众练兵运动是我军民主建设的又一创举,也是后来确定下来的军事民主的萌芽。

随着革命战争实践的发展和新式整军运动的进行,我军内部民主生活的领域更加广泛,内容更加丰富,形式更加多样。新式整军运动是一次有领导、有秩序的全军性的群众性民主运动,普遍采用民主方法进行阶级教育,检查工作。在政治上,许多部队在新式整军运动之前,已普遍开展评功过、评伤员、评技术活动。经过新式整军运动,民主批评又发展为评议党员和干部。在经济上,主要的是反贪污浪费,由战士选出的经济委员协助连队首长管理伙食,定期检查公布账目。而在军事上,民主不仅表现在整军训练中的官兵互教互学、评教评学上,而且把民主贯穿于整个作战过程之中,如战前的"想办法会""诸葛亮会",战中充分吸取群众意见,战后开展包括评指挥、评战术、评技术、评纪律、评作风在内的全面战评活动。

西北野战军攻打蟠龙,是军事民主运用比较成功的一例。20 世纪 50 年代,彭德怀在讲到军事民主时多次以蟠龙战役为例。蟠龙位于延安东北,来自西北、东北的两支溪水在此汇合为蟠龙川,向南流经青化砭、拐峁注入延河。延榆公路在蟠龙南 5 公里多处东折经永坪、清涧至绥德、榆林。公路也通到蟠龙,再往北,则是骡马山路,经羊马河到瓦窑堡。蟠龙自古以来即是商旅打尖留宿地,街上有很多骡马店和客栈。地形上除南面是大川外,西、北、东面均为高山,尤其东侧陡峭险峻,是控制蟠龙的制高点。国民党军队胡宗南部于 1947 年 3 月下旬进占蟠龙后,即把此地作为粮弹被服补给基地,由胡宗南军三大主力师之一的整编第一师(原第一军)下属之第一六七旅旅部及第四九九团,配属陕西省宝鸡保安总队据守。第一六七旅装备精良,山炮营有 12 门炮,训练有素,又调集其他师旅工兵,在蟠龙各高地遍筑地堡堑壕,敷设铁丝网、地雷,构成了严密野战防御体系。此前,1947 年 4 月 6 日与 19 日,我军两次攻击均无功而撤,打了消耗仗。

第三次打蟠龙,彭德怀的作战部署是,以4个旅攻蟠龙,两个旅阻击援敌。即以张宗逊第一纵队之第三五八旅攻北山,独一旅攻西山;王震第二纵队之独四旅及配属之新四旅攻东山,第三五九旅监视并准备阻击清涧、绥德回援之敌,教导旅阻击青化砭之敌第八十四旅和拐峁之敌第四十八旅。当时,打蟠龙是王震指挥的,一时打不下来,王震着急,彭德怀于是就到王震的指挥所(即独四旅指挥所),找了第一线部队的少数连排班长和战士开了一个会。首先把情况摆开,炮弹没有了,弹药也剩下不多了,敌人援兵隔不多远,只有一天顶多一天半的距离。这个部队已打了两三天了。怎么办?有一个兵说,可以打开,你们太急了,要照我们的办法是可以打开的。彭德怀问,你们准备怎样打?他说,敌人地堡在山顶上,我们的轻兵器火力打不到,妨碍我们突破的是敌军的手榴弹,我们可组成多个三五人战斗小组,轮番攻击,冲到敌人投手榴弹的距离,敌人投手榴弹,我们就顺陡坡向下滚,这样反复多次冲锋,敌人手榴弹打完了,我们冲上去用手榴弹投入敌军堑壕和地堡,就可占领阵地。当时彭德怀就同意按这个办法组织攻击,果然攻下了主阵地,然后居高临下,冲进蟠龙镇。独四旅与新四旅第七七一团攻占集玉峁后,北山敌军仍在顽抗。新四旅第十六团连续攻占了玉皇峁等地,解除了攻北山部队的侧射威胁后,又派一个营协同第三五八旅攻北山,人人出主意想办法,用对壕作业,即挖S形交通壕,两侧挖猫耳洞,边挖边巩固,逐渐逼近敌前沿,用爆破摧毁了敌铁丝网等障碍物,攻占了北山。然后,我军从东、北、西高地下山会攻蟠龙镇,4日夜全歼了残敌。战后,彭德怀向毛泽东、周恩来、任弼时进行了汇报。

1948年1月30日,毛泽东总结军队民主运动的经验,为中共中央革命军事委员会起草了《军队内部的民主运动》的党内指示,第一次将军队内部的民主生活概括为政治民主、经济民主、军事民主,并明确提出了开展军队内部的民主生活的目的、原则和方法。为了使部队民主生活有组织保障,各部队先后恢复和重建了士兵委员会。1948年10月,总政治部颁布了《关于革命军人委员会(即战委会)条例草案》,规定革命军人委员会的主要工作就是实行三大民主。从此,军队内部的民主生活更加经常化、规范化、制度化。

新式整军运动深入开展三大民主,提高了官兵的政治觉悟,整顿了纪律,纯洁了队伍,焕发了战斗精神,部队万众一心,群威群胆,英勇杀敌,为赢得解放战争的伟大胜利提供了坚实可靠的保障。

其中政治民主是指,官兵在政治上平等,只有职务和分工的不同,没有人格的贵贱,都是军队的主人,享有同等的政治权利。干部尊重战士的民主权利,发扬民主作风,自觉接受群众监督,决不允许压制民主,打击报复。这一点与当时苏联红军所讲的民主是不同的。20世纪50年代,苏联总顾问在与彭德怀探讨军队民主问题时曾说过,指挥员在执行职务上,下级甚至党内也不能批评,但下级可以控诉。而我军的政治民主则可以对各种不良倾向,不论其是指挥员、战斗员还是工作人员身上的,每个军人都有直接劝告、制止以至向军人委员会反映与保持批评揭发审查之责任。

经济民主是指基层官兵经济生活的民主权利。官兵在部队基层以分配和消费为主的经济关系中其地位是平等的,都享有监督和参与基层经济生活管理的权利。首先,实行经济公开。官兵通过军人委员会等群众组织,监督经济支出,检查连队伙食费、生产费、办公费和杂支费的分配和使用,防止个别军官利用职权侵占战士利益以及违反政策等不良现象的发生。其次,战士参与连队的伙食管理。战士通过军人委员会,协助连队首长加强对伙食的管理,厉行节约,杜绝浪费。再次,官兵生活同甘共苦。我军民主所包含的平等原则,在基层的经济生活方面,集中表现为官兵生活甘苦与共。

军事民主就是指官兵在执行作战、训练和其他任务时的民主权利。军事民主包括军事活动中官兵的知情权、讨论权、参与权和建议权。首先,军事训练中的民主。其形式集中表现在互教互学的活动上。其次,作战中的民主。作战前,只要条件许可,就要把作战方案和战斗任务交给群众讨论,寻找克敌制胜的有效办法。再次,执行其他任务和日常管理中的民主。在战备、执勤、施工、生产、科研、抢险救灾的各项任务以及日常部队管理中,也要开展民主活动,集中群众智慧,调动群众的积极性和创造性。

军事教育训练制度:平时提高战斗力的重要保障

古今中外的军事家无不重视军事训练,我国古代著名的军事家孙子把"士卒孰练"作为决定战争胜负的重要因素之一,德国近代著名军事理论家克劳塞维茨也多次论述军队教育训练的重要性,把训练军队当作使用军队的前提。既然军事训练如此重要,为军事训练提供保障的军事训练制度也自然是军事家们所关注的重点。

中国古代军事教育训练制度萌芽于原始社会末期,初创于夏朝。尽管夏朝还没有严格意义上的军事教育训练制度,但已经有了简单的军事教育训练规则。它一方面利用原始田猎形式进行军事训练,一方面通过建立官学"校""序""庠",对奴隶主贵族子弟实施射、御军事技术教育,为夏朝军队培养各级指挥官。商朝的军事训练仍然通过田猎形式进行,侧重于一般士卒的整体作战演习。商朝也建有学校,称"序"或"庠",着重培训车兵中的甲士射技。西周的军事教育训练制度比商朝完备,出现了贵族子弟的国学、国人子弟的乡学之分。国学建立了大学、小学两级体制,贵族子弟8岁入小学,15岁入大学,大学以习音乐和射、御为主。乡学主要是习射技,兼学文化,成绩优秀者可成为武士(即车兵)。同时健全了田猎习武制,每年四季各举行一次借田猎演练战阵的大搜礼(分两部分,前半部是教练检阅之礼,后半部是田猎演习之礼)。西周还推行"射礼"比赛制度,其中乡射每年春、秋定期举行,且三年一大比,借以选士。春秋前期,军事教育训练制度基本沿袭西周之制。一方面,在国学、乡学中继续推行六艺教育,通过射、御两门军事课程培养车兵甲士。春秋中期以后,"学在官府"的传统格局被打破,私学在各地蔚然兴起。私学除传授"六书"外,也把射、御作为军事教育的重点。孔子大办私学广招弟子,十分重视兵民军事训练,主张"有文事者必有武备",认为"以不教民战,是谓弃之"。春秋时期继续推行田猎习武制度,不同的是原始田猎色彩已趋淡化。到了春秋晚期,一些诸侯不再完全通过田猎形式进行军事训练,出现了单纯的"练兵""治兵""简车马""搜乘"等军事训练。春秋时期,阵形演练也是军事训练的重要内容,有方、圆、曲、直、锐多种阵形。

战国时期,封建制军事教育训练制度逐步取代了奴隶制军事教育训练制度。同春秋时代相比,战国争霸加剧,战争规模扩大,步兵成为作战主力,骑兵也越来越盛行,军事教育训练内容也相应转以教习射法、戈法、剑道、手搏等技能和步骑兵协同战斗的战阵演练为主。新兴地主阶级为了巩固政权,不仅开始设置专门主管军事教育训练的职官和部门,而且开始认识到"凡兵,制必先定",大力加强单兵、队列操练和金鼓旗帜的号令教育。出台"选士""篡卒"之制,严格士卒、武骑士及舟师标准,制定"一人学战教成十人,十人学战教成百人,百人学战教成千人,千人学战教成万人,万人学战教成三军"的循序渐进的训练方法,以及分练、合练、试阅制度。各国政治家、军事家纷纷总结战争经验,探讨战争规律,寻找教育训练军队的方法,提出制胜之道。《吴子》《孙膑兵法》《司马法》《尉缭子》《六韬》等大批军事著作相继出现,军事教育训练理论空前活跃,标志着中国古代军事教育训练制度已经发展到比较成熟的阶段。

秦汉至隋唐是中国封建制军事教育训练制度全面确立、巩固和发展的阶段,各项军事教育训练制度规范化、法令化,武选定制、武举制度的创立,给中国古代军事教育训练制度增添了新的内容。尤其是宋代武举制度的建立对将领的培养教育发挥了巨大作用,也深刻影响了其后各朝代的军队建设。

明朝军队每年都要安排一定时间集中进行不间断的军事训练,称之曰"常川操练"。常操集中在春、秋两季,即春操、秋操。成化二十一年规定,各边镇军每年自九月起至次年三月止,俱常川操练。四月初,具操过军马并大风大雪免操日期奏报。永乐以来,京营实际上成为全国最大的军事训练中心。常操亦分别集中在春、秋两季,有春操、秋操。春操,每年二月十五日上操,五月十五日下操。秋操,八月十五日上操,十一月十五日下操。明中叶以后,随着各种火器的进一步改进以及中外火器的融合,戚继光等人对军队组织编制及作战训练方式进行相应变革,尤其是戚继光的《纪效新书》《练兵实纪》,对军事教育训练制度有独到的见解。《纪效新书》是戚继光长期军事实践经验的总结,是其建军和作战思想的集中体现,反映了冷兵器与火器并用时代军队训练与作战的一般规律,对后世产生了重大影响,远传朝鲜、日本等国。《练兵实纪》是戚继光在《纪效新书》的基础上编写的。该书以练兵为主,兼及练将,阐述了士兵的单兵训练、营阵训练,将官的素质、培养、选拔和用兵的原则与方法等,其精华部分在戚继光第二次编辑其《纪效新书》时被充分吸收。

军事训练制度在国外出现得也比较早。古希腊时期涌现了一批著名的军事理论家,如古希腊历史学家色诺芬、底比斯军事统帅埃帕米农达、马其顿国王亚历山大三世、迦太基军事统帅汉尼拔等。他们的军事训练理论中包含了许多关于军事教育训练的制度成分。如斯巴达城邦规定,儿童从 7 岁起就要参加军事训练,主要训练内容有击剑、拳击和跑步等;妇女也要接受体育训练及相应的军事教育。古罗马军事训练理论,在继承古希腊军事训练思想的基础上,在长期的对内对外征战中得到进一步丰富和发展,是当时欧洲军事训练思想的代表。贡献较大的代表人物有古罗马统帅恺撒,著名的军事改革家马略,军事理论家弗龙蒂努斯、韦格蒂乌斯,奴隶起义军领袖斯巴达克等。在他们的军事理论中,关于军事训练制度的论述也很多,如临战训练制度的建立。恺撒率军在同 M·西皮阿的军队以及努米底亚人作战时,要求部队针对敌军作战特点进行临战训练,学会在战场上如何行动,如何投矛,如何识别和对付敌人的诡计等,以摆脱被动挨打的困境,取得战场主动权。此外,还有野外训练制度的建立等。

到了中世纪,军事训练理论影响较大的论著主要有意大利军事理论家马基雅维利的《战争艺术》、拜占庭帝国军事名著《将略》(约公元 6 世纪)等。这些军事著作中有很多关于建立军事训练制度的论述。如《将略》在论及战斗训练时指出,战斗训练分为三级,即单个武士训练、分队(中队)训练和全军训练;其中还涉及练习战斗编组队形,学会实施协同作战和不同地形上的战斗机动。

1840 年以后,我国逐步沦为半封建半殖民地社会,同时我国的军事教育训练制度开始向近代过渡。从 19 世纪 60 年代开始,淮军统帅李鸿章在所谓"中外会防"镇压太平天国革命的过程中,率先采用西洋操法训练淮军。晚清政府为巩固摇摇欲坠的统治,开始建立近代军火工业,购置和制造枪炮、舰船,聘请外国教官,引进西洋操典,训练军队;废除科举,兴办学堂。19 世纪末 20 世纪初,逐步形成了清朝军队训练体制、军事学校教育训练体制、后备军训练体制,初步实现了从封建军事教育训练制度向近代军事教育训练制度的过渡。北洋军阀政府统治时期,军事教育训练制度基本上承袭了清末的模式。北洋政府在续办清末建立的陆军小学、陆军中学、陆军大学的基础上,建立了由低级到高级的军事学校教育训练体制,并创办了航空学校;颁布了有关军队教育和训练法规,企图建立统一、正规的军事训练体制。由于北洋政府内部派系纷争不断,其统治范围也未遍及全国,因此,其军事训练体制并没有真正建立起来。

南京国民党政府军事教育训练制度由学校教育训练制度和部队教育训练制度两部分组成。学校教育体制较为完整,制度相对正规。部队教育分士兵教育训练与军官教育训练,最初效法德国、日本,后来随着武器装备的美式化又向美国靠拢。这一时期的军事教育训练制度相对统一,无论学校教育训练制度还是部队教育训练制度都有较大发展,并完成了从封建制军事教育训练制度向近代资产阶级军事教育训练制度的过渡。应当指出的是,从晚清开始直至国民党政府最终完成的中国封建制军事教育训练制度向近代军事教育训练制度的过渡,是在对内镇压人民革命,对外投降、勾结帝国主义的基础上实现的,是从属于维护半殖民地半封建统治秩序的,因此近代军事教育训练制度具有半封建半殖民地性质。

我军在革命战争年代也是采取了部队教育训练和院校教育训练两种制度。在长期的革命战争年代,人民革命军队的军事教育训练,主要是与战争同时进行的,即在战争中学习战争。一方面,把战场作为训练场,在战斗过程中提高政治思想觉悟、军事技能和战术水平;另一方面,根据作战的需要和实战中暴露出的问题,主要利用短暂的战役、战斗的间隙进行教育和训练。当时的教育训练制度大体上分为四类:一是"以战教战",以实战为主进行训练,通过实战提高指战员的技术、战术水平;二是整训结合,除了以实战为主进行训练外,利用战役间隙为下一阶段作战进行思想准备和技术、战术准备;三是临战前的应急训练,把部队拉到预定战场,根据敌情、地形和作战任务,有针对性地进行专业技术训练和模拟战术演练;四是机会训练,即见缝插针,开展"三五枪""三五弹"活动。各级军政首长在作战时,集中主要精力组织指挥作战;在作战间隙,则集中主要精力训练与建设部队。

革命战争年代的院校教育训练,主要是在各个革命根据地和解放区,陆续兴办了时间长短不一的教导队、训练队、轮训班和短期军事学校、随营学校,逐步形成了一些教育原则,如,利用战役间隙为干部进行思想准备和技术战术武装、教育为战争服务、理论与实际并重、军事与政治教育并重、从战争中学习战争、群众路线和教学民主等。毛泽东于1927年12月在井冈山砻市龙江书院,创办了工农革命军的第一个教导队,仿效了旧式军校的"三操两讲一点名"的教育制度(即早操,上午、下午各一次操练,上午、下午各讲一课,晚点名),以保证学员在这里接受政治教育和军事训练。1929年年初,两所工农红军学校在赣南闽南正式建立,主要训练基层军事政治骨干人才,正式开始了中国工农红军的院校教育。1931 年 11 月成立了中国工农红军中央军事政治学校,这是一所培养军事、政治、指挥人才的综合性学校,1932 年春改为中国工农红军学校。1933 年 10 月,在江西瑞金西郊大槐树村,以中国工农红军学校的高级班为基础扩建成立中国工农红军大学校,简称"红军大学"。学校下设高级班、上级指挥科、上级政治科、参谋科、后勤科,附设教导队、高射队、测绘队。抗日战争时期,我军军事院校教育训练制度有了较大的发展。1936 年 6 月 1 日,党中央在陕北安定县瓦窑堡,在红军大学的基础上创办了抗日红军大学,简称"红大",1937 年 1 月 20 日在延安改名为中国人民抗日军事政治大学,简称"抗大"。根据党中央和中央军委的指示,从 1938 年冬至 1940 年春,在敌后先后创办了 12 所抗大分校。抗大总校和各分校从 1939 年 6 月到 1945 年 8 月,为八路军、新四军共培养了 20 余万优秀的军政干部,对中国共产党及其领导下的八路军、新四军的发展和夺取抗日战争的胜利做出了重大的贡献。解放战争时期,我军院校教育得到了进一步发展,各大战略区基本建立了军事院校。

第二次世界大战以来,科学技术的迅猛发展及其在军事领域的广泛运用,使军事思想、战略指导、战争样式和军队体制编制等都发生了深刻变化,军事训练理论的研究也随之迅速向深度推进,向广度扩展。各国围绕着如何提高教育训练水平,不断改进军事教育训练制度。如美军 20 世纪 70 年末至 80 年代初的第一次训练改革中,在训练制度上强调理顺训练体制,建立训练与条令司令部,以确保军事训练与作战理论紧密结合;建立训练中心,实行专业化、集约化训练;研究作战理论,编写作战条令,用条令规范训练;建立假设敌部队,进行实战化训练;以作战任务为牵引,进行系统化训练;使用先进技术手段特别是模拟训练手段,提高训练效果;严格考核,确保达到训练标准。美军的第二次训练改革始于 20 世纪 80 年代,至今仍在进行。在训练制度上,主要是强化了模拟训练,广泛运用计算机技术、网络技术和训练模拟系统,进行冲突模拟,武器平台操作系统模拟;建立辅助系统,模拟逼真的战场环境,在近似实战的条件下训练和提高部队的作战能力。美国作为世界上经济最发达、军事实力最强的国家,军队的教育训练制度已经较为完善,世界其他国家纷纷在坚持本国特色的基础上吸收美军建设教育训练制度的经验和有益做法。

军礼:源于"手中没有武器"的表达

军礼是世界绝大多数国家现役军人的共同礼节。在西方,军礼的起源最早可以追溯到古罗马时代。当时,在罗马帝国庞大的骑兵军团里,就已有了军礼的雏形:每当骑兵们策马相遇时,都会相互举起头上戴的面罩。据说,这一方面是向对方表示敬意,另一方面也是显示自己的脸部,让对方认出自己,以免被对方误伤。到了"骑士时代"鼎盛期的 11 世纪,欧洲各国的骑士们大都去掉了面罩,举面罩的传统也改为脱下头盔或帽子以示敬意。

那么,以举手礼为共同特征的近现代军礼发端于什么时候呢?其由来有两种说法,虽因年代久远,已不可考证孰是孰非,但都颇具浪漫色彩。

一种说法是,1588 年,英国海军击败了西班牙的"无敌舰队"后,女王伊丽莎白一世为凯旋的将士举行祝捷大会,并亲自为有功将士颁奖。当时,为维护女王的尊严,特别规定将士领奖时,要用手遮蔽眼部,不得对女王平视。这一动作后来就逐渐演变成了今天各国军队的军礼。另一种说法则是,严肃的军礼来自欧洲中古时代的"情场"。当时,一位公主要下嫁给一位勇敢的武士。而想得到公主的武士很多,免不了要在公主面前"刀光剑影"一番。比武之前,武士们列队在公主面前走过,为示意自己因公主"太阳光芒般的美丽"而晕眩,都将手举起遮盖在眼前。渐渐地,这个动作就发展成了敬礼。

抛开这些臆测的传说不说,率先正式把"脱帽致礼"的传统改为用手接触帽檐敬礼的,是英国资产阶级革命后克伦威尔领导的新军。那时的英国军人相互敬礼时,右手掌紧贴帽檐,手心向外翻,用以向对方表示自己手中没有武器;同时两腿并拢呈立正姿势,以显军人气魄。法国大革命后,法国军队也先后实行了这一新式军礼。不久,这种军礼又传到美国,进而逐渐传到全世界。目前,世界各国军队军礼在细节上虽各不相同,但举手接触帽檐致敬这一表现形式却是通行的。

但也有不按这一方法行军礼的,那就是最著名的"纳粹军礼",行礼时,高抬右臂 45 度,手指并拢向前,并高喊:"嗨!希特勒!"希特勒通过让民众每天重复这样机械的动作,达到了他潜意识地催眠整个德意志民族的目的,留下了深刻历史教训。在今天的德国,行纳粹军礼是要被开除公职的。

中国的军礼可谓"源远流长"。中国古代主要的礼节是跪拜礼。直到唐代,中国人还是习惯"席地而坐"。古人的"坐",实际上就是我们现在的跪,两膝着地,然后将臀部置于后脚跟之上,脚掌向后向外。西周时的礼仪规定,当要表示尊敬时,就伸直上半身,也就是所谓"引身而起";进一步的就是上半身向前倾斜,两手伏地,这就是"拜"。正式场合的"正拜"有稽首、顿首、空首。稽首是拜者屈膝跪地,左手按右手,支撑在地上,然后

中国人民解放军军礼

将头叩首到地,稽留一会儿,手在膝前,头在手后。这是最隆重的礼节,一般用于臣子拜见君王或是子孙祭祀先祖。顿首和稽首的基本动作相同,只是拜时叩头动作较为迅速,额头触地即起。一般用于下对上的敬礼。空首的基本动作是双膝着地,两手在胸前拱合,俯头到手,头与心平而不到地,又叫"拜手"。贵族出行驾车,见地位比自己高的人要下车让道,而对方应将手放在车前横木上,称为"式"。这种礼节以后成为习惯,即使在宋以后人们已广泛使用椅子、凳子"垂足坐",仍然保留了跪拜礼。而同辈者、地位相同的人之间可以行拱手礼。行拱手礼时,注视对方,将双手在胸前合拢抱拳,一般称"作揖",同时发"喏"声的为"唱喏"。

受这些礼俗影响,中国古代的军礼也大多有跪拜礼的影子,但根据儒家经典里的记载,西周时在军营里不行这些普通的礼,比如凡已披挂甲胄的将士不行跪拜礼,对于地位比自己高的人也仅行拱手礼而已,号为"介者不拜";而受致敬者也仅需作揖还礼。兵车出行,即使有人向驾车者致敬,也无须行"式"还礼,号为"兵车不式"。军营中授受有锋刃的武器时要以木柄一头来递交。出军营的时候,武器的锋刃要向前,而进入军营时锋刃要向后。到了汉代以后,这些军营礼节仍然存在,比如著名的汉文帝"细柳劳军"故事中,周亚夫就以"甲胄之士"为理由不行跪拜礼,不过没有披甲的将士仍然要行跪拜礼。

唐以后的军营相见礼结合了跪拜礼和作揖。比如戚继光规定军营中下级将士参见主将都必须"两跪一揖",非直接下属参见则"一跪两揖"。道路遇见直接上级必须下马让道,行拱手礼路迎。如果是非直接上级军官,仍要下马让道立正候过。把总参见千总"两揖一跪",以下各级均如此。上级下达军令下级必须跪接,并宣称"军中立草为标",任何人都必须向上级行礼。清朝的军营相见礼以单腿着地的"打千"为主,见上级必须"打千",如果是直接向上级报告,仍然要行跪拜礼。

鸦片战争后,西方军礼逐渐输入中国。晚清陆军用了半个多世纪才从旧军礼过渡到西式军礼。受儒家思想浸染的一代兵家曾国藩,就因看不起"英夷"而对西方军礼不屑一顾;大办"洋务"的李鸿章只是把西式敬礼作为军队"习练手足"的内容接受下来。1894年甲午战争爆发后,清军失利。为提高军队战斗力,战争后期,清廷命聂士成在天津芦台对淮军进行新式操练,1895年5月正式组建编练武毅军三十二营,1898年该军编入武卫军,称武卫前军。仿效西人(主要是德国)练兵时所采用的军事教材进行练兵。在此前后,清政府开始编练新军。所谓新军,即按照西方资本主义国家的军队,以新式洋操训练,以新式武器装备的新式军队。由此而有胡燏棻的定武军及其后袁世凯的新建陆军、张之洞的自强军。这一时期,学西式军礼被明确地作为军队建设的一项重要内容来看待,出现了相应的法规性要求,出现了立正、举枪等礼节形式。这是学习西式军礼过程中的一大飞跃。但不足之处在于内容上仍以封建思想立军，形式上，西式军礼最有代表性的举手礼还未成为军礼的主要形式，且未能出现全国性的西式军礼法规。

光绪二十七年，清廷颁布上谕，全国军队分常备、续备、巡警等军，一律操习新式枪炮。光绪三十年确立了以常备、续备、巡警三军为主体的武装力量体制，表明清军开始以西方军制模式为跳板，从"朝纲祖制"的传统中挣扎出来。光绪三十一年，清政府认识到旧军礼有碍戎政与邦交，所以决定参仿外国通行之军礼，订立简易之军队礼节，由此有了第一个全国性的近代军队礼节制度——《陆军行营礼节》。

《陆军行营礼节》是中国第一个仿照西方军队军营礼节订立的全国性法令。它既全面又系统，不仅在形式上给人以整肃之感，而且内容上着眼于维护军纪，树立军威，绝不同于原来的军队礼节。在晚清，轻侮士兵的积习是相当深的。新军礼的实行，对改革这一弊端是有好处的。《陆军行营礼节》系统化并完善了敬礼形式，使晚清陆军军礼经过半个多世纪的演变后达到了封建时代学习西式军礼可能达到的最高点，奠定了近代军礼的基础，促进了军队的近代化乃至整个中国社会的近代化。当然也应看到，《陆军行营礼节》虽然提到了尊重士兵的问题，但其中还保留了旧军礼的内容，如"朝觐、公谒跪拜礼节悉遵会典仪制"，它最基本的内容仍然是封建等级观念。因此它并未能彻底解决封建内容与近代西方形式的冲突问题，因而不能充分发挥近代军礼的作用。

辛亥革命爆发后，随着清王朝的覆灭，旧的以封建思想为灵魂的军礼演变进程戛然而止。虽然其后新旧思想有交锋，但封建等级观念再也不能成为军礼的灵魂。民国二年，《陆军礼节》颁发，中国军礼的发展进入了新阶段。

目前，中国人民解放军军人敬礼方式可分为举手礼、注目礼和举枪礼。着军服戴军帽通常行举手礼，携带武器不便行举手礼时可行注目礼，举枪礼仅限于执行阅兵和仪仗任务时使用。

海军礼仪：世界通用的礼节

在所有的军种中，海军是礼仪最多的军种。具体来说，它主要包括挂满旗、满灯、升挂国旗、设仪仗队和军乐队、舰员分区列队、鸣笛、鸣放礼炮、海上阅兵，等等。目前，虽然世界各国海军的礼仪在等级划分、规模及执行方法等方面不尽相同，但其表现形式是基本一致的。

满旗。满旗是海军舰艇白天按规定悬挂国旗、军旗，并由舰艏通过桅杆连接到舰艉挂满通信旗的仪式，用于迎接国家元首、政府首脑、军队高级将领和来访的外国军舰；遇重大节日，出国访问停泊于外国港口时亦是此礼仪。通信旗的排列是两方一尖,燕尾旗可作方旗用,不过不得悬挂与各国国旗图案相同的通信旗以及用于表示战斗、防核、防化、防空警报的单旗。通常在早晨 8 时升满旗,日落时降满旗。如果舰艇航行时遇雨天大风或担负战斗值班时,不挂满旗,而挂代满旗,即航行时悬挂桅顶旗,停泊时悬挂桅顶旗和舰艏旗。

满灯。满灯是海军舰艇在夜间按规定沿满旗位置并围绕舰舷和上层建筑的轮廓挂满彩灯的仪式,用于迎接国家元首、政府首脑、军队高级将领,举行隆重庆祝活动。通常在日落后挂满灯,夜晚 12 时关闭。出于安全原因,油船不挂满灯。当舰艇航行、担负值班或在雨天大风时,不悬挂满灯。

升挂国旗。军舰悬挂本国国旗,表示国家的尊严,同时表明军舰的国籍。当其他国家元首登舰时,要在前桅横桁上悬挂该国的国旗,表示对他们的敬意和欢迎。军舰停靠外国港口时,悬挂港口国国旗,表示对这个国家领土的尊重和人民的友好。

隆重升旗。隆重升旗是停泊的舰艇在规定的节日和逢重大事件时举行的一种盛大庄重的仪式。隆重升旗是指在列队升旗的同时,升挂满旗、桅顶旗和舰舷旗。中国海军规定,在国家法定的节日和海军成立纪念日、舰艇授旗和命名典礼、舰艇海上阅兵时,举行隆重升旗仪式。

海军陆上单位或停泊在港内的舰艇每日 8 时都要举行升旗典礼,日落时要举行降旗典礼。在 7 时 55 分和日落前 5 分钟吹降旗预备号(有号兵的军舰或单位)或播放号音;如都没有则由当值帆缆士官吹口笛并广播准备升(降)旗,信号士官悬挂准备旗于横桁上,8 时整吹立正号;没有号兵或不播放号音的单位广播立正,或由当值信号士官用哨子吹一长声同时落下准备旗,并将国旗轻快地升至旗杆顶。

舰艇仪仗礼节。舰艇仪仗礼节一般在举行盛大典礼或者迎接外宾举行隆重礼节仪式时实施。仪仗可以由政府举行,也可以由政府授权的部门举行。不论何种规格的仪仗,都反映一个国家的历史习惯和文化传统,反映一个国家军队的素质、纪律与文明,也反映一个国家的科技水平和工业的工艺程度。仪仗的作用在于表现礼仪,外事活动规模的大小与规格的高低,反映了两国、两军关系的友好程度。海军舰艇仪仗队是为迎送首长和外宾登舰参观而特设的。由于受舰艇空间的限制,舰艇仪仗队通常由 13 人组成,其中军官一人,担任仪仗队队长。中国海军规定,执行三级以上礼仪时,舰艇或陆勤部队设仪仗队。舰上仪仗队由军官 1 人和水兵 12 人或 24 人组成。陆勤仪仗队则由 60 至 120 人组成。仪仗队队长佩带手枪,仪仗队员持自动步枪或半自动步枪。执行任务时,仪仗队队员应着制式军服,穿皮鞋,戴白手套,扎制式腰带。舰艇仪仗队代表着国家和军队的形象,因此,仪仗队队员应挑选思想好、纪律严、能吃苦,并且五官端正、素质过硬、举止庄重、身体条件好的士兵担任。舰艇军乐队通常由 8 至 12 人组成。海军舰艇编队出访时,一般要参加港口欢迎仪式,两国海军军乐队会进行联谊演奏、专场演出以及军乐行进演奏等。因此,军乐队人数要尽量多一些,以便适应不同场合的需要。

分区列队。分区列队是舰员在舰上列队的一种形式,用于迎接国家元首、政府首脑、军队高级将领,海上阅兵,检阅舰艇,访问外国港口进出港时以及其他有关场合。分区列队时,舰员面向舷外,根据需要可两舷分区列队,也可在一舷分区列队。我国海军规定,舰艇执行3级以上礼仪时,全体舰员分区列队。在每层甲板上,军官、士官均站在舰舷方向。

海军礼炮。礼炮礼节在国际交往中,是表示欢迎、庆祝、致敬、哀悼或答谢的隆重海军礼仪。据有关资料记载,海军礼炮起源于英国。16世纪,舰船使用前膛炮,弹药从炮口装填,发射后不能立即进行连续发射。当时,英国海军舰船驶入他国海域或在海上与他国舰船相遇,为向对方表示友好,将炮膛内的炮弹放光,对方的海岸炮和舰船也同样将炮膛内的炮弹放光,表示回报。尔后,以鸣炮示敬的形式,逐渐成为国际海军舰艇相互致敬和友好的礼节仪式。当时英国最大的军舰装有21门大炮,海军司令登舰时21门炮齐放,以后鸣放礼炮21响即成为海军的最高礼节。海军对礼炮是很讲究的,舰上有专门的礼炮位置,左右舷各一座。礼炮有37毫米、45毫米和47毫米口径的,最大的还有100毫米的,但一般口径都不大。礼炮通常在重大节日、庆典、殡葬和举行其他隆重礼仪场合时鸣放,有国家礼炮、个人礼炮、殡葬礼炮和庆典礼炮之分。有的国家海军还鸣放皇室礼炮。按照国际惯例,个人礼炮的规格将视与访问有关的职务最高人员的级别而定。我国海军鸣放个人礼炮的等级为:向国家元首或者政府首脑致敬为21响;向国防部长、海军司令、海军元帅或者职(衔)级与之相当的官员致敬为19响;向海军上将、舰队司令或者职(衔)级与之相当的海军官员致敬为17响;向海军中将、海军基地司令或者职(衔)级与之相当的海军官员致敬为15响;向海军少将、海军支队(水警区)司令或者职(衔)级与之相当的海军官员致敬为13响;向悬挂海军代将旗帜的军官或者职(衔)级与之相当的海军官员致敬为11响。鸣放礼炮时,每响礼炮的间隔时间为5至7秒。双方鸣放个人礼炮的规格不同时,必须事先商定。

同时,按照国际惯例,下列情况不鸣放礼炮:接受个人礼炮致敬的官员,谢绝鸣放礼炮(但需事先通知对方);遇有他国节日,该国谢绝鸣放;其他特殊原因。日落后至日出前一般不鸣放礼炮,但对国家元首的致敬礼炮,答谢他国军舰鸣放致敬礼炮,不受此限制。鸣放个人礼炮时,当在场还有该国别的官员,其职衔相当或高于接受礼炮致敬者时,不向其鸣放个人礼炮致敬。另外,英国海军规定:星期日10时30分至13时期间,在军港内或进港的军舰不鸣礼炮。如需鸣放时,则延迟实施。礼炮炮弹不是装炸药的实弹,而是装有黑色火药的礼炮专用弹。

鸣笛。鸣笛是海军特有的礼仪。中国海军规定:鸣笛一长声,表示立正或敬礼,两短声表示稍息或礼毕。这种礼节通常用于迎接各级首长和外宾。当他们踏上舷梯或跳板时,更位长鸣笛一长声,列队舰员立正;进入舱内后,更位长鸣笛两短声,列队舰员跨立。当两艘舰艇航行中相遇时,一般也要使用鸣笛这一礼节。舰艇相遇时执行礼节的程序是:当两舰舰艏对齐或者追越舰的舰艏与被追越舰的舰艉对齐时,敬礼舰先鸣笛一长声表示敬礼,受礼舰鸣笛一长声表示还礼,随即再鸣笛两短声表示礼毕,敬礼舰接着鸣笛两短声表示礼节结束。甲板上的舰员听到一长声笛音时,应当面向通过的舰艇敬礼,军官行举手礼,其他舰员行注目礼。

舰艇礼仪。按照国际惯例,在公海上航行的不同国籍的舰船相遇,应当实施一定的礼节,以示友好、尊敬和礼貌。当我国海军舰艇与外国舰艇在公海上相遇时,凡属于被我国政府所承认的国家海军舰艇或非敌对国家的海军舰艇,为了表示友好和礼貌,通常应执行舰艇之间的礼节。以上讲的鸣笛就是舰艇礼仪的一种。舰艇之间及舰艇与其他船只之间的礼节,通常应在日出后至日落前或者升旗后至降旗前实施。如果遇有大风浪或能见度不高时,通过狭窄水道或在港内移动泊位时,正在进行战斗操演或备战备航时,以及两舰相遇横向距离超过2链时,均免予实施礼节。按照国际惯例,当商船与军舰相遇时,为了表示对军舰的敬意,通常将悬挂的国旗从船的桅杆顶上降下三分之一表示敬礼,这时,舰艇应当将军旗徐徐降至距旗杆顶端三分之一处表示还礼,然后再将军旗升至旗杆顶端表示礼毕。舰艇之间执行礼节应按照规定进行。一是以舰艇构成的相互关系为标准。当舰艇之间构成指挥隶属关系时,被指挥舰应当向指挥舰敬礼。二是以舰艇的相互等级为标准。海军舰艇划分为不同的等级,分别执行不同的权限。当等级低的舰艇遇到等级高的舰艇时,等级低的舰艇应当向等级高的舰艇敬礼。当舰艇等级相同时,应当相互主动敬礼。三是以乘坐舰艇的最高指挥员为标准。舰艇应当向乘有上级首长或者职(衔)级高于乘坐本舰首长的舰艇敬礼。

阅兵:实力与意志的展示

阅兵一般分为阅兵式和分列式。阅兵式是指首长或贵宾在阅兵指挥员的陪同下,乘车、骑马或步行,从受阅部队队列前通过,进行检阅。分列式是指受阅部队从检阅台前通过,接受首长或贵宾的检阅。阅兵既是一个国家武装力量的展示,也是国威军威的显示,更是综合国力的展示。一个国家军力的强弱,在阅兵场上可以得到较好体现。阅兵还可以通过展示强大的实力、高昂的精神风貌来激发全民族的自豪感和自信心,从而起到凝聚军心、民心的作用,为国家和军队全面建设注入动力。

在我国，相传 4000 多年前，中国北方的华夏部落首领禹，曾在现今河南嵩县境内的涂山，与南方各部落首领会盟。会上，众多士兵手持各种用羽毛装饰的兵器，和着乐曲边歌边舞，以示对南方部落首领的隆重欢迎。在中国春秋时期，也有"观兵以威诸侯"的记载。在我国古代有详细记载的阅兵是在汉代。当时西汉校阅制度比较完备，京师主要有乘之制度，郡国有都试制度等阅兵式。乘之是汉朝皇帝检阅京师军队操演战阵的仪式。每年 10 月，皇帝亲临水南门，以北军为主的京师驻军齐集门外，操演根据古代兵法推衍的 64 阵。所谓 64 阵，是以 8 阵为基本阵法，加以变化而成。8 阵是将全军分为 8 个部分，主将居中，8 部环绕四周。8 部在主将的指挥下，交错变化，即为 64 阵。都试是各郡国考核和检阅军队的制度。"都"是大的意思，都试即大试，因其与地方军队日常的训练考查有规模大小之别，所以又省称为都。都试的时间在每年的秋天，《汉官解诂》说"旧时以八月都试"，《汉书·翟方进传》称"九月都试"，具体时间不很固定。都试的主要内容是集中各郡国的材官、骑士、轻车、楼船，进行武技和行列战阵的考核。都试是各郡国最隆重的阅兵大典。届时，郡守、都尉等地方长官都要亲临校场，郡守和都尉亲自主持。都试的入场仪式相当隆重，校场上设斧钺，建旌旗，以示威严。军士绛衣戎服，在军乐声中入场。四川成都郊区出土的几种汉代《骑吹》画像砖，生动地再现了都试时军乐队入场的情景。6 匹骏马彩头结尾，骑者各执不同乐器，骏马的步伐似与乐声相和。这些都与今天的阅兵有着相似之处。

三国鼎立时期，也有通过阅兵仪式来治兵振旅的记载。魏国规定，以立秋择吉日大朝车骑，号曰治兵，上合礼名，下承汉制。除例行的阅兵外，大军出征，往往先举行阅兵式。建安二十一年（公元 216 年）十月，曹操将攻孙权，阅兵式上，他亲执金鼓指挥进退，以后大军出征前阅兵成为惯制。阅兵式上，皇帝和百官齐至，内容主要是操演队列战阵。蜀国也有在秋季阅兵的制度。其后我国古代历朝历代都有举行阅兵的记录。如在唐代，大阅称为讲武或校阅，常规的大阅在每年冬、春两季进行，太宗和高宗时期几乎每年都举行，诏书后即通知禁军将帅拣选军士。大阅前一天，将士齐集于讲武场旁，预先教习战队之法。宋太祖非常重视通过大阅以整训军队，开宝七年（公元 974 年），他 7 次在讲武池、汴堤等处检阅水军，以攻南唐。

古埃及、波斯、罗马等国军队中也举行阅兵式。将士出征前和凯旋后，都要举行盛大的阅兵式，母亲要把象征荣誉和勇敢精神的盾牌亲自交给儿子，如果打赢了，就以带回盾牌为标志；阵亡了就用盾牌抬回尸体。到了 18 世纪，阅兵式盛行于欧洲。第一次世界大战前后的欧洲各国，极为重视阅兵。英、法、俄、德等欧洲列强，无不借助阅兵这一特殊形式，向周围小国炫耀武力。

现代史上国外最著名的一次大阅兵要数苏联在卫国战争中的红场大阅兵。1941年9月中旬,德军统帅部集中了苏德战场上38%的步兵和64%的坦克,共53个步兵师、14个坦克师和8个摩托化师,180万人,1700辆坦克和强击火炮,1390架飞机,1.4万多门大炮和迫击炮,进攻莫斯科。9月30日,希特勒亲自签订了进攻莫斯科的军事行动计划,代号"台风"。苏联政府的部分机构和外国使节逐渐撤退到距莫斯科800公里的古比雪夫,莫斯科主要的工厂在德军的狂轰滥炸之下,已不能生产了。水电供应已经中断了。食品供应线时断时续,只能实行按人头配给的方法。苏联军民在德军的疯狂进攻下,看不到胜利的希望,士气受到很大影响。在这种情况下,斯大林决定进行阅兵,纪念"十月革命"24周年。

当时确定参加阅兵式的部队有:莫斯科军区军事政治学校和荣获红旗勋章的炮兵学校学员,莫斯科第二步兵师的1个团,伏龙芝第三三二师的1个团,捷尔任斯基师的步兵、骑兵和坦克部队,莫斯科海军步兵营,莫斯科军区和莫斯科防区军事委员会特种营,原赤卫军战士营,两个普及训练营,莫斯科防区两个炮兵团,防空军混成高炮团,统帅部预备队两个坦克营。另外位于摩尔曼斯克和阿尔汉格尔斯克的受阅部队必须于11月7日前抵达莫斯科。当时西方面军司令布琼尼骑着马奔驰在白雪覆盖的红场,接受了莫斯科军区和莫斯科防区司令阿尔捷米耶夫的报告。按照这位骑兵出身的元帅的回忆,当他与阅兵指挥一起巡视排列整齐的受阅部队时,尽管队列里都是普通的军人,但此时在元帅看来都是神奇的勇士。红军官兵们对首长的问候给予友好的回答,洪亮、高昂而庄严的"乌拉"声此起彼伏,响彻红场。当巡视完毕,布琼尼登上列宁墓后,斯大林走近麦克风,发表了那著名的演讲。亲耳聆听过这一演讲的许多人认为,斯大林与平时一样,声音不大,但那种坚定的口吻即使对他而言也是异乎寻常的。红场受阅部队的分列式由炮兵学校的学员们开始。在瓦·伊阿加普金的指挥下,莫斯科军区司令部乐队演奏了革命进行曲,它名副其实地成为鼓舞士气的战斗号角。炮兵和步兵、高射炮兵和海军战士斗志昂扬地行进在苏联的主广场上。随后而来的骑兵和各型坦克也纷纷亮相红场。前来的民众代表信心倍增,"部队的士气不可战胜,我们还有保卫莫斯科的力量"。而在阅兵式进行的时候,在莫斯科近郊机场上,有550架飞机处于一级战斗准备状态,高射炮手们也随时保持着高度戒备。同时,参加阅兵的防空军混成高炮团的所有炮组都携有整套编制弹药。分列式的其他参加者也无不处于战斗状态。检阅后的部队直接开上了战场,与德国侵略军展开了殊死搏斗。

目前世界各国也都非常重视阅兵。如法国,每年7月14日是法国国庆节,名叫巴士底日。作为国庆的一项传统庆祝仪式,法国的阅兵有着严格的程序和独特的文化内涵。一般情况下,总统于9时30分到达夏尔·戴高乐广场的入口处,登上一辆指挥车,在巴黎军区司令的陪同下,从凯旋门通过,对部队进行检阅。总统的专车位于由几百名骑兵组成的方队中央,在骑兵的簇拥下,浩浩荡荡地检阅部队。在此之后,总统登上凯旋门对面的检阅台,部队分列式开始。阅兵分队到达检阅台前时,自动兵分两路退场。11时前后,总统返回爱丽舍宫。法国阅兵的场面很有看头:受阅部队既有穿现代服装的,也有着中世纪骑士服装的;既展示现代化武器装备,也有古老的骑兵和战刀。每次国庆阅兵时,走在最后的法国外籍军团无疑是最受瞩目的方队。这不但是因为他们阅兵时的步伐与众不同(每分钟88步,而其他法国部队为120步),而且经过总统前面时,一般法国部队总是朝两边分两列走开,但是外籍军团总是朝一个方向转,表示整个兵团团结一致,永不分离。

美国阅兵种类繁多,不仅国庆日要阅兵,而且陆海空各军兵种纪念日也要阅兵。此外,美国人格外崇尚成功,因此胜利阅兵式很受政府重视,规模也很大。1993年6月8日,美国在华盛顿举行了第二次世界大战以后最大的一次庆祝胜利阅兵式,即海湾战争胜利阅兵式。当时布什总统亲自致辞,检阅参加"沙漠风暴"的有关部队。应邀参加阅兵的外交使团坐在阅兵台左侧铺着毯子的座位上,外国武官及夫人则坐在阅兵台右侧按国名字母顺序安排的座位上。这次阅兵式持续了近两个小时,有10多万观众观看了阅兵式。阅兵也是西点军校学员毕业庆典的重要内容之一。学校经常邀请总统、副总统或重要官员、议员参加。中将校长主持检阅,学员精神抖擞地按建制组成方队走过校阅席之后,就将踏上新的旅途。第二次世界大战结束后,为了在随时可能发生的军事对抗中占据优势,美国与苏联在阅兵场上展开了较量。1964年4月28日,美国联合英、法在柏林这个东西方对峙的前沿,举行了第二次世界大战以来第一次大规模联合阅兵,以显示自己在欧洲的存在。苏联当仁不让,立即在柏林墙那边传来了有力的回声。1969年和1974年,勃列日涅夫先后同东德领导人乌布利希和昂纳克在东柏林检阅了气势宏大的阅兵队伍。

俄罗斯阅兵有着悠久的历史。18世纪末期,彼得堡每年都要举行一次大型阅兵式。冬季在宫殿广场举行,春季在马尔斯广场举行。从19世纪开始,俄罗斯的阅兵大多在红场举行,至今已举行了100多次。冷战时期,苏联阅兵的基本程序是:首先,莫斯科听到36声炮响(这些炮声驱散了克里姆林宫附近的上万只鸽子)。上午10时整,随着庄严的克里姆林宫钟楼上的钟声,具有象征意义的"胜利红旗"由1名军官和3名护旗手护卫进入红场。(在进攻柏林前,苏军总指挥部共制作了9面旗帜,交给9个突击群,其中侦察兵叶戈罗夫和战友最终把这面旗帜插上了德国的帝国大厦,从此成为"胜利旗帜"。)国家元首讲话结束后,红场上响起了国歌和军乐声,莫斯科军区司令宣布阅兵式开始,由 13 个混成团的 39 个方阵 1 万名士兵组成的阅兵队伍,迈着正步或乘坐战车通过列宁墓检阅台。阅兵式进行近半个小时,最后在军乐团演奏的雄壮乐曲中结束。2009 年 5 月 9 日, 俄罗斯在莫斯科红场举行盛大阅兵式, 纪念卫国战争胜利 64 周年,9000 多名军人和包括约 70 架飞机在内的大量武器装备参加阅兵。这也是自苏联解体、冷战结束以来俄罗斯最大规模的一次阅兵,尖端武器纷纷亮相。俄罗斯总统梅德韦杰夫在阅兵式上表示,俄罗斯依然面临着来自外部的安全威胁。"卫国战争的胜利是一个大的例子,也是一个教训。在依然有人一次又一次地纵容军事冒险主义的今天, 这一教训依然有着现实意义。"梅德韦杰夫表示,任何试图侵略的行为都将得到俄罗斯的回应。"我们确信,所有针对我们国民的侵犯,都会遭到俄罗斯的坚决回击。"外界评论,这是俄罗斯对外界的一次示威。冷战后规模最大的红场大阅兵表明,俄罗斯这支曾经强悍的武装力量正在逐步恢复战斗力。

朝鲜的国庆日是每年的 9 月 9 日。朝鲜国庆阅兵最大的特点是规模庞大,组织严密,整个过程热烈而有序。朝鲜虽然人口并不算多,参加阅兵活动的群众却往往能逾百万。朝鲜有着较为丰富的组织阅兵的经验,其受阅部队训练有素,精神饱满,整齐划一,即使放在世界各国阅兵部队中去比较,也堪称一流水平。朝鲜阅兵时,参加受阅的部队主要由院校学员组成,很少有作战部队。朝鲜阅兵的分列式,基本上是徒步方队,很少有载拖设备的车辆方队。最有特点的是,朝鲜阅兵方队在行进中,只踢腿不摆臂,两手自然垂贴于裤线。朝鲜的阅兵比较严肃、庄重。以在金日成广场举行盛大的朝鲜人民军建军节阅兵式为例, 这项阅兵式由朝鲜人民武装力量部举办。阅兵式开始后,朝鲜人民军总参谋长乘坐敞篷汽车检阅人民军部队,并向接受检阅的官兵们致以热烈的节日问候。接着, 由陆、海、空各军兵种,军事院校学员和工农赤卫队组成的近百个方阵,迈着雄壮的步伐相继通过广场,由 31 架人民军空军飞机组成的编队从广场上空掠过。阅兵式通常历时一个多小时。各国驻朝鲜的外交使节和正在此间访问的外国来宾一般也会应邀出席阅兵式。

英国阅兵也有其自身的特色。在苏格兰,有一个只在庆典阅兵时亮相的"布莱尔"军团,这个军团的成员由身穿苏格兰裙、口吹风笛的募兵组成。他们只效忠于苏格兰的艾梭尔公爵,而不像英国的其他军队那样,以英国女王为唯一效忠对象。他们有时也为前往布莱尔古堡的观光客表演风笛。这个军团曾经有过辉煌的历史:在 1688 年的光荣革命中, 他们曾支持国王詹姆士二世;而在 1775 年与美国的战争中,他们也有过不俗的表现。英国军队的阅兵服装在当今世界可谓独树一帜。在阅兵时士兵仍然穿着古代的民族式样的军服,头上戴着高筒绒帽,手持佩剑,胸配绶带,与本国现行军服相去甚远。

新中国成立后,阅兵被列为国庆大典的一项重要内容。截至2014年,国庆阅兵一共举行过14次。中国人民解放军是几千年中华民族军事文化和优良军事传统的继承者,其中也包括对阅兵仪式及其所蕴涵精神的继承和发扬。在新民主主义革命时期,尽管条件很差,战争频繁,但在出征之前或有重要集会与其他活动时,我军也曾举行过阅兵,如在1931年11月7日为庆祝中华苏维埃共和国临时中央政府成立,在江西瑞金城外6公里的叶坪村举行了隆重的阅兵式,毛泽东、朱德、项英等数十位中国共产党和红军领导人检阅了红军代表部队、附近各县的赤卫队等。1949年3月25日,毛泽东、刘少奇、周恩来、朱德等领导从河北西柏坡抵达北平(今北京),在西苑机场举行了阅兵,毛泽东亲自检阅了部队。2009年10月1日是中华人民共和国成立60周年,中国举行了盛大的阅兵。

第六章
决定军事政策的战略文化

崇尚和平文化：防御战略

没有战争，是世界上所有爱好和平的人们所追求的梦想，但世界并未真正和平过。爱好和平的国家一方面不要战争，另一方面又不得不准备战争以制止战争，这一点反映到爱好和平的国家的军事战略上，就是防御战略。防御战略以维护国家利益为最高准则，坚持后发制人，战略上不打第一枪，这一战略反映到对军事活动的认识和态度上，就是一种反对滥用暴力、崇尚和平，但又不是盲目地反对一切战争的军事战略文化。

应该说，这种反对滥用暴力、崇尚和平的军事战略文化代表着人类对和平理想的不懈追求以及维护和平的能力和智慧。在战争发生之前，这种战略文化主张用和平方法解决争端和利益冲突；在战争不可避免时，它希望能以一种人道主义的精神来指导战争，把战争的危害降到最低。在中国以及其他一些崇尚和平的国家的传统文化中，崇尚和平不仅被理解为一种处理国际关系的最高准则，同时也被视为一种崇高的社会理想。

在人类几大文明形态中，中国具有重文德甚于武功、爱好和平甚于战争的传统，军事文化具有鲜明的爱好和平的色彩，突出了崇尚和平的价值重心。在中国古代政治哲学领域居于主导地位的儒家思想，提倡"天下大同"，强调"仁爱天下"。墨家更是主张"尚同""非攻""兼爱"，追求和平与友好，因此，在其兵法上也多以"城守"为主。道家老子倡导"无为""无争"和"贵柔""守雌"，认为"圣人之道，为而不争"，"我无为而民自化"。庄子主张万物齐一，提倡万物平等，和谐相处。这些思想均强调和平的作用。军事家孙武认为，兵者，国之大事，死生之地，存亡之道，不可不察也。在孙武看来战争不是目的，和平才是目的，作战即使百战百胜，也是不足道的，值得称道的是"不战而屈人之兵"。纵观中国历史上的王朝,在大多数时段内相对于周边地区具有明显的综合国力优势,但在处理对"外"关系的过程中始终注重以"仁""和"为本,"不以兵强天下",将"德化"而非"力服"作为根本的战略取向,主要依靠文化的亲和力、经济的吸引力来营造安全环境。中央王朝对外使用武力,具有主动自律的显著色彩,基本上是非危不战,适可而止,止而后和,和而后安。这种以实力赢取和平、以和平达到安全的战略,是历史上中华民族生存智慧的结晶。汤因比曾经预测,两千年来培育了独特思维方法的中华文明,最有可能成为促进世界和平统一的主轴。

近代以来,孙中山继承了以儒家为代表的和平文化,认为它是一种王道文化,讲的是仁义道德,在处理民族与国家关系时反对不讲公理的强权政治,主张睦邻友好。他在《民族主义》一文中指出,中国人有一种好的道德,是爱和平;中国人才是世界中最爱和平的人;中国人几千年来酷爱和平……这种特别的好道德,便是我们民族的精神;中国人不但是很爱和平的民族,并且是很文明的民族。孙中山自己就是按照这种文化方针处理国际关系和国内民族关系的。他在儒家伦理道德和"天下为公""世界大同"思想影响下,形成了自己的世界和平思想,包括和平奋斗救中国,以国民会议来实现中国的政治和平统一,建设新国家;以中国的王道文化精神为基础联合世界上受压迫的民族,共同反对欧美列强的侵略、压迫与霸权,由民族主义达到世界主义,实现世界和平。

历史证明,中国人民是爱好和平的人民,对内重视道德教化,主张各族人民和睦相处;对外重视睦邻友好,主张各国和平共处。自西罗马帝国崩溃后,1500多年来中国在大多数时间内都是世界上很强大的国家,但中国从来没有对世界安全构成威胁,而是与周边国家保持良好的国际关系,这是我们崇尚和平的战略文化的本质决定的。中国古代崇尚和平文化的实物标志是万里长城。万里长城是由历史铸成的一座和平纪念碑,它代表防御和不出击,积淀了一种内向防范型文化的深厚的和平思想底蕴。中国现代和平文化的实物标志是"芷江受降纪念坊",这座中国人民付出巨大民族牺牲才换来的和平纪念丰碑,是中日两国人民友好的史鉴。郑和七下西洋,玄奘印度取经,鉴真东渡传经,严复翻译西方书籍,"丝绸之路"的开辟,善待在西方受迫害的犹太人,主动放弃对日本的战争赔偿要求,送返310万侵华日军和侨民回国,收养大批日本孤儿,等等,这些都是中华民族善于和勇于与毗邻异域民族进行和平文化交流、宽厚待人的历史见证,充分体现了中华民族爱好和平的民族精神。

中国古代、近代的和平文化,经过更新、充实、升华,形成了新中国独立自主的和平外交方针。它以维护世界和平与促进共同发展作为我国外交政策的宗旨,以应对危机、维护和平，遏制战争、打赢战争的防御理念作为军事战略重心。1953 年 12 月，周恩来总理在接见印度政府代表团时，第一次提出了和平共处五项原则，即互相尊重领土完整、互不侵犯、互不干涉内政、平等互惠、和平共处，后来稍加修改成为中国对外政策的基本准则。和平共处五项原则，符合现代国际关系中的民主精神，反映了世界各国特别是发展中国家的共同愿望。互不干涉内政是新型国际关系最主要的原则，有利于世界的和平、稳定与发展；相互尊重主权和领土完整是和平共处五项原则的基础。只有坚持这一原则，才能保证世界的持久和平与发展。和平共处五项原则，表明了中国人民一贯支持《联合国宪章》的宗旨和原则，中国崇尚和平的文化传统得到了弘扬，并被提升为国家的和平外交政策。和平共处五项原则提出后，获得世界上越来越多国家的赞同，成为解决国与国之间问题的基本原则。中国对世界和平做出了历史性贡献。

时至今日，崇尚和平的战略文化仍体现在中国的大政方针之中，并起着巨大的影响作用。《2008 年中国的国防》白皮书指出："面对前所未有的机遇和挑战，中国高举和平、发展、合作的旗帜，坚持走和平发展道路，奉行互利共赢的开放战略，推动建设持久和平、共同繁荣的和谐世界；坚持贯彻落实科学发展观，实现发展与安全的统一，统筹兼顾传统安全与非传统安全问题，加强国家战略能力建设，完善国家应急管理体系；坚持互信、互利、平等、协作的新安全观，主张用和平方式解决国际争端和热点问题，推进同各国的安全对话与合作，反对扩大军事同盟，反对侵略扩张。不管现在还是将来，不管发展到什么程度，中国都永远不称霸，不搞军事扩张。"

当然，崇尚和平的军事文化力图防止战争并把战争的危害降到最低，并不意味着它反对一切战争，或企求一种永久的和平。它与以维护和平为价值取向的军事文化的一个极端表现——和平主义不同。和平主义不仅反对滥用暴力，甚至是反对一切形式的战争和暴力。崇尚和平的军事文化爱好和平，但也并不惧怕战争，更不是不抵抗主义。中国古人释"武"为"止戈"，正体现了以战止战之意，在某种程度上，战争乃是止暴去恶、实现仁义的必要手段；强调战争的宗旨在于惩恶扬善，"讨不义""诛有罪"。因此，对战争行为的评价并不在于武功的高低或简单的胜负，而在于是否能使天下达到真正的和平或恢复德行。但即使对于惩恶扬善、"讨不义""诛有罪"的战争，崇尚和平的军事文化也强调要"慎"。中国古代兵书《孙膑兵法·见威王》中指出："战胜，则所以在亡国而继绝世也。战不胜，则所以削地而危社稷也。是故兵者不可不察。"慎战是基于对战争危害的认识。战争既然是不得已之举，所以应当适可而止，所谓"善战者，果而已矣"，"不以兵强天下"。争强斗胜、炫耀武力、以武力威慑天下，是要坚决反对的。

反对侵略、崇尚和平的战略文化，是不轻启战端、不主动挑衅、后发制人的防御战略。这在理论上是中国古代兵家集体经验的结晶,在实践上为历代统治者在军事战略上所共同遵循。同时,既然战争为一种恶,为不得已,所以当战争成为不可避免的现实时,在战争谋略上,中国古代兵家仍然力求避免那些残酷暴虐的战争手段,力求减少战争对生命的杀伤和对物质财富的破坏。因此,纯粹的以武力相搏不被推崇,滥杀无辜更受到禁止,理想的境界在于以智谋取胜而不是以力取胜,推崇兵不血刃的"全胜"战略。《孙子兵法》有云:"上兵伐谋,其次伐交,其次伐兵,其下攻城。攻城之法为不得已。"不战而屈人之兵作为对战争的理想追求,既反映了对以武力解决冲突的认识,同时也强调了以非暴力、非武力的手段和平解决国家争端的原则。

作为崇尚和平的军事文化的代表,中国传统军事文化的精华及其蕴藏的智慧,对维护当今世界和平仍具有不可替代的价值和作用。战略上的后发制人,是指不首先挑起战争,战略上不打第一枪。而一旦敌人挑起了战争,就应依据具体情况,采取相应的军事行动,去努力争取战争的胜利。这是积极防御战略的基本指导原则。世界上大多具有崇尚和平的战略文化深厚底蕴的国家都强调后发制人,即"人不犯我,我不犯人,人若犯我,我必犯人"。后发制人是相对于先发制人来说的,"先发制人"不同于预防性袭击,也不同于战争中的主动出击。它是一方在确定另一方可能对自己构成威胁的时候,采用军事手段,对另一方实施打击。崇尚霸权的国家,强调进攻,强调先发制人,在当今世界,美国、日本、印度、俄罗斯都确立了先发制人的战略。而崇尚和平的防御战略的代表国家中国,军事战略防御性的最核心内容,就是战略上的后发制人。革命战争年代实行战略防御、后发制人,主要是着眼于敌强我弱的形势。新中国成立后仍然实行战略防御、后发制人,主要是由国家的性质、任务和对外政策决定的。这也与中国爱好和平的文化传统有关,受中国深厚的崇尚和平的战略文化影响。

殖民主义文化:霸权战略

对于霸权主义,人们都不陌生,19 世纪末 20 世纪初以来的局部战争有些就是霸权战略的表现。推行霸权战略的形式也比较多,如美国的全球霸权战略,印度独立后一段时期内的地区霸权战略,等等。霸权战略不是凭空产生的,它的战略文化底蕴,就是殖民主义文化。

殖民主义是资本主义国家采取军事、政治和经济手段,占领、奴役和剥削弱小国家、民族和落后地区,将其变为殖民地、半殖民地的侵略政策。在资本主义发展的不同时期,殖民主义有不同的表现形式。在资本原始积累时期,殖民主义大都采取赤裸裸的暴力手段,如武装占领、海外移民、海盗式的掠夺、欺诈性的贸易、血腥的奴隶买卖等。在自由资本主义时期,主要通过"自由贸易"形式,把不发达国家、民族和地区变成自己的商品市场、原料产地、投资场所,以及廉价劳动力和雇佣兵的来源地。在帝国主义时期,除了采取上述各种手段外,资本输出成为剥削不发达国家、民族和地区的主要形式。

世界殖民文化的形成经历了一个过程,葡萄牙和西班牙是最早进行殖民掠夺的国家。1415 年,葡萄牙侵占了北非摩洛哥的休达,在那里建立了世界上第一个殖民地,以后又继续往南,在几内亚、刚果、安哥拉等地建立了许多殖民地。1497 年,又绕过非洲南端的好望角,进入印度洋,向亚洲进行扩张。西班牙的殖民活动比葡萄牙稍微晚一点,它在 1492 年横渡大西洋侵入美洲,到 16 世纪,整个中南美洲,除了巴西被葡萄牙占领以外,其他国家全部被西班牙占领。另外,在亚洲和非洲,西班牙也掠夺了不少殖民地。因此,西班牙成了当时世界上最大的殖民帝国。后来,荷兰、英国、法国、俄国等也相继成为殖民强国,并且加入了争夺殖民地的斗争。在第一个回合的激烈争夺中,荷兰取代了西班牙和葡萄牙成了殖民大国。然后,英国又打败了荷兰、法国,登上了殖民霸主的宝座。到了 19 世纪,这些殖民大国分别霸占了比自己本土面积大许多倍的殖民地。

19 世纪末 20 世纪初,世界进入帝国主义时代,整个地球已经基本被瓜分完毕,全世界 2/3 的土地沦为殖民地和半殖民地。英国、俄国、法国、德国、日本、美国 6 个殖民大国,灭亡了数以百计的独立国家,控制了大约 8000 万平方公里的殖民地和半殖民地,使将近 10 亿人口套上了殖民枷锁,从而在世界上建立了奴役殖民地、半殖民地被压迫民族的殖民体系,6 个帝国主义国家成了亚、非、拉人民的主要敌人。在这 6 个殖民大国当中,英国的殖民地最多,占全世界殖民地总和的一半以上,曾经是号称"日不落"的殖民大帝国。俄国仅次于英国,是第二号殖民帝国。德国、美国和日本是后起的殖民国家,抢占的殖民地没有其他殖民大国多。但是,这 3 个国家工业发展迅速,很快就赶上和超过了英、俄、法 3 国,它们要求按实力重新瓜分殖民地。第一次世界大战就是在这些国家激烈争夺殖民地的形势下爆发的。殖民主义列强霸占殖民地、建立殖民体系的历史是一部充满掠夺、杀戮和奴役的罪恶史。在美洲,它们野蛮地推行奴隶制度,屠杀和贩卖印第安人,疯狂掠夺金银财宝。在非洲,初期殖民者主要是抢劫黄金、象牙等珍宝。从 16 世纪起,开始猎取黑人,贩卖奴隶。在亚洲,殖民压迫和掠夺同样极端残酷。殖民者在亚洲搞的"苦力贸易",是一种残酷的殖民统治。19 世纪中叶,大批中国人和印度人被运到美洲和加勒比海地区当苦力,他们的遭遇同样悲惨。亚、非、拉沿海地区的"象牙海岸""黄金海岸""奴隶海岸""珍珠海岸""香料群岛"等许多名称,就是殖民者野蛮掠夺亚、非、拉人民的罪证。随着工业资本主义的发展，殖民主义者就打着"自由贸易"的幌子，以商品输出作为殖民剥削的主要手段。后来，资本输出又代替了商品输出，成为剥削殖民地的主要形式。殖民主义者还在亚、非、拉地区强制推行畸形的单一经济，使殖民地、半殖民地国家加深了对帝国主义的依赖，成为帝国主义的附庸。19世纪末20世纪初，殖民主义文化逐渐形成了气候。

第二次世界大战后，殖民地、半殖民地国家的民族独立运动高涨，大批亚洲、非洲国家获得独立，摧毁了帝国主义的殖民体系。但值得注意的是，殖民体系虽然瓦解了，但殖民主义文化仍活跃在发达资本主义国家，赤裸裸的殖民战略被一种新的殖民战略——霸权战略所代替。如军事上以提供军事"援助"的形式，在受援国家建立军事基地、驻扎军队、派遣军事顾问、帮助训练军队等，实行变相的军事占领；同时一些国家为了实现其霸权战略目的，甚至对别的国家和地区策动政变，挑起内战，扶植傀儡政权。以世界警察自居，插手其他国家内政，有一些理论学者将这种行为称为新殖民主义，代表性国家有全球霸权主义国家——美国，地区霸权主义国家——独立后一段时期内的印度。

就当今世界而言，在冷战之后，作为世界唯一超级大国的美国正欲借其超强的军事实力谋求建立一种"霸权统治下的和平"，以实现其霸权统治。在美国身上，殖民主义文化的诸多特征都有着鲜明的体现。美国不是开始殖民最早的国家，却是一个殖民主义和殖民文化大国，具有深厚的殖民主义文化。早在19世纪初叶，门罗主义就已声称美国享有西半球安全的唯一保护人的特殊地位。1898年美国在海外进行了第一次征服性战争——美西战争。这场战争使美国的力量深入太平洋，越过夏威夷，到达菲律宾。美国的战略家们开始着手创立主宰两大洋的学说。到20世纪末"冷战"结束后，许多倡导霸权的美国学者纷纷撰文鼓吹世界已经进入美国主导的"单极时代"，美国也开始以前所未有的规模全方位推行其霸权主义的国家战略。美国前国务卿奥尔布赖特更是直言不讳地指出，对美国外交政策的考验就是"对我们领导地位的考验"，美国的对外政策应"能反映出我们作为全球最主要的自由捍卫者的地位"。1998年12月1日，白宫正式公布《新世纪国家安全战略》，指出美国将奉行"与新时代相协调"的"向前看"的国家安全战略，声称美国的目标是"领导整个世界"，并且美国决不允许出现向它的"领导地位"提出挑战的国家或国家集团。这种要"领导整个世界"的意图与殖民主义没有什么本质区别，是美国殖民主义战略文化的延续，并最终形成了当今的霸权主义战略。其基本军事战略的构想是：以美洲大陆为依托，以"北约"和美日军事同盟为两大战略支柱（巩固同"核心国家"的联盟关系），从欧亚大陆向全球进行新的战略扩张，把美国的领导作用扩展到全世界，遏制新的全球性竞争对手的出现，长期保持美国唯一的超级大国地位。防止在欧亚大陆出现与美国分庭抗礼的力量中心和联盟,尤其要防止中国、俄罗斯的崛起,挤压和打击一切不顺从美国意志的国家。

印度曾经是一个殖民地国家,于1947年和平独立。英国近200年(公元1757~1947)的殖民主义统治使印度历史发生了重大转折,并对印度军事战略文化产生了深远影响。英国议会于1858年通过法案,撤销了东印度公司,由英国女王本人直接统治印度,印度政权正式转入到了英国政府手中,由英国内阁派一名大臣担任印度总督。英国人从印度掠夺了大量财富,把印度变成了英国资本输出的主要场所及工业品的倾销市场和廉价的原料产地,印度成为"英王皇冠上最亮丽的一颗宝石","英国东方殖民体系中"的"跳子"。在英国统治印度期间,英国为保护它在南亚的殖民利益不受侵害,伺机向外扩张势力范围,以印度洋为依托,变印度洋为英国的"不列颠内湖";以印度为战略后方基地,向外发动侵略战争。为了抵御和防范沙俄势力南下,从1883年到1919年三次发动对阿富汗的战争;为了侵略中国,把西藏纳入其势力范围,先后使用武力和阴谋,达成了对尼泊尔、不丹、锡金三个喜马拉雅山小国的控制,建成了英国所谓的"保护国链条"。1888年和1903年,英国两次武装入侵西藏。1913年,在印度西姆拉召开的会议上,英方提出了关于内藏、外藏界线及西藏地位的问题,提出"外藏"完全独立,"内藏"实行"中藏共管",企图使西藏从中国分离出去。英方代表麦克马洪还背着中国代表炮制了以喜马拉雅山主脊为印藏边界的所谓"麦克马洪线",将中国9万平方公里的领土划归英属印度。中国历届政府都没有承认这一非法的"麦克马洪线",使英国的阴谋未能得逞。

但是,英国统治印度时期形成的"以海上为依托,防范沙俄势力南下,向西藏扩张"的战略思想,使印度成为了英国侵略亚洲国家的"桥头堡"和"东方殖民体系"中的"跳子"。英国人的"东方殖民主义思想体系"和侵略计划,为印度霸权战略文化的形成奠定了基础。印度在独立以前一段时间乃至在独立后相当长一段历史时期内,基本上继承了这一战略,继承了英国"东方殖民体系"思想的全部内容,并随着世界格局的变化,逐步上升为国家战略,这一标志就是尼赫鲁所著的《印度的发现》。1945年,尼赫鲁的著作《印度的发现》正式出版。这部著作集中体现了国大党的建国纲领。1947年印度独立以后,尼赫鲁家族祖孙三代在印度执掌政权,都是按照《印度的发现》所规定的建国纲领施政的,形成了当代印度的大战略。这一战略继承了英国"东方殖民体系"的"印度中心论"思想,谋求印度的大国地位。概括起来,就是从地缘政治出发,以"印度中心论"为核心,谋求南亚"支配地位",主宰印度洋,争当"有声有色"的世界一流大国。尼赫鲁思想的最终目标,是要建立一个以印度为中心的"亚洲联邦"。他指出:"今天全世界都公认亚洲的未来将强烈地由印度的未来所决定。印度越来越成为亚洲的中心。""我认为将来建立一个联邦,其中包括中国和印度,缅甸和锡兰,阿富汗和其他国家。"

在这一思想的影响下,印度于 1962 年挑起了中印边界战争。到冷战结束前,印度为了反华而倒向苏联。为了对付中国,印度对南亚周边邻国实行高压政策。1971年 12 月,印度肢解巴基斯坦,并始终以绝对的优势兵力保持对巴基斯坦军事上的进攻态势。现在印度 50%的陆军空军兵力部署在印巴边境地区。1974 年 4 月,印度占领锡金,第二年宣布锡金为印度的第 22 个邦。1979 年 11 月,印度与孟加拉国发生边境冲突。1987 年 7 月,印度出兵斯里兰卡。1988 年 12 月,印度对尼泊尔实行贸易封锁。这一时期,印度在军事上的所作所为完全显现了它殖民文化特色的地区霸权战略。

军国主义文化:扩张战略

人们永远都不会忘记第二次世界大战给全世界带来的灾难和伤害。其时,德、意、日法西斯集团疯狂扩张,德国发动闪电攻势,占领了波兰、丹麦、挪威、荷兰、比利时、卢森堡、法国,并向英国、苏联发动进攻,而日本更是发动了全面侵华战争,企图占领中国及整个亚洲。德、意、日法西斯集团的疯狂武力扩张战略,不是偶然现象,而是军国主义战略文化发展的结果。

所谓军国主义,是指崇尚武力和军事扩张,将穷兵黩武和侵略扩张作为立国之本,把国家完全置于军事控制之下,使政治、经济、文教等国家生活的各个方面均服务于扩军备战和对外战争的思想和政治制度。德国和日本曾经都是军国主义国家的典型代表。军国主义的基本理论就是否认和平,认为战争是不可避免的,甚至认为战争本身是美好和令人神往的。军国主义的行为体现为某个国家政治、经济和社会生活各个方面的军事化,以及对外奉行侵略扩张政策。在军国主义国家,战争成为国家的主要目的,国家的存在和发展主要依靠对外掠夺和扩张。

人类军事文化中的军国主义成分,首先体现在对战争的态度上。自古以来对于战争就有着两种截然不同的反应,或视战争为一种可怕的罪恶和灾难而予以拒斥和诅咒,或视战争为一种高尚的行为而予以衷心的、甚至是夸张的赞美。而军国主义就属于后者。

在人类历史上,宣扬战争、赞美暴力的大有人在,而作为一种民族精神,又尤以德意志和日本为甚。柏林大学历史学教授特莱希克认为,战争不仅仅是一种实际上的必要,它也是一种理论上的必要,一种逻辑的要求。国家这一概念意味着战争的概念,因为国家的本质是权力……要在这个世界上永远消灭战争不仅是一种荒谬可笑的希望,而且也是极其不道德的希望,这将造成人类灵魂的许多基本的和崇高的力量的萎缩。而在此之前,大哲学家黑格尔早已明确指出,战争是美丽的、美好的、神圣的和多产的,战争创造人们的道德,是维持人们的精神健康所必不可少的。在战争中,国家更加接近它的理想。他们的话也许能反映日耳曼民族对战争和武力的崇尚。在这种对战争和暴力的鼓吹下,军备竞赛、侵略、穷兵黩武往往就成为难以避免的结局。德国之所以在两次世界大战中都成为难辞其咎的罪魁祸首,与他们这种崇尚武力的精神文化具有紧密联系。

德国军国主义文化形成于普鲁士时期。在 30 年战争混乱时期长大成人,于 1640 年即位的大选帝侯弗里德里希·威廉从战争中认识到,必须保有一支独立的、听命于君主的常备军。后来即位的弗里德里希·威廉一世在施政中最突出的是加强专制主义和扩展军事力量。像其先辈一样,他同样清楚地知道要巩固普鲁士的容克地主经济,要使普鲁士领土得以扩张,没有强大的军队是不行的。他是欧洲历史上第一个穿军服的君主,并被称为"士兵王"。他在位期间非常节俭,把所有聚敛到的财富都用于军队建设。他为他的儿子即后来的弗里德里希大王留下了一笔可观的"军事财富":约 1000 万塔勒的军费和一支训练有素的军队。当时,普鲁士的人口在欧洲大陆各国中仅排名第 13 位,领土面积也仅占第 10 位,但却拥有居欧洲大陆第 4 位的强大军队。弗里德里希二世亦主张侵略扩张对外发动战争,并赢得了"伟大的弗里德里希"的称号。他常说:"不使用武器的谈判就像不用乐器的音乐一般。"在执政的 46 年里,他始终奉守此信条,一生中发动了无数次战争,吞并了许多小国家,使普鲁士成为欧洲大陆的主要国家之一,这时候的普鲁士已经具有了军国主义色彩。

从德意志统一到第一次世界大战前是德意志第二帝国统治时期。这一时期,第二帝国保留了封建王朝普鲁士精神的主要特征和专制主义的君主政体,形成了容克和资产阶级联合统治的经济基础和政治制度,民族沙文主义渗透于帝国的各个领域。资产阶级对财富的贪欲和市场扩张的要求与日耳曼——容克的好战精神结合起来,严重地侵蚀着德意志民族的肌体,最终形成了浓厚的军国主义文化。俄国作家乌斯平斯基在他的《病态的良心》一文中对当时德国浓厚的军国主义文化氛围作出了细致的观察和描写:"真的,只有当你驶过国境以后……面前就是柏林,这样的黩武风气,那是我们所想象不到的……长剑、踢马刺、尖顶盔、小胡子、两指按到帽檐敬礼,在帽檐下面紧紧的领口里,露出胜利者的洋洋得意的一张张面孔,这些景象在每一步里,每一分钟里,都可以碰到……"第一次世界大战前,德意志帝国政府始终推行军国主义政策。第一次世界大战由德国挑起并不是偶然的,这是德国蓄谋已久的,是德国军国主义的表现。第一次世界大战德国虽然战败,但军国主义文化并没有消亡,德国军国主义在美国等国的扶植下很快复活,并和日本一样发展到了军国主义的最高形式——法西斯主义。

日本军国主义文化渊源是日本武士道,并经历了从封建军国主义到近代军国主义的发展过程。日本武士作为一个阶层,随着封建势力的兴起出现在9世纪,并从11世纪起开始登上政治舞台。12世纪末,当时日本最有实力的武士源赖朝建立了镰仓幕府,这是日本历史上的第一个武士政权。从此,武士阶层成为统治阶级,掌握了国家从中央到地方的各级政权。日本武士以攻战杀伐为职业,本性上就是军国主义思想的鼓吹者,军国主义政策的制定者、推行者和实践者。在长达近700年的幕府统治期间,武士阶级的思维和行为方式逐渐形成武士道,深深地影响了日本政治和社会生活的方方面面,使日本具有了浓厚的军国主义思想文化传统。传统的日本武士道作为对武士修养的要求,重在强调"尽忠孝,讲仁义"等,灌输一种"征战光荣"以及"忠于主君""不顾身家"的思想,其极端表现为一种不辨是非的好勇斗狠、凶恶残忍以及对于君主的绝对忠诚。

1868年明治维新之后,日本结束了长达近700年的武士掌权的幕府时代,进入君主立宪的资本主义社会。武士阶层虽不复存在,但武士道却在军队中找到安身立命之所,并且发生畸变,被引上了军国主义的邪道。武士道不仅成为军人所要具备的精神和行为准则,更扩展成为全体国民普遍的道德要求和行动准则,成为日本军国主义最重要的精神支柱。正是在这种精神的推动下,在一片扩张国权、宣扬国威的喧嚣声中,日本踏上了穷兵黩武、侵略亚洲各国的道路。在武士道的支配下,日本军队先后占领台湾,吞并琉球、朝鲜,侵略中国大陆,挑起太平洋战争,而日本国民则把对外侵略战争看作"圣战",并以为此献身为荣。武士道成为日本军国主义侵略的主要精神工具。

明治维新前后,留学西欧的一些日本启蒙思想家把社会达尔文主义引入日本。19世纪末以来,由于日本军国主义的需要以及部分人的大肆宣传,社会达尔文主义在日本风靡一时,影响十分深远。社会达尔文主义认为,人类的生存与发展同样受"生存竞争""弱肉强食""优胜劣汰"等"自然法则"的支配。因此,为了生存和发展,就必须有足够的实力去争取和开拓自身发展所需的"合理的生存空间",也有必要把其他竞争对手置于自身的"领导"之下。日本走向军国主义正是历史的必然,军国主义侵略只是"民族生存竞争"的具体表现,以此为日本的侵略扩张战争寻找理由。

日本军国主义文化的核心就是侵略扩张。日本是一个具有对外用兵进行开疆拓土传统的国家。神话传说中的日本第一代天皇神武天皇提出"掩八纮而为宇",要把四面八方纳入其统治之下。4世纪后半叶,神功皇后出兵朝鲜,征讨新罗、百济、高句丽,把朝鲜半岛南部地区纳入"大和朝廷"的势力范围,并在那里建立起

"任那日本府"。这些虽属神话传说,但"八统一宇""兼六合、掩八纮",历来为日本扩张主义者所传诵。到了中世纪,丰臣秀吉两次入侵朝鲜均告失败,但日本开疆拓土、侵略扩张的思想并没有因此消失,而由其后历代的统治者和思想家所继承,并不断有所发展。尤其是明治维新以后,便成为日本军国主义对外侵略扩张的指导思想。

16世纪末,掌握大权的丰臣秀吉首次提出征讨朝鲜,进占中国、印度,称霸亚洲的狂妄计划,集中体现了日本的扩张思想和侵略野心。在此之后,日本不少思想家及统治者都对他的这一计划及其思想大肆宣扬,使日本对外侵略思想在300多年间绵延不绝。从18世纪八九十年代起,一些日本学者受到欧洲殖民主义的影响,更从日本立场出发多方面论证和阐述了对外扩张思想。其代表人物林子平希望日本能出现如俄国女皇叶卡捷琳娜二世那样的"君主"并"一统五洲",而基本手段则是武力扩张。另一代表人物是本多利明。他在1798年所著《经世秘策》一书中,主张确定世界战略的终极目标,即征服世界,使日本成为世界第一大强国,要求日本实行殖民"开拓制度";他在1801年所著的《贸易论》中则宣称:"发动战争,谋取国家利益乃是为君之道的秘密",鼓吹伺机"进攻外国并占领之"。1919年8月,日本法西斯主义运动的肇始者和理论家北一辉写出《国家改造案原理大纲》(1923年出版时改名为《日本改造法案大纲》)一书,鼓吹动用天皇大权,依靠军事力量实现国家的"改造"和"积极对外开战",夺取殖民地,称霸亚洲和世界。他认为,"随着国家改造之完成,亚洲联盟乃可义旗翻扬而真正到来,日本可执世界之牛耳,宣布'国海同胞皆是佛子'之天道,垂其范于东亚"。北一辉的理论出台后,日本形形色色的法西斯团体在反动势力支持下迅速成立,比较著名的有玄洋社、浪人会、黑龙会、犹存社、老壮会等,其成员有没落武士、社会游民、知识分子、少壮军人,特别是以后来担任首相的平沼骐一郎为会长的国本社,其成员多为军阀、官僚、财阀代表,如东条英机、荒木贞夫、宇垣一成、池田成彬等,中下层则为少壮军官和在乡军人骨干。到1932年,法西斯团体已达1965个。在整个20世纪二三十年代,日本国内政治动荡不定,军国主义文化泛滥。正是在这种思想氛围之下,明治维新后,在发展资本主义的同时,日本走上了对外侵略扩张的道路。

20世纪初,日本已在政治、军事、经济、文化思想等各个领域完成了军国主义化,整个日本国民经济已被纳入军事、战争的轨道。如果说在甲午战争和日俄战争期间日本政府尚能控制和利用民族主义情绪的话,那么到20世纪20年代末,民族主义已完全走向极端,达到政府无法驾驭的程度。此时极端民族主义大举向军队发展,甚至整个军队都已成为法西斯右翼势力的大本营。1930年9月,桥本欣五郎等法西斯军官组成"樱会",策划发动政变。次年,"樱会"策动关东军在中国东北发动

"九一八"事变。"九一八"事变后,军队法西斯势力继续煽动反对政党政治。1932年2月9日,"血盟团"分子刺杀民政党核心人物,前藏相井上准之助。接着又发动"五一五"叛乱,以士官学校学生为主体的陆、海军法西斯分子袭击首相官邸、警视厅、内务大臣官邸、政友会本部等,首相犬养毅被枪杀。事件发生后,军队借口"时局非常",拒绝政党继续组阁。自此,日本由"政党组阁时代"走向军事法西斯体制。

应该说,近现代以来日本军国主义的形成及其对外侵略扩张行径,正是其一贯的军国主义色彩浓郁的军事文化在新的历史条件下发展的必然结果。时至今日,日本国内军国主义的魂灵依然僵而不死,甚至大有死灰复燃之势,军国主义文化没有消亡仍是主要动因。

均势主义文化:孤立战略

大家都对英国比较了解,当前的英国是个典型的结盟型国家,政治、经济上紧紧依赖欧盟,军事上依靠美国人领导的北约。殊不知这么一个典型的结盟型国家,在战略上却曾经实施过100多年的孤立战略。这是由英国的均势主义文化底蕴所决定的。

英国作为一个岛国,与欧洲大陆国家有着千丝万缕的文化上的联系。英伦三岛位居欧洲大陆一角,英吉利海峡把英国与欧洲其他国家隔离开来,这使英国人的心态与欧洲大陆国家人民的心态有所不同。然而,英国又是一个典型的欧洲国家,其人文结构总体上没有脱离欧洲文化框架,英国与欧洲大陆之间存在着割不断的联系。在立国之前和之后的相当一段时期,英国的战略舞台是在欧洲。英国王室虽然身居英伦三岛,但心系欧洲大陆,为了谋求在欧洲大陆的利益,时常主动卷入欧洲诸邦之间的争斗。然而,欧洲大陆接二连三的战争,不仅使成千上万的英国人战死欧陆疆场,国库日益空虚,而且还使英伦三岛常常遭受欧洲诸强的入侵和蹂躏。

英国人逐渐意识到欧洲大陆的均势是对英国人最有利的。当英吉利人逐渐形成独立的民族意识之时,摆脱欧陆诸邦错综复杂的矛盾和纷争,专注于自身事务,成为英国民众的一种渴望。他们力图以英吉利海峡为天然屏障,阻止大陆强敌的可能入侵。在对外战略制定过程中,民族国家的生存或自我求存是首先需要考虑的问题。具体到英国,就是如何确保英伦三岛不受欧洲大国的任何威胁。为此,英国逐渐形成了传统的均势文化,即欧洲任何一国不能强大到在国际事务的安排上处于对其他国家的绝对支配地位,欧洲任何一国的过于强大,都有可能对英国构成安全上的威胁。具体来说,英国在战略上要能确保欧洲大陆大国之间的势均力敌和互相牵制,遏制潜在大国的兴起,使之无法对英国的安全构成威胁。因此,英国要将实力砝码投到欧洲均势中力量较弱的一方,充当平衡者,必要时通过物质、金钱支援,扶持欧洲的中小弱国,与任何企图独霸欧洲的国家做生死搏斗。确保本国的生存权利,是英国在立国之初国家利益的集中表现,也是英国在战略选择上的根本出发点。

随着英国海上力量的崛起以及资本主义工业革命的开始,英国人的视野逐渐从欧洲扩大到海外,其国家利益的内涵因逐渐注入的海外利益而得到拓展和丰富。英国不是开拓殖民地最早的国家,但在殖民地掠夺中后来居上,到 19 世纪下半叶成为西方列强中拥有殖民地最多的国家。殖民地在弥补英国本岛资源不足,充当英国商品的原料产地和销售市场,促进英国海外贸易繁荣方面发挥着重要作用,也是英国日后崛起成为世界性大国和建立世界霸权地位的重要物质保障。尽管英国的海外利益不断扩大,但在战略上英国仍没有摆脱传统的均势文化影响,只不过在名称上与过去稍有差别,即所谓的"光辉孤立"。它与英国对欧奉行的传统均势战略在战略目标上是一致的。英国对欧洲的战略传统,是通过均势保持欧洲列强的相互制衡,避免出现一个危及英国自身利益的霸权。而"光辉孤立"战略则尽力避免在和平时期与欧洲大陆国家缔结具有长期义务、特别是军事义务的同盟条约,目的是使英国在平时免受预先盟约的束缚,确保自己的行动自由。

从 19 世纪 70 年代开始至整个 80 年代,欧洲国际关系基本上为俾斯麦的结盟体系所主宰,它使欧洲国际体系出现了前所未有的稳定。在这种情况下,英国无虞于可能来自大陆的威胁,作为一种力量与自信的象征,英国在战略上可以一如既往对欧洲奉行那种实质上基于均势的"孤立"政策;从另一个角度看,英国在战略上做出这一选择,又与其发展殖民地利益的要求相一致。作为最大的殖民国家,英国在全世界拥有大量战略利益,在 19 世纪末列强掀起新一轮殖民地掠夺过程中,唯有与其他国家不缔结同盟,才能避免卷入列强冲突,进而利用它们之间的矛盾,维护好殖民地利益。当然,英国的"孤立"战略,也绝不是人们从表面上理解的那样,是完全意义上的卓然孤立或与世无争;相反,英国的孤立是自觉的孤立,是有选择的孤立。当国家利益遭到威胁,或欧洲大陆出现霸权时,英国决然不会撒手不管;相反,它会积极而主动地与欧洲大陆国家结成程度不同的联盟,以维护自身的安全。英国在历史上与葡萄牙结盟反对西班牙,与欧洲国家一起反对路易十四,与封建君主国家结盟反对革命法国等,都说明了这一点。自 19 世纪中叶英国逐渐成为西方霸主以后,英国的本土安全和海外发展双重利益没有从根本上遭到损害,英国政府在战略上也就没有偏离均势条件下的孤立政策轨道。

这一情况一直持续到 1902 年的英日结盟。19 世纪末,美、德、法等国逐渐崛起,欧洲国际体系也发生了深刻变化,一直处于霸权地位的英国遇到了强有力挑战。在综合国力上,美国后来居上,其工业总产值在 1890 年首次超过英国,英国从此丧失了世界工厂的地位。由于工业技术水平和管理水平逐渐陈旧落伍,英国在世界经济中所占的份额也日益减少。更为重要的是,在殖民地问题上,英国受到德、法、俄等国的严峻挑战。尤其是英国在远东的殖民地利益受到列强挑战表现得尤为剧烈。自从 1840 年通过鸦片战争打开中国大门之后,英国不仅逐渐占据了对华贸易的垄断地位,而且在势力范围上也攫取最多。英国对华政策的核心,是要通过保持中国领土"完整"以确保英国在华利益不受损害。然而,甲午战争中国战败后,西方列强对中国垂涎三尺,纷纷跃跃欲试,企图在新一轮的掠夺中占有一席之地。在这股掠夺风潮中,英国的挑战主要来自两个国家:一是新兴资本主义国家日本, 二是因克里米亚战争败北导致向西扩张受挫而将战略重点东移的俄国。甲午战争后,日本趁机攫取中国辽东半岛,俄国联合德国和法国干涉要求日本归还。英国因不愿为俄国火中取栗作壁上观,结果,俄国乘虚而入。1897 年 12月,俄国将军舰开进旅顺口,向中国提出租借旅顺和大连等要求。俄、德的要求使得一贯享有在华利益最多的英国陷于被动境地。但同时由于英国战略上对欧洲各国一直采取"孤立"政策,在欧洲国际体系中游离于各种联盟之外。因此,相比于其他国家,英国在"危难"时不能得到他国的政策呼应,在远东独力难支。

其实,在远东危机出现以前,英国内阁就因列强争夺殖民地危机而在对外政策上采取何种选择产生过分歧,焦点是如何看待英国对欧现行的"孤立"战略,这一政策对英国应付世界局势的变化、维护国家利益方面究竟是有利还是有害。远东局势的恶化,加剧了英国政府的战略大讨论。以殖民大臣张伯伦为首的"放弃派"认为,英国在欧洲奉行的"孤立"政策,已使自己在与俄国和法国的殖民争夺中处于不利地位。他指出:英国过去从"孤立"政策中得益匪浅,"我们不愿承担责任,同时又很乐意沾他人之光。我们用这种方法摆脱了纠缠不清的同盟,避免了许多危险……只要欧洲其他大国也各谋其利、各行其是,我们奉行的——坚持奉行的政策毫无疑问对我国是正确的政策"。"但是,最近若干年风云变幻,一个新的形势已经出现……所有欧洲强国都已结为同盟,只要我们处于这些联盟之外,只要我们为众人所嫉妒, 只要我们终究会与众人发生冲突, 我们就会随时面对一个强大的列强联合,以至于最偏激、最鲁莽的政治家也不能不带着某种不安感而苦思对策。"张伯伦认为,在欧洲其他列强垂涎三尺的殖民地和势力范围问题上,英国应该当仁不让,不仅要在非洲应付法国人,而且要在远东与俄国人一争高下。鉴于英国的实力已衰落,面临的形势已非常严峻,英国要想应付俄国在远东咄咄逼人的进攻势头,唯一的办法是与日本尽弃前嫌,缔结同盟。不然,在法俄同盟的攻势面前,英国的殖民利益将丧失殆尽。在这些思想的指导下,1902 年英日同盟的缔结,标志着大英帝国在战略上放弃了 100 多年来坚持的传统不结盟政策,走上了结盟之路。

信守均势主义文化者认为,世界处于无政府状态,每个国家为了自己的安全,都拼命地扩充自己的实力,谁都无法获得明显的优势,这样就客观上维持了世界的和平。也就是说,每个国家在国际上追求自己的国家最大利益,而无意之中就等于维护了世界的和平。例如,为了反对路易十四的霸权,在 1886 年,所有欧洲的列强都参加了反对法国霸权的奥格斯堡同盟。此后在 1889 年,法国与奥格斯堡同盟之间爆发了战争,奥格斯堡同盟经过 9 年的苦战,终于遏制住了法国不断扩张的势头,从而使欧洲大陆重新回到了均势状态。此后的两个多世纪里,欧洲大陆所发生的战争,都是围绕着维持和打破欧洲大陆的均势进行的。

而在此战略思想基础上形成的孤立战略的实质,是为了保全自己的利益而尽可能地远离战争的骚扰。在历史上,美国也曾实施过孤立战略。第二次世界大战开始时,美国为了自己的利益,一直不愿意参战,而对战争双方都供应物资。这种情况直到法国灭亡,德国大举进攻英国时,美国才意识到一旦英国陷落,那么德国的侵略目标一定会指向美国,直至这时候,美国才宣布愿意成为"民主国家的兵工厂",向世界上抵抗德、意、日法西斯集团的国家出售和租借武器。日本袭击珍珠港,直接促成了美国卷入第二次世界大战。

孤立战略的另一种表现形式为中立战略。在第二次世界大战期间,宣布中立的国家有瑞士、西班牙、葡萄牙、瑞典、爱尔兰和土耳其。在美洲,强国中只有阿根廷一国一直保持中立。这些国家,为了保全其利益,不愿意卷入冲突的任何一方,同时对同盟国和法西斯集团保持友好关系,避免了战火祸及其身。

第七章
记录军事历史的文化遗产

叱咤风云的战神:著名将帅纪念馆

不可否认,是人民群众创造了历史,但英雄人物尤其是著名将帅的作用是不可低估的。马克思和恩格斯在自己的著作中不仅充分肯定了人民群众在社会发展过程中的决定作用,而且对历史上的一些优秀人物,包括某些杰出的军事家和统帅的活动也都给予了较高的评价。马克思对古罗马的起义领袖斯巴达克给予肯定,恩格斯对近代的拿破仑、加里波第和毛奇等人通过正确指挥在战争中所起的作用给予了较高评价,恩格斯甚至称拿破仑为"战争巨人"。在人类战争史上,曾涌现了无数的著名将帅,他们对推动人类社会的进步与发展起到了积极作用。世界各国人民为纪念本国将帅对本国及本民族做出的杰出贡献,在著名战役的发生地、将帅的出生地或其他地方建设了很多纪念馆,供世人瞻仰。

美国在独立战争以及两次世界大战中曾经涌现出不少著名的将帅,如华盛顿、格兰特、巴顿、布莱德雷、艾森豪威尔、麦克阿瑟等。美国人民为了纪念他们,建立了很多的纪念馆。如巴顿的纪念馆,坐落在洛杉矶以东 240 公里左右的地方,这是一片原始辽阔、杳无人迹的沙漠地区,曾经被形容为"上帝遗忘的地方",而这里就是第二次世界大战期间在北非战场击败"沙漠之狐"隆美尔的巴顿将军整军习武、训练其麾下百战雄师和装甲部队的营地。第二次世界大战期间,共计有上百万的军队,包括 7 个装甲师和 13 个步兵师在此地完成了所谓的"震撼训练"。作为沙漠作战的先期培训,这些训练也奠定了盟军在北非转败为胜的基础。纪念馆由当年熟识巴顿的一位当地居民慷慨捐地,并由巴顿将军纪念基金会和联邦政府共同经营,每日游客络绎不绝。馆中除了展示巴顿骁勇善战的一生之外,更保存了他创建"沙漠作战中心"时候的第一手资料和相关历史资料。

在美国,麦克阿瑟纪念馆也较有名气。纪念馆位于诺福克市政大街,由19世纪的市政厅改建而成。除主馆外,纪念馆还包括了专门放映麦克阿瑟将军资料的小型剧院以及图书馆、档案室和礼品商店。纪念馆免费开放,展厅以时间和区域为线索,通过大量实物和文史资料,展示了麦克阿瑟将军的戎马生涯。主馆内陈列的项目非常丰富,既有佐证麦克阿瑟将军经历的重大历史事件的实物,也有其本人及家族使用过的物品,还有各国政府和社团赠送的礼品和勋章。其中最令麦克阿瑟将军骄傲的,可能要算第二次世界大战后日本签署的投降书了。这份投降书是1945年9月2日在停泊于日本东京湾的美国"密苏里号"军舰上签订的,主要内容是日本接受美、苏、英、中在波茨坦宣言中提出的条件,日本天皇及政府将遵守盟军统帅意旨,处理政务及履行投降规定。在投降书上,盟军统帅麦克阿瑟、美国代表尼米兹、中国代表徐永昌,以及英国、苏联、澳大利亚、加拿大、荷兰、新西兰等国的代表依次签名。与投降书相对应的是一对瓷花瓶,高约1.6米,非常精致,为日本政府所赠送。一边是令人耻辱的投降书,一边是赠送的精美礼物,真不知道日本政府在赠送这对瓷花瓶时,内心表现的是敬仰、畏惧还是奉承。麦克阿瑟将军是一位了不起的人物,对世界正义力量击败日本军国主义做出了重大贡献。可以说,这也标志着麦克阿瑟将军戎马人生达到顶峰。

在英国,有纳尔逊、亚历山大、威灵顿、蒙哥马利等将帅的纪念馆。站在英国王子街上,面对卡尔顿山,远远就可以看到山顶一座造型如同老式单筒望远镜的塔,直指天空,那就是纳尔逊将军纪念碑。纳尔逊是英国有史以来最伟大的海军将领与军事天才。1805年,纳尔逊率领英国舰队和约瑟夫·维尔纳夫率领的法国、西班牙联合舰队在特拉法尔加角附近展开大战(即特拉法尔加海战),当时的英国舰队实力并不占优势(主力舰之比27∶33),却在纳尔逊的超凡指挥下,一举击败法国、西班牙联合舰队,重创拿破仑,确立了英国的海上霸权,纳尔逊也在这次海战中为国捐躯。当时,舰队的官兵痛伤将军的去世,都在帽子的后面缝上两根黑带以示哀悼,这就是现代海军军帽后面两根黑飘带的来历。在英国还有一位和纳尔逊一样击败拿破仑的将军,那就是威灵顿,但其纪念馆却在其击败拿破仑的地方——比利时的滑铁卢镇。威灵顿公爵当年的总参谋部就设在滑铁卢镇上,那是一座两层的小楼,现在是威灵顿纪念馆。这个纪念馆里至今保存着比利时国王关于威灵顿的"授封书":授予威灵顿滑铁卢亲王一世称号,并将滑铁卢周围1083万平方米的森林和土地同时封授。此称号和封地永远有效并可世袭。

在俄罗斯,有大名鼎鼎的库图佐夫;苏联时期,有戈尔什科夫、朱可夫等一大批著名将帅。他们同样也得到了世人的敬仰,人们修建了很多纪念馆以缅怀他们的英雄事迹。其中以朱可夫纪念馆最为著名。朱可夫任白俄罗斯军区副司令时,曾随同苏联军事使团到中国观察日本人的战略战术,并担任驻华军事顾问。1938年被派往蒙古。不久,第二次世界大战爆发,朱可夫指挥驻蒙苏军与三倍于己的日本关东军作战,取得了围歼日军重兵集团的巨大胜利。卫国战争初期,苏军失利,但朱可夫使用机械化军进行反突击,阻止了德军的推进。在耶尔尼亚地区,他率领预备队方面军进行了卫国战争以来第一场进攻战,重创德军,鼓舞了苏军士气。列宁格勒危急时,他出任方面军司令员,制定了守城计划,阻止了德军的进攻。当德军逼近莫斯科时,他奉命赶回莫斯科,指挥极其困难的莫斯科保卫战,把敌军驱赶到五十公里之外。斯大林格勒危急时,他又以天才的指挥艺术和超人的工作效率解决了防御战中的一系列难题,保证了防御的稳定。1942年11月,他开始实施与华西列夫斯基等人共同制定的反攻方案,节节取胜,不久以全歼被围的33万敌军的巨大胜利实现了第二次世界大战的转折。此后,他率军歼灭了德国"A"集团军群,解放了波兰大部分领土,继而挺进德国,攻克柏林,并代表苏联最高统帅部接受了纳粹德国的投降书。朱可夫纪念馆设在俄罗斯国防部旧楼——原来朱可夫任国防部长时的办公室。这座大楼建于1920年,国家接管后所有军事机关都设在这里。原国防部长朱可夫的办公室和会客室,从1996年起辟为朱可夫纪念馆,保留至今。纪念馆展品基本上按照朱可夫的生平收集到了应有的史料和实物,突出展示了朱可夫的军事才能。

在华夏5000年的历史长卷中,曾经涌现过无数著名的将帅。古时的孙武、孙膑、岳飞等将帅都为人们所熟知。我军建军以来更是涌现了如朱德、彭德怀、刘伯承、贺龙、陈毅、罗荣桓、徐向前、聂荣臻、叶剑英、粟裕、陈赓等著名将帅。为纪念这些著名将帅,人们修建了纪念馆来纪念这些英雄人物,如朱德故居纪念馆。朱德故居纪念馆于1978年12月13日经中共中央批准兴建,1982年8月1日落成开馆,邓小平题写了馆名。纪念馆背临雄伟的马鞍山,西向挺秀的琳琅山,风景秀丽,环境优美。整个建筑采用古典和现代建筑相结合的格局,外观古朴典雅,内部具有现代建筑特色。主体建筑包括门庭、回廊、展厅、接待室、休息厅、纪念品展销服务部,附属建筑包括职工宿舍、办公室、文物库房等。馆内设有6个展厅,面积为780平方米,展线长186米。该馆1994年被四川省委命名为"四川省青少年教育基地",1995年又被四川省命名为"爱国主义教育基地",1996年被国家教委、总政治部、共青团中央等6部委命名为"全国中小学爱国主义教育基地"。第一展厅介绍了朱德青少年时代在家乡的23年生活、学习、劳动的情况。第二展厅介绍了朱德参加辛亥革命讨袁护国的活动史。第三、第四展厅是整个陈列的重点,通过展览,真实地再现了南昌起义、湘南暴动、保卫井冈山革命根据地的龙源口战斗、四渡赤水、创建太行山抗日革命根据地以及指挥"三大战役"时朱德总司令的光辉形象。第五展厅展出了朱德在新中国成立以后领导军队建设、主持国务活动和回家乡视察的情况。第六展厅是书画礼品陈列厅,展出了党和国家领导人、全国名家缅怀赞颂朱德元帅的书画作品和礼品 600 余件。展厅陈列展览实物 500 余件,还有大量的照片、油画、图表等,生动形象地反映了朱德元帅为了民族解放,为了祖国的繁荣富强鞠躬尽瘁、革命到底的战斗一生。

再如彭德怀纪念馆。纪念馆位于湖南省湘潭乌石镇彭德怀故居对面的 200 米的卧虎山上,依山而建,与彭德怀故居遥相呼应,占地面积 8 万平方米。纪念馆采用中国传统庭院式布局,围绕序厅,疏密有致地设立了 4 大展厅共 8 个展室。序厅为一个宽敞的八边形,正墙由三组红色高浮雕组成,分别表现的是血战罗霄、百团大战、抗美援朝。正中一座半身圆雕,塑造了解放战争中的彭德怀。侧面是两幅壁画,主题为"致力于军队革命化、正规化建设""和人民群众心连心"。整个序厅以极富感染力的艺术作品,高度浓缩地再现了彭德怀史诗般的英雄业绩和伟大的人格魅力。纪念馆陈列分 4 个部分共 20 个章节,用了 300 多张照片和一大批珍贵艺术展品,采用了声、光、电等多种表现手段,生动、艺术地再现了彭德怀伟大、光辉、战斗的一生。

我军将帅纪念馆大都兼作爱国主义教育基地,如上面提到的两位元帅的纪念馆,还有如贺龙纪念馆是湖南省青少年进行革命传统教育的基地,刘伯承元帅纪念馆为重庆市爱国主义教育基地、青少年教育基地和国防教育基地,等等。

影响历史的决策:红军重大会议遗址

在我军发展壮大的历程中,尤其是红军阶段,一些重要会议如三湾改编、古城会议、古田会议、黎平会议、遵义会议等的决策部署在我军的成长历程中起着决定性作用,也正是这些会议的决策部署一次次校正了我军前进的航向,使我军不断发展壮大。因此,这些曾经影响我军历史决策的会议遗址自然成为我军成长的见证,为人们所纪念。

1927 年"四一二"政变以后,蒋介石彻底暴露了他的反革命面目,实行白色恐怖,我党在上海的活动很困难,很多同志转移到了武汉。这时国民政府已由广州迁到武汉,武汉成了政治中心。国民政府主席汪精卫表面上和蒋介石有分歧,实际上他们已暗中往来,排斥共产党。陈独秀仍然推行他的右倾机会主义路线,反对农民运动,反对搞自己的武装,把革命的领导权拱手让给国民党,党内同志意见越来越多。眼看着我们的党员损失殆尽,在这一关键时刻,中共中央于 1927 年 8 月 7 日在汉口召开紧急会议。会议由瞿秋白主持,李维汉为执行主席,毛泽东在会上作了重要讲话，强调政权是由枪杆子取得的。这次会议纠正了陈独秀的右倾机会主义错误，撤销了其领导职务，选出了新的中央临时政治局，确立了土地革命和武装反抗国民党反动派的总方针，决定在湘鄂赣粤 4 省举行秋收起义，并号召全党全国人民继续进行反帝反封建的革命斗争。"八七"会议在危急关头挽救了革命，挽救了党。

"八七"会议会址位于原汉口二教街 41 号（今为汉口鄱阳街 139 号），为一幢西式二层楼房，现旧址保存完好。为纪念这次会议，1978 年被辟为纪念馆。1980 年，邓小平为纪念馆题写了"八七会议会址"的门匾。纪念馆如实地再现了"八七"会议及其前后的历史。一楼的陈列室展出了会议通过的《告全党党员书》等重要文件的复印件和全部会议参加者的照片及其生平简介，二楼按当年举行会议的原样进行了复原陈列。

秋收起义的受挫，加之在前一段的行军打仗中，由于长途跋涉，粮食不足，缺医少药，部队弥漫着一股消沉情绪。少数人经不起考验，认为失败已成定局，悲观动摇。部队中士兵有的不辞而别，有的背叛革命。军官打骂士兵的现象时有发生，官兵关系紧张，军纪松弛。加上党对军队的绝对领导没有确定，党组织不健全，一个团才有一个支部，无法开展有力的工作。为了改变这种状况，毛泽东率部到达江西永新三湾村，于 1927 年 9 月 29 日至 1929 年 10 月 3 日，在这里主持召开了前敌委员会紧急会议。会议总结了秋收起义的经验教训，对部队进行缩编，首次提出党支部建在连上，实行官兵平等的民主制度。经历改编的罗荣桓元帅在 1957 年所写的《秋收起义与我军初创时期》中指出，三湾改编，实际上是我军的新生，正是从这时开始，确立了党对军队的领导。当时，如果不是毛泽东同志英明地解决了这个根本性的问题，那么，这支部队便不会有政治灵魂，不会有明确的行动纲领，旧军队的习气，农民的自由散漫作风，都不可能得到改造，其结果即使不被强大的敌人消灭，也会变成流寇。三湾改编的伟大意义，从此可见一斑。

三湾位于江西省永新、井冈山、莲花、湖南茶陵 4 县交界的九陇山北麓，是个人烟稀少的偏僻小山村，但它却在中国共产党和人民军队的历史上留下了浓墨重彩的一笔。为纪念这次会议，就诞生了今天的三湾改编纪念馆。纪念馆选址于枫树坪东侧山脚下，与三湾改编旧址融为一体。馆舍占地面积 800 平方米，总建筑面积 1600 平方米，分一个序厅，3 个展厅。序厅陈列有三湾改编前敌委员会会议人物雕塑、三湾老街复原场景模型（1:15）及大型油画两幅等；展厅有三湾改编史迹陈列厅、贺子珍生平展厅和永新将军展厅，其中着重突出三湾改编史迹陈列厅，展线长100 多米，由战略转移、三湾改编、井冈割据、军魂永驻 4 部分组成，真实再现了三湾改编革命史。馆内还配有三代领导人检阅部队的 DVD 投影、电动图表、触摸显示屏、毛泽东原声录音讲话及全场背景音乐等设施，充分运用了声、光、电等现代科技展览手段。

1927年10月3日,毛泽东率领工农革命军从三湾来到古城,当天在这里主持召开了前委扩大会议。出席会议的有前敌委员会委员、工农革命军营以上的党员干部及宁冈县党组织的负责人和袁文才的代表,共40多人。会议历时3天,总结了秋收起义的经验教训,讨论了在罗霄山脉中段建立根据地,开展武装斗争以及争取改造袁文才、王佐地方武装等问题。古城会议是三湾前委会议的继续和发展。这次会议确定在湘赣边界开展工农武装割据的决策,为此后井冈山革命根据地的创建和中国共产党实现工作重心的转移奠定了基础。

古城会议会址原名为联奎书院,坐落于江西省宁冈县(现为井冈山市)古城镇。1929年5月10日,湘赣边界特委第二届第四次执委会,在联奎书院中厅召开,特委书记邓乾元主持了会议。湘赣边界特委二届四次执委会也是一次具有重要意义的会议,为湘赣革命根据地的建立打下了良好的基础。从此,湘赣边界革命根据地就在井冈山革命根据地的基础上逐步建立发展起来。1961年3月,国务院公布此会址为全国重点文物保护单位。

1933年9月,蒋介石纠集100万兵力向各革命根据地发动规模空前的第五次"围剿",其中50万兵力用于围攻中央苏区。他采取持久战和堡垒主义的战略战术,妄图消灭中央红军。当时,正是王明"左"倾教条主义路线在党内占统治地位的高峰时期,中央领导人博古和共产国际派来的军事顾问李德,错误地估计了敌我形势,先是实行进攻中的冒险主义,继而又采取防御中的保守主义,致使中央红军反"围剿"的斗争陷入了失败的困境。1934年10月,中央红军被迫退出革命根据地,向贺龙、肖克指挥的红二、六军团所在地的湘西转移,开始长征。在经过惨烈的湘江战役后,中央红军由原来的8万多人锐减至3万人。1934年12月15日,中央红军占领黎平。18日,中共中央政治局在黎平召开会议,参加者有周恩来、博古、毛泽东、陈云、刘少奇、李德等。会议讨论红军的进军路线问题,经过激烈争论,与会大多数人肯定了毛泽东的正确主张,通过了《中央政治局关于战略方针之决定》,放弃了与红二、六军团会合的原定计划,作出了向贵州进兵的战略决策,避免了陷入敌军重围的危险,使红军争取了主动。黎平会议是长征以来具有决定意义战略转变的关键会议,为遵义会议的召开做了重要的准备。

为纪念这次重要会议,当地政府在黎平会议会址,又称红军总司令部驻址,即贵州省黎平县城二郎坡街52号修建了纪念馆。纪念馆占地面积近1000平方米,建筑面积近800平方米。该址原为胡荣顺店铺,建于清嘉庆年间,四周为青砖空斗封火墙,内建木结构房,前低后高,分为三进,每进之间用砖墙相隔,共有大小天井9个,整个建筑高大宽敞,壁垒森严,是黎平清朝时期典型的四合院式"印子屋"。会址门匾"黎平会议会址"6个大字为陈云手书,门面两侧壁写有苏洋广货、京果杂货、各种名酒、绸缎布匹等行业大字。第一进原为店铺,现陈列红军过黎平路线图,黎平会议会址简介专栏。第二进为一栋5间两进两层木板建筑,两侧抵墙,保留有一些红军长征中用过的生活和军事用品等。正堂雕塑二龙戏珠,正堂对面雕塑两只大凤,墙顶有一屏风台,塑有狮、鸟、兔类动物,左右为花格窗扇,四周壁上绘有历史故事壁画。一楼左侧外房现为红军文物展厅,内房为朱德住房;右侧外房为黎平会议会场,内房为周恩来住房。为便于采光、通风和雨水流淌,该进共设有大小天井7个。第三进为花园。

虽然黎平会议作出了《中央政治局关于在川黔边建立新根据地的决议》,确定了新的战略行动方针,毛泽东同志的正确意见也逐渐取得多数同志的拥护,但斗争并没有结束。对此,周恩来同志后来回忆说,从黎平往西北……然后渡乌江,达到遵义,沿途争论。在这个中间,主席就说服了中央许多同志。在长征中,毛主席先取得了稼祥、洛甫的支持。那时在中央局工作的主要的成员,经过不断斗争……在遵义会议前夜,就排除了李德,不让李德指挥作战。这样就开好了遵义会议,很多的中央同志都站在主席方面。

1935年1月15日至17日,中共中央政治局在贵州遵义召开扩大会议。遵义会议意义重大,会议着重总结了第五次反"围剿"失败的经验教训,纠正了王明"左"倾冒险主义在军事上的错误,结束了王明"左"倾冒险主义在党中央的统治,确立了以毛泽东为核心的中央的正确领导,从而在党生死攸关的危急关头挽救了党,挽救了红军,挽救了中国革命,使红军在极端危险的境地中转危为安。为纪念这次在中国历史上具有伟大历史意义的遵义会议,国家于1953年开始筹建遵义会议纪念馆,1955年正式对外开放。1961年3月,纪念馆被国务院公布为全国第一批重点文物保护单位。1964年年底,毛泽东为纪念馆手书"遵义会议会址"6个大字。遵义会议会址位于遵义市老城红旗路(原子尹路)80号,是一座坐北朝南的二层楼房,为中西合璧的砖木结构建筑。房屋原是黔军二十五军第二师师长柏辉章的私人官邸,是遵义城20世纪30年代最宏伟的建筑。老城杨柳街的红军总政治部旧址,新城幸福巷遵义会议期间毛泽东、张闻天、王稼祥的住处,属于遵义会议会址的组成部分。遵义会议纪念馆以复原陈列为主,先后复原展出了会议室,军委总司令部一局(作战)办公室,毛泽东、朱德、周恩来、张闻天、王稼祥、刘少奇、刘伯承、彭德怀、杨尚昆、李卓然等人住室。该馆馆藏文物500余件(不包括复制品与仿制品等),历史资料3978份,资料图书1426册。正式出版图书有《毛泽东与遵义会议》《张闻天与遵义会议》《遵义会议纪实》等10余种,计200余万字。遵义会议会址已成为全国人民进行党史学习与革命传统教育的课堂,是进行精神文明建设的重要阵地。

遵义会议后，红一方面军根据中央政治局的决定开始向川北进军，渡过赤水河，准备渡长江北上。这时，蒋介石为防止中央红军渡江入川同红四方面军会合，立即调集重兵，企图堵击红军于川江南岸地区。由于敌情的变化，红军改向川、滇、黔3省交界的云南境内的扎西地区集中。在红军向扎西地区集结的过程中，中共中央政治局于1935年2月5日至9日，在扎西境内连续召开会议。会议由张闻天主持，参加会议的有毛泽东、张闻天、周恩来、朱德、陈云、博古、王稼祥、刘少奇、邓发、凯丰等。会议的主要内容有：一、讨论了中央红军的进军方向和部队缩编问题，作出了"回兵黔北"和"缩编"的决策；二、讨论了中央政治局常委的分工，决定张闻天代替博古在党中央负总的责任；三、讨论通过了由张闻天起草的《遵义会议决议》，即《中共中央关于反对敌人五次"围剿"的总结决议》；四、讨论中央和全国其他苏区与红军的战略方针及组织问题；五、作出成立中共川南特委和组建中国工农红军川南游击纵队的决定。短短的几天，会议作出这么多关乎红军和中国革命前途命运的决定和决策，在长征史上，在中国革命史上，的确是值得重重镌刻一笔的。可以说，扎西会议在挽救党、挽救红军、挽救革命的过程中起了重要的作用，它是中国革命及中国工农红军从挫折走向胜利的起点。

扎西会议纪念馆位于云、贵、川3省结合部素有"鸡鸣三省"之称的滇东北威信县城扎西镇东北角，是为纪念中央政治局在扎西镇等地召开的会议而建立的。纪念馆占地面积8960平方米，由扎西会议会址、陈列馆、红军烈士纪念碑3部分组成。1983年1月，扎西会议会址被公布为云南省第二批重点文物保护单位。1985年2月，胡耀邦为扎西会议纪念馆亲笔题写了"扎西会议会址"几个大字。2001年6月被中宣部命名为"全国爱国主义教育示范基地"。扎西陈列馆为建筑层高两层的石木混结构，占地面积2960平方米，建筑面积1161平方米，共4个展厅，展线180米，展出各种图片资料170多幅，红军遗物120余件。扎西红军烈士纪念碑坐北向南，面对扎西城。纪念碑由碑座、碑体和碑帽三部分组成。碑的主体用石灰条石镶嵌，碑正面和背面选用灰色大理石嵌入，分别镌刻有毛泽东手书"红军烈士纪念碑"和"英勇奋斗的红军万岁"。碑座正面大理石上刻有碑文，碑的四周用条石建有栏杆及阶梯，碑后立有扎西地域牺牲的80余名红军烈士墓碑，还有两块条式屏风，分别刻有毛泽东手书七律《长征》和张爱萍题词"红军主力长征北上，川滇黔边游击战场，孤军奋斗牵制强敌，壮烈牺牲万代敬仰"。

1935年7月10日，红一方面军先头部队——红一军团第二师第四团进入毛儿盖，歼灭了在毛儿盖堵截红军的国民党中央军胡宗南部的一个加强营，占领了毛儿盖。7月下旬，中共中央进驻毛儿盖，直至8月21日离开毛儿盖踏上松潘草地。松潘毛儿盖是红军长征途中党中央留驻时间最久的地方，也是红军长征过草地的出发地。其间,张国焘在毛儿盖召开红四方面军军以上干部会议,非法审查中央路线,公开进行分裂党和红军的活动。为了进一步统一战略思想,1935年8月20日,中央政治局在四川毛儿盖举行会议,着重讨论红军主力的发展方向问题。到会的有张闻天、毛泽东、博古、王稼祥、陈昌浩、凯丰、邓发、徐向前、李富春、聂荣臻、林彪、李先念12人。朱德和张国焘因在前方指挥左路军进攻阿坝,未能参加会议。周恩来因重病也未到会。会议决定了红军主力向黄河以东、支队向黄河以西去破坏敌人的封锁计划,通过了由毛泽东起草的《关于目前战略方针之补充决定》的决议,作为对两河口会议通过的《关于一、四方面军会合后战略方针的决定》的补充。

毛儿盖会议确定的以岷州洮河为中心向东发展的行动方针,对于明确红军主力发展方向,克服张国焘的分裂主义危险起了积极的作用。毛儿盖会议会址位于松潘县毛儿盖区上八寨乡索花喇嘛庙。

毛儿盖会议后,1935年8月底,右路军(中央红军)穿过茫茫草地到达班佑、巴西一带,等待与左路军会合。但张国焘率左路军到达阿坝后,违抗中央命令,拒不与右路军会合,并要挟右路军和党中央南下,甚至企图危害党中央。9月9日上午,张国焘给陈昌浩来了份密电,参谋长叶剑英首先看到此电。电报的大意是命陈昌浩率右路军立即南下,并提出"彻底开展党内斗争",企图危害党中央。叶剑英识破了这一阴谋,立即报告了毛泽东。毛泽东、张闻天、博古随即赶到了红三军团驻地巴西,连夜召开了政治局紧急会议。出席会议的有张闻天、博古、毛泽东、王稼祥、凯丰、陈昌浩、刘少奇、彭德怀、杨尚昆、李富春、徐向前、傅钟、李卓然、邓发等。周恩来因病未参加会议。与会者经充分讨论,仍坚持北上的正确路线,谴责张国焘右倾逃跑主义行为,要求张国焘率领的左路军迅速向中央靠拢北上。鉴于张国焘和陈昌浩的顽固立场和当时的形势,毛泽东等一致认为,在此种危急关头,再继续说服、等待张国焘率领左路军北上,不仅没有可能,而且会招致严重后果。为了坚持北上建立川陕甘根据地的方针,同时为了给整个红军开辟北上道路,会议决定采取果断措施,立即率红一、三军、军委纵队一部,组成临时北上先遣队,到阿西集合,继续北上,向甘南前进,并通知已到俄界的林彪、聂荣臻,行动方针有变,要红军在原地等待。会议还决定,以后右路军统归军委副主席周恩来指挥,并委托毛泽东起草《中共中央为执行北上方针告同志书》。

巴西会议又一次将红军从危机中解救了出来。巴西会议的重大历史意义正如毛泽东在《中国共产党在民族战争中的地位》一文中所指出的:由于巴西会议和延安会议反对了张国焘的右倾机会主义,使得全部红军会合一起,全党更加团结起来进行英勇的抗日斗争。巴西会议是决定党和红军前途命运的一次关键会议,在中共党史上有着重要的历史地位。巴西会议旧址位于四川省若尔盖县的巴西乡班佑寺。

该寺始建于清康熙年间。会址现存大雄宝殿墙垣,大殿西阔 27.7 米,进深 33.7 米;后殿面阔 14.5 米,进深 6.22 米,整个平面呈"凸"字形。殿墙用黄土板筑夯而成,底宽上窄,墙基厚 1.4 米,残高 8.92 米。1978 年,巴西会议会址被四川省人民政府列为省级文物保护单位。

1935 年 9 月 12 日,中共中央政治局在俄界召开扩大会议,出席会议的有张闻天、博古、毛泽东、王稼祥、凯丰、刘少奇、邓发、叶剑英、林伯渠、李维汉、杨尚昆等 21 人。会上,毛泽东作了《关于与四方面军领导者的争论及今后战略方针》的报告,阐述了中央一致坚持的关于一、四方面军会合后北上的战略方针,分析了张国焘坚持南下的错误主张及红军今后的任务与到达甘南后新的战略方针。会议在揭露和批判张国焘的退却主义、军阀主义和分裂党、分裂红军错误的同时,作出了《关于张国焘同志的错误的决定》。同时,还决定将红一方面军主力和党中央、中央军委直属部队改编为中国工农红军陕甘支队,彭德怀任司令员,毛泽东任政治委员,林彪任副司令员,王稼祥任政治部主任。成立由毛泽东、周恩来、彭德怀、林彪、王稼祥组成的 5 人团领导红军工作。

俄界会议公开批判了张国焘的反党分裂活动和军阀主义倾向,改变了在陕甘建立根据地的战略方针,确定用游击战争来打通国际联系,创建新根据地的战略方针,这对于克服张国焘的右倾分裂主义与军阀主义,保证党中央北上方针的贯彻实施,有着重大的意义。俄界会议旧址在迭部县达拉乡的高吉村(旧译俄界)。旧址外壁像土窑,内里全由木板镶嵌,因年代久远,已被烟火熏得黝黑发亮。上窑屋外是一幢全木结构小楼,上书"毛泽东旧居",上层是卧室,正中挂一张毛泽东建国后在北戴河的像,像下置一张方桌,摆三本留言簿,最大一本用毛边纸装订,留言全用毛笔书写,落款最早为 1975 年。

1935 年 9 月,中共中央率领改编为"陕甘支队"的中国工农红军第一方面军进入甘肃境内,并于 26 日经陇西县四十里铺,到达通渭县榜罗镇。红军在榜罗镇休整两天,毛泽东和中央其他领导人在榜罗小学内详细阅读了《大公报》等许多报纸杂志。在进一步了解了当时全国形势和陕甘苏区的情况后,中共中央政治局在榜罗镇召开了常委会议,毛泽东、周恩来、张闻天、王稼祥、秦邦宪参加了会议。会议在毛泽东的主持下,分析研究了日本帝国主义对中国日益加剧的侵略、民族矛盾不断上升的国内形势,以及陕北的军事、政治和经济状况等问题,认为陕甘支队应迅速到陕北同陕北红军和红二十五军会合,决定改变俄界会议上制定的在接近苏联的地区创建根据地的方针,作出了把红军长征的落脚点放到陕北去,以陕北作为领导中国革命大本营的战略决策。

把陕甘根据地作为红军长征的落脚点,是红军长征走向最后胜利的一个关键转折点,是红军指战员当时的迫切愿望,是党中央、毛泽东从实际出发的正确选择和英明决策。榜罗镇位于通渭、陇西、武山、甘谷4县交界地域,是甘肃省通渭县西南部的一个群山环抱成盆地状的小镇,距通渭县城约34公里。榜罗镇内有省道马陇公路和县乡常榜公路、通高公路穿镇区而过,交通便利,信息畅通。榜罗镇居住着几百户人家,明清时期它是通渭县的四大镇之一,经济文化相对发达。为纪念这次会议,政府在会议原址修建了纪念馆。榜罗镇会议遗址现藏文物75件,其中国家级文物5件,包括国家一级革命文物2件,二级革命文物3件,纪念馆内还存有90多位老红军、老将军的近照和墨迹。为了肯定榜罗镇会议的历史地位,缅怀先烈业绩,弘扬红军长征革命精神,激励后人奋发进取,1981年9月10日,甘肃省人民政府确定榜罗镇会议遗址为省级文物保护单位。会议遗址1996年被中共定西地委、行政公署授予地级爱国主义教育基地,1997年7月1日被中共甘肃省委命名为省级爱国主义教育基地,2000年4月被甘肃省国防教育委员会命名为甘肃省国防教育基地,2004年被列入全国百个红色旅游经典景区名录。

1937年7月7日,日军制造了卢沟桥事变,抗日战争全面爆发。同年,抗日民族统一战线正式形成。在这样的历史背景下,1937年8月22日至25日,中共中央在陕西省洛川县冯家村召开了政治局扩大会议,讨论抗日战争的战略问题和国共两党的关系问题。出席会议的有毛泽东、张闻天、周恩来、博古、朱德、任弼时、彭德怀、贺龙、刘伯承、聂荣臻、徐向前等23人。会议通过了《中央关于目前形势和党的任务的决定》和《抗日救国十大纲领》。7月23日,毛泽东发表《论反对日本进攻的方针、办法和前途》一文,分析了抗日战争的两种方法,两个办法,两个前途。洛川会议由张闻天主持,毛泽东代表中央政治局作关于军事问题、国共两党关系问题的报告。以毛泽东的报告为基础,会议着重讨论了军事战略问题,确定八路军必须实行由国内正规战争向抗日游击战争的军事战略转变,游击战争担负起开辟敌后战场、配合正面战场、创建抗日根据地的历史使命,八路军的战略方针是独立自主的山地游击战争。

洛川会议是中国共产党在重大历史转折关头召开的一次重要会议。这次会议为全国抗战制定了正确的路线和战略总方针,阐明了共产党在抗日战争时期的基本政治主张,明确了人民军队的战略任务和战略方针,为中国共产党领导抗战和争取最后胜利指明了道路。今天,在会议原址建起的纪念馆,占地约9695平方米。会议遗址现存坐北朝南的砖窑两孔,为一独立小院,左侧窑洞为洛川会议期间的会议室,右侧窑洞为毛泽东居室。馆内还有张闻天、周恩来、朱德、彭德怀、徐向前、萧劲光等居住过的6个院落共11孔窑洞和3间瓦房。纪念馆珍藏的珍贵革命历史文物是中国共产党人在中华民族生死存亡的紧要关头,高举起抗日救国的大旗,领导抗日军民御侮自强的历史见证。

铁马兵戈的展现：经典战役遗址

在人类的战争史上，曾经发生了数以万计的战争，其中不乏著名经典战役，这些著名经典战役往往对战争全局起着决定作用。今天，这些著名经典战役遗址又成为了人们反思历史、寄托哀思、追求和平的文化载体。

在国外，著名经典战例不计其数，古代著名的有特洛伊战役、马拉松战争、亚历山大东征战役、坎尼战役等。这些著名经典战役的遗址大多得到了较好的保存，成为古代军事文化的重要载体，如特洛伊战争遗址。特洛伊城是土耳其古城，位于恰纳莱南部，北临达达尼尔海峡，坐落在平缓的城堡山脚下。这里山峦青翠，流水潺潺，柑橘树和橄榄树满山遍野，是土耳其爱琴海地区典型的农村风光。据荷马在《伊利亚特》史诗中的描述，距今 3000 多年前这里发生过一场激烈的战争。当时特洛伊王子帕里斯来到希腊斯巴达王麦尼劳斯宫里，受到了麦尼劳斯的盛情款待。可是，帕里斯却拐走了麦尼劳斯美貌的妻子海伦。因此，麦尼劳斯和他的兄弟迈西尼国王加米农派兵讨伐特洛伊。但是特洛伊城池牢固，易守难攻，虽经 10 年攻战，始终未能破城。最后，英雄奥德赛献上一条妙计，让迈西尼士兵都登上战船，制造撤兵的假象，并故意在城前留下一个巨大的木马。特洛伊人高兴地把木马当作战利品抬进城中。当晚，正当特洛伊人沉湎于美酒和歌舞之中欢庆胜利时，藏在木马内的迈西尼士兵悄悄溜出，打开城门，放进早已埋伏在城外的军队，结果一夜之间特洛伊城成了一片废墟。后来特洛伊城又几经重建。距特洛伊城遗址不远，有一座博物馆，这个博物馆是土耳其目前唯一收藏特洛伊文物的博物馆。博物馆规模不大，陈列的文物寥寥无几，这是因为曾发掘出的大量珍贵文物，已被西方文物盗窃者窃走，其中包括普里阿莫斯国王的宝库和海伦的项链。尽管如此，特洛伊遗址仍然不失为迷人的去处。现在特洛伊遗址已成为土耳其的游览胜地之一，吸引着成千上万的游客。

马拉松战役是现在几乎人人皆知的历史上有名的战役之一。马拉松原为希腊的一个地名。公元前 490 年，希腊军队在马拉松河谷以少胜多，大败入侵的波斯军。当时，希腊军队一名善跑的战士菲迪皮季斯奉命把这一胜利的喜讯报告给雅典人民。这名战士竟一口气跑了 40 多公里的路程，从马拉松跑到雅典时已筋疲力尽，他只喊了一声"我们胜利了"便倒地死去。1896 年，在希腊雅典举行的现代第一届奥林匹克运动会上，为了纪念菲迪皮季斯，举行了从马拉松镇到雅典的长跑比赛，定名为马拉松赛。目前，马拉松镇周边的一个重要景观就是马拉松战士墓地，墓地高10 米，宽 50 米，192 位在马拉松战役中牺牲的勇士的尸骨就埋在这里。世界著名运动项目马拉松赛跑起跑点的石碑就位于希腊首都雅典城东北约 40 公里的马拉松平原上。

人类社会进入近代社会之后，由于政治经济发生深刻变革以及科学技术得到迅猛发展等因素的影响与推动，近代战争活动日益频繁。从 17 世纪到 19 世纪，在欧洲和北美，资产阶级为了建立和巩固资本主义制度，在国内外进行了一系列战争。其中，影响尤为深远的资产阶级革命战争主要有：英国资产阶级革命时期的国内战争，美国独立战争，法国资产阶级革命战争和拿破仑战争，美国南北战争。另外，一些国家为殖民主义与争夺地区霸权也发起了战争，如英荷战争，克里木战争（亦称"东方战争"），普法战争，俄土战争，英布战争，日俄战争。当然，在被殖民地国家，民族解放战争与无产阶级武装斗争风起云涌，有典型意义的民族解放战争主要有西属拉丁美洲殖民地的独立战争，19 世纪上半叶到 20 世纪初亚洲的民族解放战争，19 世纪末 20 世纪初非洲人民的反帝武装斗争。其他著名的战役还有土伦战役、滑铁卢战役、美西战争、日俄战争、列日攻防战役、马恩河会战及日德兰海战等。以上这些战役的遗址已经构成当代军事文化遗产的重要组成部分。

滑铁卢战役纪念馆就是其中之一。1815 年，在比利时的滑铁卢，拿破仑率领法军与英国、普鲁士联军展开激战，法军惨败。随后，拿破仑以退位结束了其政治生涯。滑铁卢被用来比喻惨痛的失败。与欧洲其他国家许许多多的小镇一样，滑铁卢镇古朴而宁静，并无多少特色，但它的名字却响彻世界，即使对它毫不了解的人也常常把它的名字挂在嘴边，遭遇了滑铁卢也成为失败的代名词。在距滑铁卢城镇以南 2.5 公里的地方就是著名的滑铁卢古战场，现在是比利时最重要的旅游景区。现在的古战场除了有几座规模很小的纪念馆之外，没有兴建任何民用或公用设施，与200 年前几乎没什么两样，所不同的只是在位于古战场偏南的地方多了一座金字塔式的小土山。这座小山既是古战场的标志，也是观景台，站在山顶的平台上可以一览滑铁卢战场的全局。

人类社会进入现代社会以来，最大的战事就数第二次世界大战了。在第二次世界大战中，出现了很多著名的影响战争全局的战役，如波兰闪击战、敦刻尔克大撤退、日军偷袭珍珠港、不列颠空战、莫斯科保卫战、中途岛海战、瓜岛争夺战、诺曼底登陆、柏林战役、冲绳岛战役等。这些战役对第二次世界大战的进程大都有着重要的影响。许多战役的旧址保全完好，有的还修建了纪念馆，供人们向逝者表达哀悼和反思历史。敦刻尔克纪念馆就是比较有代表性的一个。1939 年 9 月 1 日，德国军队闪电式袭击波兰，不久战斗又引向西线。1940 年 5 月 10 日，德军绕过马奇诺防线，全面进攻荷兰、比利时与法国。不到 3 周的时间，荷兰与比利时先后投降，德军打到了英吉利海峡，将近 40 万英法军队被围困在法国与比利时边境的敦刻尔克地区。此时,英法联军在敦刻尔克三面受敌,一面临海,处境非常危急,唯一的生路就是从海上撤往英国。1940 年 5 月 26 日至 6 月 4 日,上千艘各式各样的兵船、商船和民船不停穿梭于英法海岸之间,奇迹般地在德军的轰炸和追击中,将 33 万多名英法士兵成功地撤到英国。33 万多盟军士兵成功逃脱了德国人的追击,他们中的许多人后来成为了 4 年后诺曼底登陆的骨干力量。如果没有成功的撤退,英国将难逃巨大的噩运,因为在英国已经没有军队抵抗了。为纪念这次有着巨大意义的大撤退,第二次世界大战后,在敦刻尔克建起了一座纪念馆,以纪念在这场史诗般的大撤退中英勇献身的英法联军阵亡将士。

敦刻尔克大撤退后,美国逐渐认识到法西斯集团的危险性,并逐渐扮演起"世界民主国家的兵工厂"的角色,同时通过租借法案为反法西斯同盟国家提供武器装备和弹药。1941 年 12 月 7 日,日本帝国主义海军偷袭美国海军太平洋舰队基地珍珠港,美军毫无戒备,在历时两个多小时的空袭中,日本轰炸机炸死、炸伤 3581 名美国公民,炸沉 6 艘舰船,炸毁 347 架飞机。当时停泊在珍珠港的"亚利桑那"号战列舰(编号 BB39,属于宾夕法尼亚级战列舰,于 1916 年 10 月服役)被击中沉没,弹药库爆炸,1177 名将士遇难。珍珠港在美国人心目中有着特殊的意义,因为 1941 年 12 月 7 日发生在这里的珍珠港事件导致太平洋战争爆发,美国加入了第二次世界大战,唤起过几代美国人的爱国之情。第二次世界大战后,为纪念这次战役,1962 年 5 月,肯尼迪总统指定"亚利桑那"号沉没处为国家陵园,并在"亚利桑那"号沉没处的水上建立了"亚利桑那"战舰纪念馆。纪念馆于 1980 年落成,是由美国政府和私人出资建造的纪念珍珠港事件的纪念馆。纪念馆建在海底填充物上,呈拱桥状,长 56 米,为钢筋水泥结构。整座纪念馆通体白色,横跨在"亚利桑那"号战舰水下舰体上方。纪念馆的一端是进口,连接着一个浮台,中间是仪式厅,另一端是圣室。在纪念馆中白色大理石纪念墙上,镌刻着 1941 年 12 月 7 日在战舰上献身的 1177 名海军将士的名字。透过仪式厅的大窗口,隐约可见海底的"亚利桑那"号战舰的舰体。在纪念馆中部,矗立着一根旗杆。旗杆下端并非连接在纪念馆的结构上,而是连接在沉睡海底的"亚利桑那"号主桅杆上。

在敦刻尔克大撤退过去整整 4 年后,从 1944 年 6 月 6 日至 7 月初,美国、英国、加拿大的百万军队,17 万辆车辆,60 万吨各类补给品,成功地渡过了英吉利海峡,于诺曼底登陆成功。这次登陆使第二次世界大战的战略态势发生了根本性变化。诺曼底登陆战役,是 20 世纪最大的登陆战役,也是战争史上很有影响的登陆战役之一。盟军先后调集了 36 个师,总兵力达 288 万人,其中陆军有 153 万人,相当于 20 世纪末美国的全部军队。此后,盟军继续向欧洲腹地推进,在 3 个月的时间里相继解放了法国和比利时等国,并攻入德国本土。盟军的胜利开辟了欧洲第二战场,加速了法西斯德国的灭亡。为让人民永远铭记这段历史,1984年,卡昂市决定建立诺曼底战役纪念馆。1988年6月,纪念馆正式开馆。馆址临近卡昂市,占地14万平方米。纪念馆是座白色、朴实无华的立方体建筑物,象征"大西洋墙"(希特勒为了阻止盟军反攻欧洲大陆而建造的一堵混凝土墙)。建筑场的中央有一条参差不齐的缝,不仅提醒世人侵略者的大西洋墙已经溃破,而且也作为能使游人留下深刻印象的入口。纪念馆自从1988年开馆以来,每天都有很多人前往参观,其中1/3以上的人是从法国以外的地方来的。

我国是世界四大文明古国之一,在悠久的历史中发生过的战争不计其数。仅战国时期,就发生过颇具规模并载入史册的战争480多次。汉武帝时,其几十年的皇帝生涯中有40余年是在对外战争中度过的……当然,在这浩瀚的战争史中,也涌现了无数的著名战役。譬如,公元前1046年的牧野之战、公元前684年的长勺之战、公元前354年的桂陵之战、公元前207年的巨鹿之战……;我军土地革命战争时期的四渡赤水、强渡大渡河、飞夺泸定桥……;抗日战争时期的平型关大捷、雁门关伏击战、夜袭阳明堡、神头岭伏击战、百团大战……;解放战争时期的四平战役、孟良崮战役、鲁西南战役、辽沈战役、淮海战役、平津战役等,这些都是大家耳熟能详的著名战役。为纪念这些著名战役,我国对这些战争遗址进行了有效保护和整修,特别是在我军建军以来的著名战役发生地大都修建了纪念馆,作为爱国主义教育基地和国防教育基地。由于纪念馆舍众多,仅就我国土地革命战争时期、抗日战争时期、解放战争时期的著名战役列举一二。

四渡赤水纪念馆。1934年10月,中央红军经过湘江血战后终于突破了国民党军队的4道封锁线,但是红军人数却由最初的8万多人减少到只有3万多人。在这样的情况下,王明"左"倾教条主义的领导者依然实行逃跑主义路线,不顾敌人调集40多万重兵的围堵,仍把希望寄托在与红二、六军团的会合上,坚持按原计划向湘西前进,使红军处于全军覆灭的险境。在此危急关头,毛泽东力主摆脱敌人主力,改向敌人力量薄弱的贵州前进,以争取主动。1935年1月,中央红军突破乌江,进占遵义城。蒋介石大为震惊,急调其嫡系部队和川、黔、滇3省的兵力及广西军队一部,共约150余个团,从四面八方向遵义地区进逼包围。为摆脱这种险境,党中央决定,率师北渡长江,前出川南,与活动在川、陕革命根据地的红四方面军会合,开创川西或川西北革命根据地。四渡赤水战役就是在这种情况下展开的。在敌我力量对比极为悬殊的情况下,毛泽东率领中央红军实行高度灵活机动的运动战方针,纵横驰骋于川、黔、滇交界的广大地区,迂回穿插于敌人数十万重兵之间,积极寻求战机,上演了红军军史上的精彩一幕。一渡赤水,作势北渡长江却回师黔北;二渡赤水,利用敌人判断红军北渡长江的错觉挥师向东,取桐梓,夺娄山关,破遵义城;三渡赤水再入川南,待蒋介石向川南调集重兵之时,红军已从敌军间隙穿过;四渡赤水,南渡乌江,兵锋直指贵阳,趁坐镇贵阳的蒋介石急调滇军入黔之际,红军又入云南,巧渡金沙江,跳出了国民党重兵的包围圈。

四渡赤水纪念馆位于贵州省遵义市习水县土城镇团结街,原称"花园街",为中西合璧两层砖房,由原中央军委副主席张震题写馆名,是为了纪念长征途中中央红军在毛泽东的指挥下巧用奇兵以弱胜强的历史战例而建造的。纪念馆采用图片、文字、实物相结合的方式进行布展,突出介绍四渡赤水战役的全过程,以土城战斗一渡赤水为重点,真实再现历史,突出表现毛泽东等人军事指挥艺术上的"神",凸显四渡赤水在中国革命史上的历史地位。整个纪念馆的布展显得朴素得体,简洁明了。

平型关大捷纪念馆。平型关之战是八路军出师抗日的首战大捷,也是抗战以来的第一次大捷。这次战役打破了日军不可战胜的神话,鼓舞了中国人民抗战必胜的信心,提高了共产党、八路军的声威,在中国人民解放军战争史上书写了光辉的一页。新中国成立后,当地政府在战地旧址相继建立了纪念馆和纪念碑。其中平型关大捷纪念馆由杨成武将军题写馆名,建筑面积825平方米,展出面积163平方米,展出内容图文并茂,真实具体,再现了当年平型关大捷的全过程。平型关大捷纪念馆由序厅、3个独立单元的主展厅、1个实物陈列厅和半景画馆组成。二楼设有缅怀厅。半景画馆是平型关大捷纪念馆的重要组成部分,面积约450平方米,由半景油画、地面塑形、6台电脑和6台投影组成,通过声、光、电等技术手段再现平型关大捷战斗的整个过程。平型关大捷纪念碑建于平型关大捷60周年前夕,碑阳刻有杨成武题写的"平型关大捷纪念碑"8个大字。纪念碑碑基高1.15米,意指参战部队八路军115师;碑座、碑体高分别为1.937米和9.25米,表示平型关大捷发生的时间为1937年9月25日。平型关大捷遗址现为全国百个红色旅游经典景区之一,景区内除纪念馆和纪念碑外,还有主战场乔沟、老爷庙、一一五师指挥所遗址、林彪聂荣臻临时住所旧址、平型关关口遗址、上寨动员会旧址及驿马岭阻击战遗址等,是广大人民接受爱国主义教育的阵地和饱览大自然景色的胜地。

辽沈战役纪念馆坐落在辽宁省锦州市,始建于1958年,1978年10月叶剑英题写馆名。新馆于1988年10月辽沈战役胜利40周年之际落成。园区内松柏挺拔秀丽,环境幽雅而肃穆,贯穿南北的中轴线,将门、塔、馆主体建筑连接成一体,使游人身临其境,产生逆岁月而上的感觉。其间的纪念馆、纪念塔、烈士名录碑、雕像碑、书法碑、大型组雕、胜利之门及纪念性装饰物,构成一组完整的具有革命纪念意义的建筑群体。辽沈战役纪念馆辟有序幕厅、战史馆、支前馆、烈士馆和全景画馆,其中展出了16048件文物、照片和资料,重要的文物逾100件。博物馆详尽地展现了当年这一伟大战役的过程。纪念馆革命纪念性建筑与现代园林融为一体,成为全国著名的爱国主义教育基地和军事文化旅游胜地。解放战争进行到第三年,战局发生了重大变化。在东北战场,国民党军总兵力约 55 万人,人民解放军已达 103 万人,东北地区 97% 以上的土地和 86% 以上的人口已获得解放,人力物力充足。国民党军主力收缩在沈阳、长春、锦州 3 个孤立地区,采取集中兵力,重点守备,相机打通北宁线的方针。中共中央则制定了主力南下北宁线(今京沈铁路)攻克锦州,把国民党军封闭在东北,各个歼灭的作战方针。林彪、罗荣桓领导的东北野战军,集中了 53 个师,约 70 余万人,1948 年 9 月 12 日发起辽沈战役。辽沈战役历时 52 天,共歼灭国民党军 47 万余人,东北全境获得解放。这一胜利使人民解放军获得巩固的战略后方和强大的战略预备队,从根本上改变了国共双方总兵力的对比,对加速解放战争的进程具有重大意义。

文韬武略的结晶:我国古代兵法典籍

中国有文字记载的历史约 5000 年之久,积累下了浩瀚的优秀文化典籍。在这大量的文化典籍中,兵法典籍亦有很多。解放军出版社出版的《中国兵书知见录》(1988 年版),共著录兵书 3380 部,23503 卷(959 部不知卷数者未包含在内),其中存世兵书 2308 部,18567 卷 (731 部不知卷数者未包含在内);存目兵书 1072 部,4936 卷(228 部不知卷数者未包含在内),这些古代兵法典籍是全世界人类的军事文化遗产。

同时,需要指出的是,上述兵书数量是就独立兵书而言的,不包括经、史、子、集等典籍中的论兵篇章。在中国古代,讨论军事问题,记载军事史料的,不仅仅是兵书。解放军出版社出版的《中国古代兵书杂谈》(1983 年版)一书中专门列有一节讨论这个问题,名曰《言兵者不止兵书》。本节较为系统地介绍了各个门类、各种类型古代典籍中的论兵内容,如《周易》中的《师》《同人》《离》《晋》,《尚书》中的《汤誓》《牧誓》《费誓》《秦誓》《甘誓》,《周礼》中的《夏官》,《新唐书》中的《兵志》,《通典》中的《兵》,《文献通考》中的《兵考》,《墨子》中的《非攻》《公输》《备城门》《备高临》《备梯》《备水》《备突》《备穴》《迎敌祠》《旗帜》《号令》《杂守》,《老子》中的《三十章》《三十一章》《三十六章》《四十六章》《六十八章》《六十九章》,《管子》中的《七法》《兵法》《地图》《制分》《九变》,《商君书》中的《战法》《立本》《兵守》《境内》,《荀子》中的《议兵》,《吕氏春秋》中的《荡兵》《论威》《决胜》《爱士》,《太平御览》中的《兵部》,《册府元龟》中的《将帅部》,《古今图书集成》中的《戎攻典》,《嘉祐集》中的《审势》《强弱》《攻守》《用间》《驭将》《法制》《心术》,等等。这些言兵论兵篇章分散在浩如烟海的各类古代典籍中,其数量当在独立兵书数量之上,其内容之丰富,亦不逊于独立的兵书。论兵篇章和独立兵书一样,也是古人给我们留下的珍贵军事文化遗产。

中华人民共和国成立以后,兵书的整理和研究受到各方面的重视,通过考古也发掘了一大批兵书。1972年至1984年间的5次重要的发掘和发现,使我国古代宝贵的军事文化遗产得以重见天日。1972年,山东临沂银雀山汉墓出土一大批十分珍贵的竹简兵书。这批竹简兵书大致分三种情况:一是古代书目既有著录,现在又有传本的,如《吴孙子》(孙武兵法)、《尉缭子》、《六韬》;二是古代书目有著录,后来失传的,如《齐孙子》(即《孙膑兵法》)、《地典》(《汉书·艺文志·兵书类·阴阳家》著录《地典》六篇);三是既不见于书目著录,又无传本的,如《王兵》《兵令》等论兵残简。这么多兵书同时出土,在历史上实属罕见。银雀山书简的出土既使我们得以见到兵书的古本旧貌,又得到了兵书成书时代的实证,尤其是了却了是否有两个孙子和两部《孙子兵法》的公案。1973年,河北省定县40号汉墓出土了《太公》《文子》等重要竹简。1978年,青海省大通县上孙家寨115号西汉墓出土木简《孙子》佚文。1982年又从收藏家那里发现了失传数百年的徐光启兵书《兵机要诀》。1983年年底至1984年年初在湖北江陵附近的张家山汉墓出土了1000多支西汉早期的竹简,其中包含失传已久的重要兵书《盖庐》。这些都是古人文韬武略的结晶,对我们现在的人来说又是宝贵的军事文化遗产。

目前,我国古代兵法典籍按内容上分,主要有以下几大类:

兵法类。古代称治军用兵的原则和方法为兵法。秦汉以前兵法类兵书以《孙子》《吴子》《孙膑兵法》《司马法》《尉缭子》《六韬》《阴符经》《黄石公三略》《将苑》及对这些兵书的注释作为代表。在其他古籍文献中也有论述兵法的,如《老子》之《三十章》《三十一章》《三十六章》《五十七章》《六十八章》《六十九章》《七十六章》,《管子》之《七法》《兵法》《参患》,《荀子》之《议兵》篇,《吕氏春秋》之《孟秋》《仲秋》《季秋》三纪,《淮南子》之《兵略训》等,其中都有关于战争和军事问题的精辟论述。秦汉以后有《李卫公问对》《行军须知》《何博士备论》《素书》《翠微先生北征录》《百战奇法》《十家注孙子遗说并序》《孙子书校解引类》《闲暇清论》《草庐经略》《阵纪》《投笔肤谈》《兵法百战经》《三十六计》《兵镜百篇》《平海心筹》《行军总要》《权制》《将略要论》《今兵利弊》《曾胡治兵语录》(曾胡指曾国藩和胡林翼)等兵书。

阵法类。阵法起源很早,相传"黄帝按井田作八阵法,以破蚩尤"(《兵略纂闻》)。自有军伍,即当有阵法,但上古荒邈,阵法多有不传。春秋时代,史书偶有记载,如《左传·桓公五年》有郑为"鱼丽之阵",《周礼·大司马》有"平列阵,如战之阵",《孙子》有"长山之蛇阵",然语焉不详,具体情况不明。战国时代,关于阵法的记载增多,如《孙膑兵法》有《八阵》和《十阵》两篇。《八阵》论述用"八阵"作战,要根据敌情和地

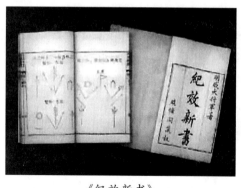

《纪效新书》

形确定战法和配备兵力;《十阵》论述方阵、圆阵、疏阵、数阵、锥形之阵、雁形之阵、钩形之阵、玄襄之阵、火阵、水阵 10 种阵法的特点和作用。《六韬·虎韬》有《三阵》篇,即所谓"天阵、地阵、人阵",论述布阵要根据天象、地形和敌我情况。《后汉书·礼仪志》有"孙吴兵法六十四阵"之说。但汉以后,《孙膑兵法》失传,古书对阵法记载缺略。阵法一般都有阵图。《汉书·艺文志·兵书略》著录图 43 卷(今计 50 卷),其中就有阵图,然全部亡佚。现在所能看到的都是唐宋以后绘制的阵图。

兵略类。兵略意指用兵之方略。中国古代,战争频繁,名将辈出,创造了许多以弱胜强、以少胜多的光辉战例,这是一笔珍贵的军事遗产。为继承这一遗产,汇集历代战争实例,借鉴古代用兵谋略而写成的兵书,称为兵略类兵书。如司马彪的《战略》、茅元仪的《二十一史战略考》等。唐李筌仿作《阃外春秋》10 卷,现仅存第四、第五两卷,收入《鸣沙石室佚书》。此外还有清初魏禧撰的《兵谋》一卷,明末清初人王余佑撰的《乾坤大略》,清胡林翼撰的《读史兵略》,清末陈庆年撰的《兵法史略学》等。

训练类。由于古代军事学术分工不细,关于兵器制造、性能、种类等内容往往与兵器的训练内容汇编在一起,即所谓兵技巧。所以,训练类和兵器类难免有交叉。为避免重复,凡专讲军事技术的兵书归入兵器类,训练类不再作介绍;既讲技术,又讲战术的兵书归入训练类。这样,训练类有兵器方面的资料,兵器类也有训练方面的内容。训练类主要典籍有明戚继光的《纪效新书》《练兵实纪》;明吕坤撰的《安民实务》;明徐光启撰的《兵机要诀》,内有《兵法选练百字诀》《火攻要略》《制药》《练艺条格》《束伍条格》和《形名条格》6 篇;明孙承宗撰的《车营叩答合编》,由《车营图制》《车营百八叩》《车营百八答》《车营百八说》4 部分汇编而成。

城守类。所谓城守,就是城邑防御。现存最早的城守方面的文献是《墨子》之《备城门》《备高临》《备梯》《备水》《备突》《备穴》《备蛾傅》《迎敌祠》《旗帜》《号令》《杂守》。《墨子》在《七略·兵书略》中编入了《兵技巧》,班固编《汉书·艺文志》时,以为与墨家《墨子》相重复而省掉。古代攻守城池的战例屡有记载,但秦汉至隋唐却未见有城守方面的专书流传。宋代开始出现一些城守兵书,如《防城器具》(《通志艺文略》)、《防城动用》(《宋史艺文志》)等。现存最早的一部城守专书是南宋陈规著的《守城录》。此书对后世城守兵书影响很大,而且也是最有价值的一部城邑防御的兵书。明清时期,城守兵书日渐增多,如明朝吕坤守城《救命书》、宋祖舜《守城要览》、安国贤《守城事宜》、祁彪佳《守城全书》,清代朱璐《防守集成》、游闳《防御纂要》、丁廷珍《城守辑要》等。

兵制类。兵制,古代又称兵志,《辽史》称兵卫志,就是古代的军事制度。自有军队,即当有组织军队的制度。周代对兵制有了系统的记载。任宏《兵书略》著录的《司马法》155篇,与今本5篇有很大不同,班固将其归入礼类,其原因大概是其多为兵制内容。现存最早的系统兵制文献是《周礼·夏官》。它详细记载了周代的兵制,夏官之长大司马,掌军政,统领军队,为六卿之一。夏官之属有军司马、舆司马、行司马等86种官名。宋代对兵制研究有很大进展。北宋欧阳修等撰《新唐书》首创"兵志",专门记载历代兵制设置及其兴废沿革。南宋建炎四年,宋高宗赵构敕命王铚编修《祖宗兵制》(高宗赐名《枢庭备检》),元时失传。南宋陈傅良研究各代兵制兴废沿革,写出了第一部兵制通史《历代兵制》,这也是现存最早的一部兵制专著。之后,钱文子又作《补汉兵志》,此为补史书"兵志"之始,清代有的学者效法,为设有"兵志"的正史补写"兵志",如钱仪吉的《补晋兵志》。明清时又产生一些断代兵制和专门兵制,如《皇朝兵制》《湘军志》《历代马政志》《历代武举考》《旗军志》《苗疆师旅考》等。在古代兵书分类法中,收录兵制方面兵书的类目也称兵政,如明代祁承业《澹生堂书目·子部·兵家类》即称兵政。兵制类收录的兵书比较广泛,举凡兵员征集、军队编制、数额、职官、营制、饷章、军礼、条例等军事制度方面的著作,都在收录之列。另外,明清时还有了军事后勤专书,如《军需则例》等,较多地记述了后勤制度方面的内容。

兵器类。古代兵器包括冷兵器和火器、火药及攻守器械。记述冷兵器、热兵器和攻守器械的种类、性能、设计和制造技术的兵书即为兵器类兵书。五代之前的兵器类兵书大都失传。唐代王琚《射经》是现存较早介绍弓箭的兵书。宋以后兵器方面的兵书逐渐增多,如《耕余剩技》《火龙神器阵法》《火攻挈要》《火龙经》《手臂录》等。所记内容也更加丰富,有刀枪剑戟等冷兵器,也有火炮、火箭、火药等热兵器,还有陆战器械、水战舰船。明清许多兵书都有大量兵器资料,尤其是一些大型综合性兵书,如《武备志》等,记述非常系统和详细。

军事地理类。我国古代对军事地理的研究比较早,也比较完善。《孙子兵法》中有《地形篇》《九地篇》,《管子》中有《地图》篇,都是现存较早的重要军事地理文献。《武经总要》前集以5卷的篇幅记述了宋代边防各路州的方位四至、地理沿革、山川险要、道路关隘、军事要地等军事地理资料。明清时期屡有边患,也有一些记述边疆、海疆军事地理的兵书,如明朝许论的《九边图说》、郑若曾的《筹海图编》等。明末施永图参照《筹海图编》等兵书的军事地理资料撰成了《武备地利》。明末清初顾祖禹以明代主要行政区划为主线,阐述历史上各要塞地域的地理形势对用兵的影响,撰成军事地理名著《读史方舆纪要》,成为中国历史上军事地理的代表作。

名将传类。名将传是记述历代著名将帅军事生涯的兵书。首先为名将立传的是西汉司马迁,他在《史记》中有专门的《孙吴列传》等军事人物列传。现存最早的名将传专书是宋代张预的《百将传》,其传记资料辑自17部正史,故又称《十七史百将传》。此外还有宋代章颖的《南渡十将传》《六将传》《四将传》,明代何乔新的《续百将传》,黄道周的《广名将传》,清代尹于皇的《百将全传》等兵书。

综合类。所谓综合类兵书,是指内容包括军事领域多个门类知识的兵书。唐代李筌编纂的《太白阴经》是现存较早的综合性兵书。继之有宋代许洞撰的《虎钤经》,曾公亮、丁度等奉敕撰的宋代官修兵书《武经总要》;明代王鸣鹤撰的《登坛必究》、何汝宾撰的《兵录》、茅元仪编纂的《武备志》,明末魏禧撰的《兵迹》;清代汪绂撰的《戊笈谈兵》、刘福松撰辑的《约兵指南》,清末徐建寅撰的《兵学新书》等。

类书类。军事类书是按编纂方式区别出来的一种兵书类型,就是把古代军事资料分门别类地加以辑录的一种兵书。就其收录资料的广泛性来说,它和综合性兵书是相同的。我国类书起源很早,现存较早而又比较完整的一部类书是隋末唐初虞世南撰的《北堂书钞》。唐代类书《艺文类聚》部头宏大,材料丰富,有100卷,727个子目,引用古籍达1431种。宋代的《太平御览》1000卷,4558个子目。历史上最大的一部类书是明代的《永乐大典》,全书22877卷,约3亿7000多万字,引书达七八千种,现仅存730卷。现存最大的一部类书是清代的《古今图书集成》,全书共10000卷,6个汇编,32典,6109部,1亿6000多万字。这些类书大都有军事类目,如《太平御览·兵部》有90卷,内分叙兵、将帅、命将、抚士、机略、料敌、训兵、征伐、决战、叙兵器等170多个类目;《古今图书集成·戎政典》则有300卷,内分兵制、兵法、兵略、武器等30部,部下又分汇考、总论、列传、艺文、纪事、杂录、外编等项。此外还有专门的军事类书,如明朝唐顺之纂辑的《武编》,叶梦熊著的《运筹决胜纲目》(由《运筹纲目》和《决胜纲目》两部分组成,后世有人也疑非叶梦熊所作);明末清初庄应会编辑的《经武要略》,张龙翼编辑的《兵机类纂》;清代年羹尧辑的《治平胜算全书》,翁传照编纂的《医时六言》(就是医治时局的六篇军事言论),李蕊编撰的《兵镜类编》。

丛书类。指将若干部兵书收集在一起,并冠以总名的一套兵书,叫作兵书丛书。它和类书不同,不是对原书进行摘抄、剪裁,按类或韵部进行编排,而是将原书原原本本地收录进来。《武经七书》是现存最早的军事丛书,校定颁行于北宋元丰三年(公元1080年)。兵书丛书的种类很多,大体上可以分成两大类,一类是综合性的,一类是专题性的。综合性的如《帷幄全书》,所收书包括兵法、城守、兵器、训练、军事地理、边防、医药、阴阳占卜等多方面的内容;专题性的如《武经七书》专收兵法一类的书,《耕余剩技》专收兵器一类的书;等等。

军事航空的历程:航空博物馆

20 世纪初动力飞行器的问世,在军事斗争史上翻开了划时代的一页。时至今日,空军已经发展成为装备有歼击、强击、歼击轰炸、轰炸、运输、侦察、作战支援等机种及航天飞机的战略空军,航空装备的性能也越来越高,并已成为决定战争胜负的一支不可或缺的力量。为纪念军事航空的发展历程,世界许多国家都建立了航空博物馆,收藏了本国的历代航空装备和战争中与航空相关的文物,形成了一道独特的军事航空文化遗产。

美国航空博物馆众多,不仅有军队的,还有民营的,而且各军种又有自己的航空博物馆。较为著名的航空博物馆有华盛顿国家航空航天博物馆、戈伯航空博物馆、罗宾斯基地航空博物馆、美国陆军航空博物馆、美国陆战队航空博物馆、美国奇诺航空博物馆,等等。其中,华盛顿国家航空航天博物馆是世界上最大的有关航空方面的博物馆,它属于斯密森博物馆群中的一员。1976 年 7 月,正值美国建国 200 周年时对外开放,大受欢迎。博物馆里收集了人类飞行的各种器具,包括气球、飞机和太空航具,收集年代自莱特兄弟第一架可以飞行的飞机至现代阿波罗登月船,向人们生动展示了人类飞行的辉煌历史, 昭示了人类为实现飞上天空的梦想所付出的心血,也向人们显示了人类无穷的智慧。第一层门厅内"飞行里程碑",展出的有莱特兄弟制造的世界第一架动力飞机,罗伯特·戈达德设计的最早的现代火箭,世界第一架超声速飞机, 苏联和美国首次发射的人造卫星, 美国第一艘载人宇宙飞船,飞近金星的"水手 2 号""阿波罗 11 号"宇宙飞船及登月队采回的月岩标本等。其他展厅分别展出的有民用航空、直升机、小型私人飞机、航空娱乐、飞行试验、宇宙知识、火箭和空间技术、人造卫星、月面探索、航空和空间技术对社会发展的影响等。第二层各展厅展出的有两次世界大战期间的军用飞机、水上飞行和舰载飞机、气球与飞艇和空中交通管制、阿波罗登月、航空工程、航空美术等内容。特展厅用作临时展览。第二层有一个空间环境研究中心,专家可在此研究宇宙空间、地球和月球的地质情况等。

戈伯航空博物馆位于美国马里兰州的斯利文, 所有陈列在国家航天太空博物馆的展品都是在此整理出发,其重要性由此可见一斑。戈伯航空博物馆专门从事各类航空器的复原与收藏。凡是人类航空史上值得保存的航空器,不管军用民用,都在该博物馆的收藏保存之列。戈伯航空博物馆于 20 世纪 50 年代开始设立,进行各类航空器的储存及复原工作,到了 1977 年才正式对外开放。戈伯航空博物馆一共有 11 栋类似机棚的大型仓库,存放着超过 200 架以上的各式飞机,还有 50 多架的飞机长期租借给其他博物馆展示。在这里贮藏着很多绝版飞机。就德国飞机而言,像亨克尔 He-219"夜枭"式夜间战斗机,多尼尔 Do-335 前后双发远程战斗机、Go-229 无尾翼喷气战斗机、容克 Ju88 轰炸机、阿拉度 Ar-234 喷气轰炸机、Ar-196 水上侦察机以及 Bv-155B 试验性战斗机等,都可以在此见到。这些德国飞机在其他航空博物馆是绝对看不到的。这里美国的一些机型也是其他地方看不到的,如 F-4 鬼怪战斗机的初期生产型 F-4A,当今现存最早一型的 B-17D 轰炸机,当今 B-2 隐身轰炸机的始祖——诺斯罗普 N-1M 飞翼机等。

美国罗宾斯基地航空博物馆紧临罗宾斯空军基地,这里的空军基地是佐治亚州最大的科技中心,因此,罗宾斯基地航空博物馆也标榜以航空电子平台为主要收藏,并自诩为美国地区成长最快的航空博物馆。博物馆占地约 2.87 万平方米,共分为 4 个部分,除了户外的展示外,还有主馆、1 号机库存与迷彩馆。馆内展示了各式的飞机、发动机、飞弹与历史资料。目前收藏着 85 架各型飞机。

美国陆军航空博物馆位于福特鲁克尔。博物馆收藏了 160 多架直升机飞机,其中参展的大约有 50 多架。它以其是世界上馆藏最多军用直升机的博物馆之一而自豪。主要展厅陈列着数目众多的直升机,它们不仅占据了宽敞的地面,而且有的还悬挂在明亮的屋顶。分散在各个展区的直升机应用在一些主要战役中,它们使游客在大饱眼福的同时深受教育。空中机动这一概念在陆军航空史中起着关键作用,讲述陆军航空渊源历史的几个主题展览贯穿了博物馆。除了众多的参战直升机外,博物馆还拥有一系列实验机。

美国海军陆战队航空博物馆位于美国弗吉尼亚州匡提科,原先只有第一次世界大战馆和第二次世界大战馆两个展览馆,现在则增加了一座朝鲜战争馆。朝鲜战争馆的建立主要是纪念朝鲜战争航空史的两项创举:一是敌对两方首次使用喷气式飞机作战,二是直升机大量投入战场担负重要任务。该馆的陈列以 F9F("豹"式舰载喷气战机,格鲁门飞机公司进入喷气时代的第一项产品)、MIG-15 和 HRS(H-19)直升机为重点,对朝鲜空战的资料,也集中在介绍 F9F 的作战史。

美国奇诺航空博物馆位于洛杉矶东方 60 号公路旁的奇诺市。奇诺航空博物馆可分为两大馆:一为第二次世界大战名机博物馆,主要展出为二战期间一些国家所使用的军机;另一为喷气战斗机博物馆,其中所搜集的飞机包括自第二次世界大战后期至越战期间所使用的各种军机。进入第二次世界大战名机博物馆后,展示场地主要分为三大机棚:第一机棚为第二次世界大战各国名机展示机棚,第二机棚为可飞状态的军用机展示机棚,第三机棚为航空器维修及史迹馆。

不管是现在的俄罗斯还是苏联,它们都是屈指可数的航空大国,当然也建有欧洲最大的航空博物馆,那就是俄罗斯航空博物馆。位于莫斯科东南 38 公里处的俄罗斯航空博物馆不仅是俄罗斯独一无二的,而且也是目前欧洲最大的航空博物馆,全世界第二大航空博物馆。参观者在这里可以见到俄罗斯从 1909 年起建造和购买的各种各样的飞机、直升机、航空发动机、机载武器、救生设备。此外,大厅内还展示了各种飞行器的模型以及一些珍贵的历史照片和文献。目前,博物馆的展品已超过 4.1 万件。俄罗斯航空博物馆汇集了全俄罗斯航空历史上最有历史意义的顶级文物。这里有苏联最著名的设计师 A·H·图波列夫领导的全金属飞机研究委员会在 1924 年 5 月成功试飞的苏联第一架全金属飞机安特-2,它可载客 2 名,以每小时 155 公里的速度飞行在 3000 米高度巡航。这里有苏联飞行员契卡洛夫机组驾驶过的滑翔极高的单发动机多座飞机安特-25。1937 年 6 月 18 日至 20 日,他驾驶这架飞机从莫斯科出发,飞越北极后抵达加拿大的温哥华,在 63 小时之内不着陆连续飞行 9130 公里,创造了 20 世纪 30 年代苏联又一项伟大的远航飞行纪录。在这个博物馆里,可以对俄罗斯军事航空的发展历程有个全面的了解。

对于德国空军人们普遍较为熟悉。第二次世界大战爆发前夕,德国有各型作战飞机 4201 架,空军官兵总数已达 80 万人。德国空军在"闪击"波兰中发挥了重要作用,还有著名的不列颠上空空战也显示了其强大的空军力量。要想了解第二次世界大战时的德国空军,有一个地方必须要去,那就是德国汉诺威航空博物馆。该博物馆所展示的机种都非常精良,包括了德国第二次世界大战期间几乎所有机型,从初期双翼机至第二次世界大战前的机型,如容克斯 F13、福克系列飞机,这些都非常具有历史价值。

世界上著名的航空博物馆还包括法国的布尔歇航空博物馆。博物馆位于巴黎北郊布尔歇镇,是一个拥有 1.5 万平方米展区、珍藏 179 架飞机的世界一流航空博物馆。布尔歇航空博物馆的展示区,除就地利用机场(前身为布尔歇机场)的停机坪外,室内则利用机场大厅(称主馆)和机棚;其中 A 馆与 B 馆、C 馆与 D 馆、E 馆与 F 馆分别连在一起,而 C 馆与 D 馆、E 馆与 F 馆间,为参观方便,也盖起通道相连。这 6 个机棚连在一起的总长度约有 300 米。展示的主题各馆有所不同。主馆展示的是气球、滑翔机和部分"一战"的飞机;A 馆展示的为"一战"和"二战"之间的飞机,以"征服天空"为最大诉求;B 馆展示的为"二战"期间的飞机;C 馆则展示"二战"后法国所发展的各式喷气机;D 馆的主题为"战后的法国空军";E 馆为各式运动飞机所占满,并有放映室和风洞;F 馆则是太空馆。

我国也有着自己的军事航空发展历史。1909 年 9 月 21 日,中国旅美华侨冯如驾驶自己研制的双翼机,在美国奥克兰附近的派德蒙特首飞获得成功,冯如被誉为"东方的莱特"。1911 年,冯如带自制的两架飞机回国,被孙中山任命为革命军飞行队队长。从那时起,我国就有军事航空了。在此后 100 多年时间里,中国军事航空经历了一个极其曲折复杂的发展历程。为纪念这一历程,保护军事航空文化遗产,中国于 1986 年 10 月开始筹建中国航空博物馆,1989 年 11 月 11 日正式对外开放。博物馆占地 70 余万平方米,日前已收藏 120 个型号的 299 架飞机,其中符合国家一级文物标准的有 47 件,符合国家二级文物标准的有 52 件,属世界航空珍品,极富收藏和研究价值。同时,还收藏有地空导弹、雷达、航空炸弹、航空照相机、飞行服装、航空伞具、航空轮胎等 2468 件武器装备样品及数万件航空文物,另有中外航空图书资料 2 万余册,重要友好往来礼品 1021 件。

中国航空博物馆以丰富的实物、翔实的史料,向人们展示了中国航空事业蓬勃发展和人民空军发展壮大的光辉历程,向人们讲述着中华民族航空史上一个个动人的故事。

中国航空博物馆展出的飞机是中国航空工业及人民空军发展的历史见证。从国产第一批第一架亚音速喷气式歼击机,到我国自行设计、制造的超音速喷气式歼击机,从强击机、轰炸机到运输机、直升机,从我国第一架预警机到第一架电子干扰机……国产各种型号的飞机可谓琳琅满目。馆内还藏有一大批有重大历史意义的飞机:有中国人冯如自行设计并制造的"冯如二号"飞机,有参加 1949 年开国大典时接受毛泽东等老一辈无产阶级革命家检阅的 P–51"野马"式战斗机、"蚊"式轰炸机、C–46 运输机、PT–19A 教练机和 L–5 联络机,有美国"飞虎队"支援中国抗日战争使用过的 P–40 战斗机,有抗美援朝战争中使用过的米格–15 型战斗机、图–2 型轰炸机和拉–11 型战斗机,有在中国人民解放军首次三军协同作战解放一江山岛战役中使用的伊尔–10 强击机,有在 20 世纪 50 年代后期毛泽东曾多次乘坐过的伊尔–14 型运输机(4202 号),有 1956 年 7 月 19 日新中国自己研制生产的第一架喷气式战斗机 0101 号以及后来相继研制生产的歼–6、歼–7、歼–8、运–8 等系列飞机,有 1964 年 10 月 16 日我第一颗原子弹试爆时飞入蘑菇云收集烟尘样品的伊尔–12 型运输机,有 1972 年 1 月 7 日空投中国第一颗氢弹的国产强–5 型强击机(11264 号),有在 1976 年 1 月 15 日将周恩来的骨灰撒向祖国江河大地上的运–5 型飞机(7225 号),等等。这里的每一架飞机都具有重要的历史文物价值。

中国航空博物馆坐落在风景秀丽的北京昌平区大汤山脚下,占地面积 70 多万平方米。它北邻十三陵、八达岭,南接奥运村,西与八达岭高速公路相通,东有立汤快速公路和北京相连。航空博物馆是一处以飞机文物为主体的亚洲最大、世界屈指可数的航空珍品荟萃地。博物馆已被中共中央宣传部、国家科学技术部、教育部等命名为全国青少年爱国主义教育、科普教育和国防教育基地,被中共中央宣传部评为全国爱国主义教育示范基地,也是北京市"红色旅游"景区之一。

刀光剑影的再现:兵器博物馆

在人类历史长河中,兵器一直居于特殊地位,人们通常将一切可能的经济力量与最先进的科技用于兵器制造。因此,兵器水准通常能反映当时社会生产力的发展水平。联合国教科文组织更是将文字、建筑和兵器列为人类文明史发展的三大基本要素。人类在几千年的战争史上留下了无数的珍贵的兵器文化遗产,了解兵器的发展史对于了解战争发展史会有着积极的促进作用。

冷兵器最初是由原始社会晚期的生产工具发展演变而来的。在古代中国,氏族部落之间经常发生纠纷,引起武力冲突。在武力冲突中,人们就利用各种带有利刃的生产工具如弓箭、石斧、石镰等作为厮杀的工具。以后逐渐出现了用石、骨、角、竹等材料,仿照动物的角、爪、鸟喙制成的兵器,这就是冷兵器的始祖,这些统称为石兵器。在距今八九千年前的新石器时代,人类制造工具和兵器的技术有了一次大的进步:由天然石块、打制石器发展到磨制石器。为了把磨制的石器和木棒结合在一起,人类发明了钻孔穿槽技术。为石器打眼穿孔,堪称新石器时代的"尖端技术"。掌握了这种技术,就可以制造石木结合的复合兵器。不要小看这个长长的木质手柄,它延长了人的手臂,大大提高了人的搏击能力。原始社会末期,人类发现了比石器更锐利的金属,并开始利用金属制造工具和兵器。有一种叫孔雀石的矿石,和木炭一起加热到 1000 多摄氏度,就能炼出铜来,因此铜便成为最早被人类利用的金属。真正的金属时代是从冶炼和使用青铜开始的。商代中期,逐渐形成了铁器。战国晚期,钢铁兵器已经普遍装备军队。

目前,世界各国的军事博物馆里普遍收藏着很多冷兵器,较为著名的有中国人民革命军事博物馆与奥地利盔甲博物馆。其中,在中国人民革命军事博物馆里,古代战争馆陈列有许多珍贵的军事历史文物,如山东出土的西周"薛师"戟、湖南出土的春秋时期的竹弓、安徽出土的战国时期楚全戈、陕西出土的秦兵马俑、江苏出土的西汉兵俑、河北满城西汉中山靖王刘胜墓的铁甲、湖南长沙杨家山出土的春秋晚期钢剑、陕西临潼出土的秦弩机、安徽舒城出土的汉弩机、齐王墓出土的西汉鎏金铜弩机等。同时,为尽可能地展现冷兵期时代的战争面貌,古代战争馆还展示了部分模型、蜡像及一批绘画、雕塑等美术作品。高 5 米、长 52 米的序厅环形壁画《华夏戎诗》,凝练而生动地反映了中国古代车战、水战、骑战和攻守城战的特点。

了解冷兵器,还有一个博物馆要知道,那就是奥地利盔甲博物馆。它位于格拉茨市,该市在中世纪时是奥地利向南用兵的中枢、转运站和边防重地,市区的军械

军事博物馆古代战争馆陈列的石矛、石斧、石锛

库就是中世纪时奥地利军对土耳其军作战用的武器库。建筑物本身是在 1642 年建成的,现仍藏有近 3 万件以上的甲胄和冷兵器,是一所规模相当大的中世纪武器和甲胄博物馆。博物馆的第二层和第三层存放步兵、轻骑兵和重装骑兵的甲胄。甲胄主要是由胸甲、头盔、叶片甲、金甲、脸甲和颈甲组成。第四层主要是存放冷兵器,除了其中一部分冷兵器是来自战役中的遗留品外,其余均是奥地利产的冷兵器。

火器是古代火药兵器的简称。从公元 10 世纪开始,中国军事科技先驱根据炼丹家发明的火药配方,相继发明了燃烧性火器、爆炸性火器和射击性火器,开始了世界兵器史上火器与冷兵器并用的时代,引发了历经 800 多年的火药化军事变革。公元 1259 年,南宋军队在防守寿春(今安徽寿县)时,发明突火枪。它"以巨竹为筒,内安子窠",已经具备了管形射击火器的三个基本要素:身管、火药、弹丸(子窠),被公认为世界上最早的管形射击火器,是现代枪炮的鼻祖。13 世纪末的宋、元之交,中国人创制出世界上最早的金属管形射击火器——火铳。小口径的铳逐渐发展为枪,大口径的铳发展为炮。在中国军事博物馆收藏的至正十一年(公元 1351 年)铜火铳,口径 30 毫米,较轻,手持射击,堪称最早的枪;博物馆还收藏有元代铜碗口铳,明军使用的三眼手铳,明洪武五年大碗口铳等。

奥地利盔甲博物馆馆内第一层主要是存放各式轻重火器、一些步兵用的黑色铁制胸甲和轻骑兵用的甲胄,此层楼内大量存放的各式火枪包括了火绳枪、堆发枪、轮发发火机枪等火器。13 世纪末 14 世纪初,中国火药火器技术经阿拉伯传入欧洲。火绳枪最早于 15 世纪初出现在欧洲,早期是发射石弹,后来改发射圆形的铅弹或铁弹,是一种从枪口用木制通条装填弹药,再用火绳点火发射的火枪。16 世纪初期出现的长管火绳枪配有特制的金属或木制的独脚枪架,用以稳定瞄准射击,有些枪架的设计也可作为短战型的劈刺兵器。燧发枪于 17 世纪末开始出现。和火绳枪相比,燧发枪用燧石枪机点燃装药,发时速度较快,口径小、重量轻且后坐力小。

枪械,一般指利用火药燃气能量发射弹头、口径小于 20 毫米的身管射击武器。相当一段时期以来,以枪械为主的轻武器是作战部队不可或缺的基本武器,主要用于射击暴露的有生力量和薄壁装甲目标。枪械在其发展过程中,不断采纳高新技术,因此,它始终保持着发展的活力。普鲁士军械工人德莱赛首创针刺发火枪,后发展为机柄式后装步枪,采用的即是纸壳定装式枪弹。使用时,射手从后面将子弹推入枪膛,扣动扳机,枪机上的长杆形击针打击火帽,点燃发射药将弹丸射出。德莱赛发明的步枪称为击针式步枪,是世界上第一种成功的后装式步枪,射击速度比传统前装枪提高了 4~5 倍,是步枪发展过程中的一次飞跃。1865 年,年仅 27 岁的德国枪械设计师 P·P·毛瑟设计成功一种机柄式步枪,这是世界上第一种采用金属弹壳定装式枪弹的近代步枪。1871 年式 11 毫米毛瑟步枪,定型投产后成为世界上使用最广泛的军用步枪。以后枪械逐渐发展成为拥有步枪、非自动步枪、冲锋枪及机枪(含轻型机枪、重型机枪、高射机枪及舰用机枪)等完整的枪械家族。

枪械的发展从最初的滑膛枪到近代步枪再到现代步枪经历了 200 年的时间。在不断发展的同时,枪械也遗留了大量的宝贵的遗产,被世界各国的军事博物馆或国家博物馆收藏。目前在中国人民革命军事博物馆兵器馆里珍藏有中国仿制的德国 M1898 式 7.92 毫米毛瑟步枪,光绪二十年(1894 年)仿制的毛瑟步枪,1893 年汉阳兵工厂参照 M1888 式毛瑟步枪仿制的"汉阳造"步枪,美国伽兰德 M1 半自动步枪,俄国费德洛夫 1916 年式 6.5 毫米自动步枪(享誉世界的 AK47 突击步枪就是在其基础上研制的)。另外在中国人民革命军事博物馆里还珍藏有 19 世纪初期的单发击发手枪和双管火帽击发式手枪,世界第一种实用自动手枪博查特 7.62 毫米手枪等各种枪械。俄罗斯圣彼得堡炮兵博物馆收藏有 AK 系列枪族。

火炮是以火药为能源发射弹丸,口径 20 毫米以上的身管射击武器。火炮是实施火力突击的基本装备,主要任务是对地面、空中和水上目标射击,歼灭和压制敌有生力量及技术兵器,摧毁各种防御工事和设施,以及完成其他特种射击任务。火炮从一诞生就开始发挥其巨大威力。欧洲名帅拿破仑特别重视使用火炮,正是靠着其强大的炮兵力量才得以驰骋欧洲数十年。

为纪念火炮在战争中的作用,世界各国博物馆都珍藏了大量的火炮,其中以俄罗斯圣彼得堡炮兵博物馆最为出名。圣彼得堡也就是大家所熟知的列宁格勒,在第二次世界大战中以惨烈的列宁格勒保卫战而闻名,炮兵博物馆就坐落在这个城市的中心地带。展览品包括自第二次世界大战以来苏联和俄罗斯炮兵的各式火炮,如苏联红军在第二次世界大战中使用的 A-19 加农炮,它曾使德军的"虎"式坦克闻风丧胆;D-48 型反坦克炮,在 1943 年库尔斯克会战中遏制住了德军坦克的疯狂进攻;采用拖拉机底盘的 B-4 型 203 毫米榴弹炮,在第二次世界大战中被德国人称为"攻城锤";还有 2S9 型 120 毫米自行迫击炮及"喀秋莎"火箭炮等。尤其是重点展出了 20 世纪 60 年代以来苏联发展的一系列自行火炮,如最早的 2S1 型 122 毫米自行榴弹炮和 2S3 型 152 毫米自行榴弹炮,及 20 世纪 80 年代以后的 2S5 型 152 毫米和 2S7 型 203 毫米自行榴弹炮。博物馆还展出有绰号"飓风"的 BM-27 型

220 毫米火箭炮及俄军在车臣战场上非常青睐的 2A36 加农炮。在防空武器方面，馆中展出多种高射炮及防空导弹，其中 M-1939 型 37 毫米高射炮是当年苏军第二次世界大战期间主要的防御武器，仿自瑞典博福斯公司的 40 毫米高射炮。

美国的陆军火炮博物馆也较为著名。它位于美国东岸的马里兰州，由美国陆军军部建于 1919 年，1924 年对外开放，主要是收藏在战场上掳获的外国火炮，也有美国的各式火炮和战车。美国阿伯丁博物馆收藏的两次世界大战的火炮数量达 108 门，在世界上首屈一指，其中包括第二次世界大战中德军使用过的 K5（E）列车炮。该型火炮共生产 25 门，它配备一门 76 倍径的 280 毫米火炮，射程为 59~62 公里。另有德军"蚱蜢"实验自行式榴弹炮，其炮塔可以用车体两侧的吊架卸下而变为牵引式榴弹炮。中国人民革命军事博物馆也珍藏了大量的火炮，通过这些大量的实物记录了我国的火炮发展史和火枪在战争中的应用情况。

坦克是现代作战地面战场的主要突击兵器和装甲兵的基本装备。坦克由武器系统、推进系统、防护系统和通信系统等部分组成。坦克具有强大的直射火力、高度的越野机动性和坚固的装甲防护能力，可以在复杂的地形和天候条件下担负多种作战任务。由于其在实战中表现非凡，被誉为"陆战之王"。装甲车是用于各种战斗和军事保障的车辆，分履带式和轮式两大类，有步兵战车、输送车、侦察车、扫雷车、架桥车和抢救车等。广义的装甲车，包括坦克、具有装甲防护的自行火炮等战斗车辆和保障车辆。如果说坦克在第一次世界大战中还是个配角的话，那么在规模空前的第二次世界大战中，以坦克为核心的装甲兵则以一个独立兵种的身份，成为地面突击的主体力量，对战争的胜负起到了举足轻重的作用。而坦克与坦克、坦克与反坦克兵器的激烈对抗，也成为了重要的作战形式。其间，坦克技术有了长足的进步，交战国双方共生产了约 30 万辆坦克。坦克一般按战斗全重分为轻型、中型和重型。战后尤其是冷战时期，世界各国都非常重视坦克和装甲车辆的发展，经过几十年的发展，世界各国的坦克都已经更新换代了好几代，许多国家也建立了坦克博物馆。

美国阿伯丁兵器博物馆位于美国陆军兵器实验场内。该实验场自 1902 年启用以来，便一直作为军方开发新兵器暨提供教育训练之地，这里收藏的主要是第二次世界大战期间的坦克。总计 200 多件属于大块头的战车和火炮，全部展示在露天草地上，每部战车和火炮都有自己的水泥台座。这里收藏着现在存世仅有两辆的"象"式坦克歼击车；第二次世界大战名车"黑豹"Ⅰ中型坦克；20 世纪六七十年代美德联合研制的 MBT70 主战坦克，该车因技术过于超前及费用大幅超支而夭折；"猎虎"坦克歼击车，其重量高达 70.6 吨，仅生产 77 辆；"犀角"坦克歼击车，配备一门 88 毫米炮；福特在第一次世界大战末开发的 3 吨轻型坦克；等等。

美国巴顿坦克博物馆位于两条美国州际高速公路Ⅰ-64 和Ⅰ-75 之间的诺克

斯堡军营,由肯塔基州的路易斯维尔市沿 31W 公路南行约 65 公里便可到达诺克斯堡军营正门,巴顿坦克博物馆便是在正门左首的坡地上。这里收藏着仅存的稀有坦克,如 4 履带的 T-28 坦克,美国 M-1 艾布拉姆斯坦克的一号原型车,世上仅有的一辆德国"黑豹"Ⅱ型坦克。巴顿坦克博物馆的户外展出以美国各款坦克和装甲车为主,以 1 辆苏联 T-34/85 坦克和 3 辆第二次世界大战中缴获的纳粹德国坦克作点缀,还有两架直升机筑在高台上作纪念碑,这意味美国装甲兵由二维平面作战进化到三维立体作战。

英国伦敦帝国战争博物馆也收藏有坦克。英国的坦克在世界上并不是很出名,英国没有像美国 M1A1 那样的著名坦克,却有着世界上第一种参加实战的坦克——"游民"Ⅰ型坦克。第一次世界大战爆发后,英军为突破德国的机枪火力点及由堑壕、铁丝网组成的防御阵地,迫切需要一种将火力、机动、防护三结合的新型进攻性武器。很快在 1915 年,英国工程师便利用和整合内燃机、履带、武器和装甲技术,制造出了世界上第一辆坦克——"游民",后又在"游民"基础上研制出了更大的"游民"Ⅰ型坦克,后者 1916 年投入生产,并随即参与了当年 9 月凡尔登战役中的突破德军阵地作战。当时英国为"游民"Ⅰ型制定了"性别"标准,分"雌""雄"两种:"雌性"只装 5 挺机枪,专门对付德国步兵;而"雄性"的火力则强得多,在其一侧装有两门 57 毫米火炮和 4 挺机枪,可以摧毁德军坚固工事。目前,博物馆中展出的就是火力更强的"雄性"Ⅰ型坦克。虽然"游民"Ⅰ型坦克看起来比较原始,没有后来坦克中常见的位于底盘上方的可旋转炮塔,装甲也不厚,行驶速度也很慢,但它曾在第一次世界大战中不怕枪弹,越障跨壕,突破德军防线,开辟了陆军机械化的新时代。

当然,要想看遍英国的坦克收藏品,还是要到位于英国南部多塞特郡内的伯明顿坦克博物馆,这里有"武士"步兵战车,"挑战者"系列主战坦克,还有英国的一些老式的坦克车辆,如大名鼎鼎的"酋长",经典的"马蒂尔达"Ⅰ步兵坦克,古老的装甲车,老式履带式拖拉机,以及瑞典生产的一些老坦克。"酋长"坦克属于所谓的战后第二代主战坦克,其家族很大,型号繁多,伯明顿坦克博物馆也收藏了不少。博物馆的室内展馆收藏了来自 26 个国家的 153 辆展车,按坦克发展的时间历程分为 5 个展厅,分别是"一战"厅(11 辆)、"两次世界大战之间"厅(13 辆)、"二战"厅(76 辆)、田宫厅(24 辆)和"不列颠之钢"(29 辆)。

新中国成立后,我们国家通过仿制和自行研制,为军队生产和装备了一代又一代坦克。59 式坦克的问世,结束了中国不能生产坦克的历史。1974 年设计定型的 69 式坦克,是中国首次自行研制的主战坦克,配有双向稳定器、激光测距机和红外夜视仪,增强了夜战能力。20 世纪 80~90 年代改型和研制的 69-Ⅱ式、59-2 式、79

式、80 式、88 式、90 式等坦克,在火力、火控、通信设备等方面又有新的提高。20 世纪 90 年代后期和 21 世纪初自行研制、改进的新一代坦克,采用复合装甲,装有新型大马力涡轮增压柴油发动机,采用了许多新技术、新部件,机动性能、防护能力和火力控制能力达到世界先进水平,如 99 式及 99 改式。装甲车生产设计也得到发展。1963 年,中国研制的 63 式履带装甲输送车设计定型,该车具有较高的运行速度、较好的越野机动性和一定的装甲防护能力,并具有浮渡能力。进入 20 世纪 80 年代,一批战术技术性能较先进的装甲车相继研制成功并陆续装备部队,主要有 63-1 式、63-2 式装甲输送车,77-2 式水陆装甲输送车,81 式装甲指挥车,85 系列装甲输送车及其变型车、步兵战车等。展示我军坦克和装甲车发展史的博物馆主要有中国人民革命军事博物馆和中国人民解放军坦克博物馆。其中中国人民解放军坦克博物馆设有人民装甲兵发展史、坦克装甲车辆、训练模拟器、兵器仿真模型等几大部分。展室内收藏有千余幅珍贵历史图片和大量文献资料,展厅中陈列着人民解放军在各个历史时期曾经使用过的坦克装甲车辆。